U1074479

赤峰市统计局 编

2020
赤峰统计年鉴

CHIFENG STATISTICAL YEARBOOK 2020

（总第30期）

中国统计出版社
China Statistics Press

©中国统计出版社有限公司 2021
版权所有。未经许可，本书的任何部分不得以任何方式在世界任何地区以任何文字翻印、拷贝、仿制或转载。
©2021 China Statistics Press Co.,Ltd.
All rights reserved. No part of the publication may be reproduced or transmitted in any form or by any means, electronic or mechanical, including photocopying, recording, or any information storage and retrieval system, without written permission from the publisher.

图书在版编目(CIP)数据

赤峰统计年鉴.2020=Chifeng Statistical Yearbook 2020 / 赤峰市统计局编.--北京:中国统计出版社,2021.1

ISBN978-7-5037-9440-7

Ⅰ.①赤… Ⅱ.①赤… Ⅲ.①统计资料-赤峰-2020-年鉴 Ⅳ.①C832.263-54

中国版本图书馆 CIP 数据核字(2021)第 014423 号

赤峰统计年鉴-2020

作　　者 / 赤峰市统计局
责任编辑 / 钟　钰
装帧设计 / 杨　光　耿丽丽　黄零一
出版发行 / 中国统计出版社有限公司
地　　址 / 北京市丰台区西三环南路甲 6 号
邮政编码 / 100073
电　　话 / 邮购(010)63376909　书店(010)68783171
网　　址 / http://www.zgtjcbs.com
印　　刷 / 赤峰市彩益印刷有限公司
经　　销 / 新华书店
开　　本 / 890mm×1240mm　1/16
字　　数 / 550 千字
印　　张 / 17.5 印张
版　　别 / 2021 年 1 月第 1 版
版　　次 / 2021 年 1 月第 1 次印刷
定　　价 / 280.00 元

本书附同版本 CD-ROM 一张，光盘内容以书面文字为准。
如有印装差错，由本社发行部调换。

《赤峰统计年鉴》编委会

主　　任：尹洪山

副 主 任：吴中军　刘　杰　刘鹤峰　曹利剑　左相龙　曹长海　李　峰

委　　员：（以姓氏笔划排序）

王　勇　王修茹　邢春宇　刘　静　苏　雅　张艳辉　张晓东

张春林　杨　光　杨　蒙　赵林广　贾国堂　温延博　潘　蕾

《赤峰统计年鉴》编辑部

总 编 辑：杨　光

副总编辑：耿丽丽　黄零一

编　　辑：（按编目顺序）

陈　璐　勾晓婵　刘海冉　钱映昕　王亚娟　徐　可　陆洪波

宋雪佳　赵海波　陈海蛟　孙　颖　姚泓宇　朱晓强　李　旭

赵光耀　史欣彤

编辑说明

一、《赤峰统计年鉴》是一部全面反映赤峰市国民经济和社会发展情况的资料性年刊，书中收录了赤峰市2019年国民经济和社会方面的主要统计数据，部分指标还分列了中华人民共和国成立以来历年统计数据。

二、本年鉴分两部分。第一部分为特载，载入了市长王旺盛在赤峰市第七届人民代表大会第三次会议上所作的政府工作报告和赤峰市2019年国民经济和社会发展统计公报。第二部分为统计资料，包括三篇，即：全市篇、旗县区篇和指标解释篇。其中全市篇内容包括：1.行政区划和自然资源；2.综合；3.人口；4.从业人员和职工工资；5.农业；6.工业；7.建筑业；8.运输和邮电；9.国内贸易；10.固定资产投资；11.物价指数；12.人民生活；13.财政；14.金融和保险；15.文化、教育、科技和广播电视；16.体育、卫生和民政；17.城市建设和环境保护。书末附有《主要统计指标解释》，对主要统计指标的涵义、统计范围和统计方法以及历史沿革予以简要说明。

三、本年鉴中所使用的数量单位均采用国际统一标准计量单位。

四、历史数据均以本年鉴数据为准；部分数据合计数或相对数由于单位取舍不同而产生的计算误差，均未作机械调整。

五、本年鉴表中的符号使用说明：空格表示该项统计指标数据不足本表最小单位数、不详或无该项数据；“#”表示其中的主要项。

目　　录

第一部分　特　载

第二部分　统计资料

全　市　篇

五、农业

六、工业

七、建筑业

八、运输和邮电

九、国内贸易

十五、文化、教育、科技和广播电视

十六、体育、卫生和民政

十七、城市建设和环境保护

旗县区篇

指标解释篇

第一部分

特　载

政府工作报告

——2020年4月9日在赤峰市第七届人民代表大会第三次会议上

代理市长　王旺盛

各位代表：

现在，我代表市人民政府，向大会报告工作，请予审议，并请市政协委员和其他列席会议的同志提出意见。

一、2019年工作回顾

2019年是新中国成立70周年，也是赤峰发展进程中具有特殊重要意义的一年。习近平总书记亲临我市考察指导工作，深入到农村、林场、社区看望慰问各族干部群众，令460万赤峰人民倍感振奋、备受鼓舞，为新时代赤峰改革发展注入了磅礴力量。一年来，市政府面对严峻的经济形势和繁重的发展任务，坚持以习近平新时代中国特色社会主义思想为指导，全面贯彻总书记重要讲话、重要指示精神，深入落实中央、自治区和市委的决策部署，牢记嘱托、感恩奋进、砥砺前行，经济发展稳中向好，社会大局和谐稳定，较好地完成了市七届人大二次会议确定的年度目标任务。全市地区生产总值完成1708.4亿元，增长5.1%；500万元以上固定资产投资增长7.2%；社会消费品零售总额增长6.8%；城乡常住居民人均可支配收入分别为34101元和12620元，增长6.8%和11%。一般公共预算收入完成110.4亿元，增长2%，剔除减税降费因素影响，按可比口径增长13.6%。

这一年，三大攻坚战取得关键进展。脱贫攻坚成效显著。"十项清零达标"行动全面完成，中央脱贫攻坚专项巡视和国务院成效考核反馈问题全部整改到位。整合财政资金33.5亿元，争取京蒙扶贫协作和定点帮扶专项资金4.9亿元，实现减贫4.83万人，全市贫困发生率降至0.28%，阿旗、左旗、翁旗、敖汉旗退出国贫旗县序列。我市获批西部省区首个国家扶贫改革试验区，林西县"易地搬迁+"扶贫模式获评全球最佳减贫案例。污染防治又有新成效。深入推进中央、自治区环保督察反馈问题整改，中心城区环境空气优良天数达到342天，空气质量全面达标。地表水国考断面优良水体比例较去年提高33.4个百分点，城镇集中饮用水水源地水质达标率保持100%，清理河湖"四乱"问题519个。土壤环境保持总体稳定。财政金融风险有效防控。超额完成年度化债任务，"十个全覆盖"拖欠工程款全部清偿，克旗被列入财政部建制县隐性债务风险化解试点地区。积极应对、稳妥处置金融领域风险，守住了不发生系统性金融风险的底线。

这一年，现代产业体系建设迈出可喜步伐。农牧业结构调整取得新进展。新增设施农业7.8万亩、经济作物种植46万亩、饲草种植9.3万亩，调减玉米种植33.9万亩，新增牛存栏12万头。"赤峰小米"入选中国农产品国家品牌目录，"敖汉小米"入选央视"国家品牌计划"，全市新增"三品一标"农畜产品54个，我市成为内蒙古首个进入粤港澳大湾区"菜篮子"生产基地的盟市。工业经济质量效益持续提升。赤峰云铜搬迁技改项目竣工投产，远联钢铁技改升级项目点火试车，赤峰高新区2×35万千瓦热电联产项目基本完工，129个投资超亿元的重点项目开工建设，投资170亿元的氧化铝项目前期工作完成，投资400亿元的优质金属材料项目正式签约，拓佳电子产业园新入驻企业8家，液晶显示模组实现了全产业链生产。建成绿色矿山31家，完成5个重点矿区资源整合工作。现代服务业发展迈出新步伐。松山万达广场落地开工，桥北核心商务区扎实推进，新城区帝豪商务区开业运营；出台了加快现代物流业发展的意见和优惠政策，全市物流园区实现销售收入599亿元；我市被国务院批准设立为跨境电子商务综合试验区和跨境电商零售进口试点城市。宁城圣泉小镇、元宝山种苗小镇、翁旗蒙古王城等24个重点文旅项目加快建设，紫蒙湖晋升为国家4A级景区。全年接待游客2165.2万人次，实现旅游收入352.3亿元。华夏银行赤峰分行开业运营，太平财险公司入驻我市，新增区域股权市场挂牌企业35家；全市金融机构贷款规模突破2000亿元，存贷款余额达到2421.5亿元和2008.1亿元，分别增长4.8%和7.5%。

这一年，城乡建设实现较大突破。中心城区修"面子"与治"里子"同步推进。玉龙大街焕然一新，腾飞大道基本贯通，城市河道防洪工程主体完工，红山公园、乌兰哈达公园、哈达和硕公园景观提升工程基本建成；地下综合管廊一期主体完工，阴河新水源地工程全面启动，三座店水库引供水工程基本完成，新建改建供热、供水、排水、再生水等各类管网260公里。引进专业公司承接环卫保洁、市政园林养护工作，中心城区机械化清扫率达到73.5%；升级改造公交站亭100处，新开通公交线路4条，电子支付乘车实现全覆盖。重大基础设施加快建设。大板至经棚高速等7个公路项目建成，京通铁路电气化改造、叶赤铁路扩能改造竣工，赤峰高铁完成全线铺轨，赤峰站高铁站房主体完工,玉龙机场改扩建工程开工建设。跨区域调水工程取得重大进展,克旗120万千瓦抽水蓄能电站、朝阳至赤峰天然气长输管道等项目开工建设。全年实施通道绿化774公里,完成营造林133.4万亩,新增水土保持综合治理面积921平方公里,重点流域生态综合治理工程初见成效。乡村振兴战略稳步推进。实施试验示范项目169个,完成投资53.4亿元。新改建农村牧区厕所32137个。行政村宽带网络有效覆盖率达到97.6%。

这一年,改革开放得到持续深化。重点领域改革取得新突破。248项改革任务纵深推进,政府机构改革圆满完成。基本公共服务领域市县共同财政事权和支出责任划分改革启动实施,市级财政投资评审管理办法修订完成。中心城区房地产新政升级版、医保基金市级统筹、教育领域改革等政策性文件相继出台。巴林左旗特困供养"标准+契约"模式入选民政部社会救助领域优秀创新案例。营商环境持续改善。全年新增减税降费27.8亿元,发放中小企业助保贷3.8亿元。市政务服务网上大厅、e政务网上办事中心投入运行,345项政务服务事项实现网上咨询办理。工程建设项目审批时限压缩至100个工作日以内。企业登记事项1天内办结。对外开放取得新成绩。次临港产业区破题推进。招商引资落地项目228个、总投资985.8亿元。珠三角电子信息与智能制造产业招商活动和赤粤两地产业双向对接活动成功举办。多次组织赴先进地区学习经验,启动我市产城融合、专业市场建设工作。成功举办第二届"赤子峰会",签约项目21个,投资规模超百亿元。新建标准化厂房35.2万平方米,盘活闲置厂房13.5万平方米。

这一年,民生社会事业又有新进步。全年民生领域投入409亿元,占财政支出的75.2%。新增城镇就业2.6万人,城镇登记失业率4.07%。城镇低保提高至700元/月,农村牧区低保提高至4860元/年。全市城镇职工基本养老保险参保45万人,城乡居民养老保险参保164.7万人,基本医疗保险参保404万人。全年安置退役军人199人,接收自主就业退役士兵1212人,发放经济补助1.2亿元。改造老旧小区78个,实施城市棚改2021套,集中解决了一批房地产历史遗留问题。全市义务教育基本均衡县创建任务全面收官,贫困地区义务教育薄弱学校基本办学条件改善工程全部完成,新改扩建校舍175.4万平方米,新增中小学校42所、幼儿园40所,累计消除"大班额"709个。我市9所学校进入全国冰雪运动特色学校行列。市中心血站建成运营,市综合检验检测中心、市医院急诊楼、市蒙医中医医院、市传染病防治医院主体工程基本完工,全市新改扩建医疗卫生机构19个。全区首台"达芬奇"手术机器人在市医院投入使用,"光明行"等大病救助活动惠及5.8万个家庭。全国基层中医药工作先进市复审顺利通过。新认定国家级高新技术企业30家,新增自治区级企业研发中心13家。契丹辽博物馆一期工程主体完成,辽上京博物馆、红山文化博物馆开馆运营,市档案馆建成投用。《辽代都城州城帝陵遗址保护条例》颁布实施,全国第十四届冬季运动会高山滑雪赛事在我市举办。巴林右旗、松山区临潢社区被命名为"全国民族团结进步创建示范单位"。

这一年,社会大局保持和谐稳定。"安全生产改革年"深入开展,模块化监管清单编制完成,全年安全生产事故发生起数、死亡人数同比分别下降40.5%和39%。深入开展食品药品安全领域专项整治行动,全市农畜产品抽检总体合格率稳定在98%以上。严格落实非洲猪瘟、鼠疫等防控措施,全年无重大疫情发生。纵深推进扫黑除恶专项斗争,打掉黑恶势力犯罪团伙187个,破获刑事案件1865起,抓获犯罪嫌疑人1227人。集中开展矿产资源及用地秩序、土地草牧场承包、交通运输等行业治乱专项行动,移送涉黑涉恶线索1673条。我市被评为"全国禁毒创建工作先进市"和"全国'七五'普法中期先进城市"。积极开展信访积案化解集中攻坚活动,一大批"骨头案""钉子案"得到有效化解。

各位代表,过去的一年里,我们紧紧围绕完成年度目标任务,进一步加强自身建设。坚持把政治建设摆在首位,牢固树立"四个意识",坚定"四个自信",做到"两个维护"。深入开展"不忘初心、牢记使命"主题教育,推动解决了一批事关群众切身利益的操心事、烦心事、揪心事。强化法治政府建设,严格执行《重大行政决策程序暂行条例》,认真执行人大及其常委会的决定,自觉接受人大的法律监督和工作监督,全面接受政协的民主监督和社会各界监督。全年办理人大代表建议和政协委员提案280件,办结率100%。严格执行中央八项规定精神及各级配套规定,驰而不息纠正"四风",市本级文件和会议数量分别下降了45%和37.5%。市统计局获评第四次全国经济普查先进集体。民族宗教、国防动员、人民防空、审计统计、粮食安全、气象地震、外事侨务、档案史志等工作成效显著,妇女儿童、老龄、慈善、红十字会、残疾人等事业取得新的进步。

各位代表,这些成绩的取得实属不易,是习近平新时代中国特色社会主义思想科学指引的结果,是自治区党委、政府关心支持的结果,是市委坚强领导的结果,是人大、政协监督支持的结果,也是全市上下团结奋斗的结果。在此,我代表市人民政府,向全市各族人民,向给予政府工作大力支持的人大代表、政协委员、民主党派、人民团体、驻赤机构、驻赤官兵以及所有关心支持赤峰建设和发展的各界朋友,表示崇高的敬意和衷心的感谢!

在看到成绩的同时,我们也清醒地认识到,全市正处于新旧动能转换的艰难期和关键期,发展不平衡不充分的矛盾问题仍然突出。主要表现为:一是经济下行压力持续加大,投资增长乏力与消费增速放缓并存,实体经济面临诸多困难。二是产业发展优化存量与提升增量双难,产业转型升级任务艰巨,产业链往下游延伸、价值链向中高端攀升还需付出更多努力。

三是基础设施建设短板较多，对发展的保障支撑能力有待提升。四是生态环保压力大，重点流域治理、地下水超采治理、矿山整治任务艰巨，中央环保督察及"回头看"反馈问题仍未整改到位，水资源匮乏问题已严重威胁经济社会发展。五是民生保障还不充分，教育、医疗、文化、体育等社会事业仍有许多需要改进的地方。六是营商环境仍有一些痛点、难点、堵点尚未解决，对标先进地区、群众期待还有一定的差距。七是政府自身建设有待加强，不担当、不作为现象还不同程度存在。对此，我们一定坚持问题导向，采取有力措施加以解决。

二、2020年工作重点

今年是全面建成小康社会和"十三五"规划收官之年，是实现第一个百年奋斗目标的关键之年，做好今年工作意义重大、影响深远。

今年政府工作总体要求是：坚持以习近平新时代中国特色社会主义思想为统领，深入贯彻落实党的十九大和十九届二中、三中、四中全会精神，深入贯彻落实习近平总书记考察内蒙古重要指示要求，深入贯彻落实中央、自治区和市委各项决策部署，坚持稳中求进工作总基调，坚持新发展理念，坚持以供给侧结构性改革为主线，坚持"生态优先、绿色发展"高质量发展要求，紧扣全面建成小康社会目标任务，坚决打赢三大攻坚战，全面做好"六稳"工作，统筹推进"稳增长、促改革、调结构、惠民生、防风险、保稳定"各项工作，保持经济运行在合理区间，确保全面建成小康社会和"十三五"规划圆满收官，得到人民认可、经得起历史检验。

今年全市经济社会发展主要预期目标是：地区生产总值增长6%左右，一般公共预算收入增长6%左右，规模以上固定资产投资增长7%左右，社会消费品零售总额增长6.5%左右，城乡常住居民人均可支配收入分别增长7%左右和7.5%左右，完成国家和自治区下达的其它约束性指标。

年初以来，一场突如其来的新冠肺炎疫情席卷全国，我市也经受了疫情带来的严峻考验。全市上下闻令而动、众志成城，积极有效应对疫情影响，9例患者全部治愈出院，一线医护人员"零感染"，取得了抗击疫情的阶段性胜利。目前疫情仍在继续，境外疫情呈加速扩散蔓延态势，输入压力持续加大。我们一定要慎终如始，坚定必胜信心，强化重点部位、重点人员排查管控，常态化抓好疫情防控工作，统筹推进疫情防控和经济社会发展，坚决打赢疫情防控的人民战争、总体战、阻击战。

围绕完成今年的各项目标任务，今年我们要重点做好八个方面工作：

（一）切实强化发展基础支撑，有效推动经济持续稳定增长

着力扩大有效投资。组织开展"十四五"规划编制，深度策划一批产业转型、公共服务、生态环保、科技创新、基础设施、民生改善、物资储备体系建设等重大项目，建立市县两级实时动态调整的重大项目库。全面落实"项目管家"制度。全年实施投资5000万元以上重点项目394个，完成固定资产投资400亿元以上。扎实开展招商引资工作，全面启动"飞地经济"政策新机制，全年签约落地高质量发展项目100个以上。加大标准化厂房建设力度，新开工、盘活标准化厂房16万平方米。围绕商贸物流和专业市场建设主题，节俭务实办好第三届"赤子峰会"。加强与重点地区的经济合作，切实在引进优质金属材料、数字创意、动漫制作等产业上取得突破，力争创建成为国家级承接产业转移合作示范区。

切实增强实体经济活力。加强国资国企整合，提升规范国企管理水平，进一步壮大国有经济实力。落实各级支持民营企业发展的政策措施，力促困难企业减亏扭亏、走出困境。推动"僵尸企业"出清，关闭淘汰落后产能，为新兴产业发展腾空间、让指标。加快赤峰高新区增量配电网试点工作，组建混合所有制的售电公司，确保年底前向东山园区企业售电供电。切实改进小额担保和助保贷服务，着力解决企业融资难、融资慢、融资贵问题，全年新增贷款不少于100亿元。深化资本市场直接融资工作，力促宁城塞飞亚集团上市。启动金融商务区二期建设，加快引进各类金融企业入驻。

加快推动消费升级行动。出台刺激消费的支持政策，加快释放因疫情抑制、冻结的消费活力，培育壮大新型消费、升级消费，使实体消费和服务消费得到回补。推进电子商务与实体经济、乡村振兴、便民连锁超市、普惠金融综合服务站深度融合，打造跨境电商消费新模式。开展与京东集团合作，推广敖汉旗电子商务进农村先进经验，完善农产品物流配送体系和网络销售体系，实施"互联网+"农产品出村进城工程。实施旅游休闲、体育健身、健康养老、家政托幼、教育培训等行业消费升级行动，大力发展夜间经济，推广5G通信技术，打造新的消费增长点。强化社会信用体系建设，加强产品质量安全监管，切实营造良好消费环境。

持续推进重大基础设施工程。抢抓国家政策机遇，千方百计争取上级项目投资，实施一批基础设施领域补短板工程，提升发展保障能力。铁路方面，力争集通铁路电气化改造工程开工建设、扩能改造工程全面竣工，完善大板铁路枢纽相关配套设施，确保赤峰高铁全线开通。公路方面，推进在建的4条公路加快建设，力促国道305线林东至下伙房段一级路、国道508线小城子至平泉段一级路、省道220线罕达罕至乌兰布统段二级路、省道210线巴拉奇如德至高日罕二级路等项目开工建设，争取乌丹至天山高速公路具备开工条件。民航方面，开工建设4个通用机场，力促玉龙机场改扩建工程建成投用，推动林西支线机场前期工作取得进展。能源水利方面，推动朝阳至赤峰天然气管道工程建成通气，加快建设东台子水库和琥珀沟水库，开工建设跨区域调水工程。通讯方面，加大

信息基础设施建设，打造覆盖城乡、高速畅通的信息通讯网络。

持续优化营商环境。借力国家、自治区疫情期间出台的“放管服”政策举措，研究制定更大力度的改革措施，加快建立长效运行机制。进一步简政放权，对法律上无障碍、基层接得住、管得好的审批事项，全部下放至基层。建立“企业开办一窗通”平台，推行营业执照、发票申领、税务登记、银行开户等全流程网上申办，线下推出服务专窗，实现一次领取企业开办全部证照。进一步压缩工程建设项目审批时限，从立项到核发施工许可证确保60个工作日内完成。积极推进公共资源交易全流程电子化，6月底前各旗县区全部接入市级交易平台。启动电子证照库建设。加快建设全市政务服务“一张网”，实现更大范围“一网通办”“异地可办”“掌上能办”。严格落实国家减税降费政策，全面清理规范涉企收费行为。

(二)聚焦经济高质量发展要求，着力推动产业发展方式转变

推动产业集中发展。工业方面，加快发展次临港经济，开工建设650万吨氧化铝、900万吨优质金属材料项目，确保金剑铜业竣工投产。依托高新区医药产业园、拓佳电子信息产业园、泰领海创生物科技园等平台载体，加快培育战略性新兴产业。大力发展矿业经济、精细化工、农畜产品加工等主导产业，推动宇邦矿业重组取得实质突破，促进康普药业项目开工建设。农牧业方面，以品种改良、品质提升、品牌塑造为主攻方向，持续抓好“三增三优”工程，推动农牧业产业集中集聚集约发展。新增设施农业10万亩、高效节水农业53万亩，粮食产量稳定在100亿斤以上；实施优质肉牛增量提效工程，加快市种牛站建设，力争全市肉牛存栏突破240万头、良种率达到97%。实施品牌建设工程，完成全域公用品牌顶层设计，支持新型农牧业经营主体开展“三品一标”农产品认证，扩大我市绿色优质农畜产品知名度和影响力。承办好全国中药材产业发展战略峰会。商贸物流业方面，启动高铁专属经济区建设，实施新华步行街等传统商业街区改造提升工程，确保维多利摩尔城、龙腾国际开业运营，加快松山万达广场综合体建设。加快中心城区生活类专业市场规划布局，启动城区周边生产类专业市场建设，推动仓储物流向园区集中，打造区域性物资采购中心。加快铁路运输海关监管场所建设，启动元宝山区大宗工业类物资场所建设，推动红山区居民生活类物资场所建成投用。加快旗县物流配送体系建设，畅通物流通道。旅游业方面，持续打造“六张旅游王牌”，主推六条主题精品线路，实施十大旅游主题活动，加强涉旅重点项目建设，开展玉龙沙湖、美林谷5A级景区创建工作，办好第二届旅发大会。

提升科技创新驱动能力。设立科技研发基金，加强与国内外科研机构、高等院校、科技型企业的创新合作，推动技术攻关、成果转化。探索开展职务科技成果权属改革，破除体制机制障碍，调动科研人员积极性。启动现代农牧业科技园建设。发挥企业科技创新主体作用，提高“双创基金”使用效率，新增自治区级以上创新平台载体20家以上。深入实施“玉龙人才”工程，进一步健全住房、医疗等服务保障体系，用好的政策、好的机制、好的环境留住本土人才、吸引外地高端人才。

大力推动绿色化生产。引导企业实施技改升级，推动现有产能进行绿色化、信息化改造，提升传统产业竞争力和生命力。严格产业项目准入门槛，新增产能全部采用一流的节能和环保工艺。在中心城区实施工业节水改造，除食品和医药特殊产业外，全面推广使用再生水，关闭所有企业自备水源井，切实守住水资源利用红线。深入开展全民节水宣传教育，营造节约用水的浓厚氛围。大力开展煤炭领域、矿产资源领域突出问题专项整治，推进历史遗留矿山、无责任主体矿山地质环境恢复治理，新增绿色矿山31家。启动工业园区环保达标升级专项治理行动，推动现有园区实现污水处理、中水回用、固废处置等设施全部稳定运行，园区企业全部达标排放、超低排放，切实提升园区绿色化发展水平。

(三)加快国土空间布局调整，切实夯实生态优先、绿色发展基础

优化国土空间布局。统筹生态系统和自然地理的联系，开展资源环境承载能力和国土空间开发适宜性评价，科学划定并严守“三区三线”，启动市县两级国土空间规划编制工作，做好产业发展、城乡建设、基础设施、公共服务、生态保护等专项规划与国土空间规划的有效衔接，形成全市国土空间规划“一张图”。完成生态红线评估调整优化、永久基本农田整改补划、城镇开发边界划定工作。科学划定生产力空间布局，形成北部旗县重点区块以生态保护为主、南部旗县区重点区块以绿色开发为主的发展格局，引导大工业项目向南部旗县区布局、重点工业项目向赤峰高新区集中发展，推动重点生态功能区工矿企业有序退出。按照各地区功能定位，深入研究建立差异化考核机制、奖补机制、转移支付机制和支出事权责任机制。强化规划执行刚性约束，实行最严格的规划执法。

推进产城融合发展。正视高铁开通可能形成的“倒虹吸”效应，以超前思维来谋划产城融合发展，着力破解城区“有城无市”、园区“有市无城”的问题，吸引现代服务业、都市工业向中心城区集聚，不断增强城市发展的生机活力。抓紧编制中心城区城市拓展区和空白区产城融合发展规划，实质性启动松北新城、松山信息科技产业园、赤峰商贸物流城、红山工业园、文钟镇片区、和美新区等先行示范区建设，积极引入商贸物流、加工制造、电子信息等适合城市发展的优质企业和项目入驻，打造“多个城市中心、多个城市组团”的发展格局。研究出台支持城区产业发展的政策措施，为产城融合提供保障。

推动产业向园区集群发展。按照突出特色、精干主导、集群集聚、成龙配套的原则，科学修订全市各个园区的产业发展

规划，精准明确每个园区的产业定位和主攻方向，延伸产业链条，提升产业耦合度，提高产业竞争力。推动"飞地经济"政策落实落地，鼓励和引导优势特色产业向专业园区集中，实现集群发展。强化土地资源集约利用，严格落实闲置土地处置有关要求，优先满足就业带动能力强、环保技术水平高、投入产出比大、土地资源利用效率高、产业链条衔接好的项目用地需求，提高要素资源集约利用率和产业集中度。加强园区基础设施建设，全面提升园区综合承载能力、配套服务能力和辐射带动能力。赤峰高新区基础设施年内完成投资8亿元。

(四)更加注重推动城乡统筹，加快改善城乡基础条件

提升中心城区承载能力。按照市级统筹、分级实施的原则，开工建设90个市政基础设施项目，推动城市功能和面貌再上新台阶。着眼于交通治堵，启动解放街东通、松州路北通、铁南大街东通、富河街西通等道路工程，确保腾飞大道、大板路全线贯通，争取中环快速路一期工程开工建设，畅通群众出行条件。着眼于空间增绿，全面完成城市河道防洪工程、南山公园改造提升工程，实施城南立交桥、宁澜河、安澜河上游、和美园区道路等绿化工程，建设松州公园、小西山公园和牧歌公园，显著增加城市休闲空间。着眼于管网更新，改造建设污水截流干管10公里、雨污排水管道30公里，新建再生水管网70公里、供热管网50公里、雨污排水泵站5处，治理易涝点11处，基本实现中心城区污水全收集、全处理、全利用。

推进城市精细化管理。开展"精细化管理集中行动年"活动，承办好全区城市精细化管理现场会。加强交通综合整治，规范静态停车管理，购置新能源公交车90辆。实行中心城区环卫和市政园林养护一体化管理，开展城市弃土治理，规范建筑工地、临建围挡、户外广告、楼体外立面装饰管理，提升城市综合管理能力和水平。理顺城市管理体制机制，推进智慧城管指挥中心提档升级。加强物业管理，提升居民小区服务质量。加强旗县城关镇精细化管理水平，打造一批承载能力强、特色鲜明、管理有序的重点城镇。

大力实施乡村振兴战略。推进试验示范带和示范嘎查村建设，确保完成全部建设任务。开展好"农村牧区人居环境整治三年行动"，进一步完善环境管护长效机制。全面推动"厕所革命"、垃圾处理等重点任务落实，力争试验示范带户用厕所无害化改造比例达到90%、生活垃圾处理体系覆盖率达到100%。着力补齐农村牧区基础设施和公共服务短板，加强乡村治理体系和能力建设。全面完成集体建设用地不动产确权登记发证工作。

(五)扛起建设生态屏障政治责任，持续建设绿色赤峰

坚决打赢污染防治攻坚战。突出精准治污、科学治污、依法治污，狠抓重点区域污染防治、矿区园区综合治理、冬季清洁取暖等任务。认真开展中央环保督察及"回头看"反馈问题整改工作，确保6月末整改到位。扎实推进自治区环保督察反馈问题整改，集中解决侵占草原、小砖窑、膨润土开发、城市扬尘、污水直排等突出问题。统筹推进煤烟型大气污染治理、工业废气稳定达标排放、扬尘污染控制等工程，力争年内中心城区空气质量优良率保持在90%以上。依法清理水源地保护区内违法建筑、污染源和排污口，实现城镇污水处理厂全指标达标排放，国考断面水质优良比例达到66.7%，城镇集中饮用水水源地水质达标率保持100%。做好土壤污染防治及潜在风险评估，加强有色金属采选企业尾矿库和冶炼企业危险废物管理，推进农牧业"四控"行动，保持土壤环境质量总体稳定。

加强生态工程建设。强化沙地沙源治理工作，推进克旗规模化林场建设，全年完成营造林60万亩。加强国土空间生态修复，推进重点区域山水林田湖草综合整治，实施老哈河上游、三座店水库周边及上游、达里诺尔湖、西拉沐沦河等重点生态保护综合治理工程，推动重点区域生态环境稳定好转。突出抓好"通道绿化工程"，确保完成高等级公路、国省干道"两年行动计划"建设任务。

完善生态保护制度体系。建立林草资源管理"负面清单"制度，按照国土纵深自然修复为主的方针，减少人为因素对生态环境的干扰破坏。落实好草原生态补偿长效机制，实行生态保护成效与资金分配挂钩。严格落实封育禁牧、禁牧休牧和草畜平衡条例，严厉惩处破坏森林草原生态系统的违法行为，提升生态依法治理水平。严格落实自然资源责任审计、生态环保责任终身追究等制度，强化制度约束作用。严格执行《赤峰市地下水保护条例》，提升水资源节约利用水平。

(六)聚焦全面建成小康社会，加快补齐民生短板

高质量打赢脱贫攻坚战。全力消除疫情对脱贫攻坚的影响，解决好贫困群众产品积压、外出务工、贷款等方面的难题，完成剩余9786名贫困人口脱贫任务，确保脱贫攻坚圆满收官。认真整改中央专项巡视"回头看"、国家成效考核、中纪委实地踏查、自治区第三方评估反馈和自查发现的问题，按时限要求全部整改到位。落实"四不摘"政策要求，加强脱贫质量和返贫风险监测，探索建立边缘人群精准帮扶政策，做好"防贫保障基金"运营管理，防止新的贫困发生，巩固脱贫成果。发挥新型经营主体减贫带贫作用，提高贫困农牧民在产业发展中的参与度。深化京蒙扶贫协作和定点扶贫工作，积极搭建社会参与的有效平台。推进国家扶贫改革试验区建设，形成可供借鉴的政策建议，促进脱贫攻坚和乡村振兴战略有效衔接。

着力促进创业就业。针对疫情影响，完善稳企稳岗、扩大就业的政策体系，多渠道开展人才招聘会、创业交流会等活动，加大高校毕业生、退役军人等重点群体就业创业帮扶力度。年内新增城镇就业2.3万人，城镇登记失业率控制在4.5%以内。依托工业园区、专业市场，大力发展就业容量大的劳动密集型产业和各类服务业，创造更多就业岗位。推动市内重点企业与职业教育院校加强合作，通过开展订单式、定向

式、定岗式培训，促进城乡居民转移就业。加强就业信息发布，促进求职需求、用工需求和培训需求精准对接，增加群众就业机会。

发展更有质量的教育。严格落实《关于全面深化新时代教师队伍建设改革的实施意见》，启动中小学校长职级制改革，稳步推进“县管校聘”的教师管理体制。加强未成年人保护，全面关爱困境学生。规范校外培训机构管理，建立学校课后服务制度。巩固义务教育均衡发展成果，加强乡村小规模学校、苏木乡镇寄宿制学校和新城区基础教育学校建设，基本消除“大班额”。实施职教改革，做好中高职教育深度衔接、专业布局、资源配置、招生管理、职业培训等“五个统筹”，推动职业教育再上新台阶。争取赤峰应用技术职业学院获批并启动招生工作。支持赤峰学院创建赤峰大学。加强青少年理想信念、爱国主义、集体主义教育，培育和践行社会主义核心价值观。

提高社会保障和医疗服务水平。全面落实全民参保计划，鼓励群众参加更高标准的社会保险。做好医保基金市级统收统支工作，推进医保扩面和基金监管双向发力，严厉打击欺诈骗保行为。深化医疗服务价格改革和医保支付方式改革，重大疾病用药纳入医保，降低集中带量采购药品和医用耗材价格。推进“三医联动”，加快紧密型医联体建设，落实分级诊疗制度。强化医疗机构管理，提高各类医疗服务机构诊疗水平。开展“优质服务基层行”创建活动，提升基层医疗卫生服务能力。启动赤峰市儿童医院、市医院新城区分院建设，确保市蒙医中医医院、传染病防治医院建成投用。推进“健康中国行动”深入开展，完善疾病预防控制体系。落实城乡低保、社会救助、社会福利、优抚安置等各项制度，大力发展残疾人和慈善事业。

重视解决“一老一小”问题。因地制宜出台支持养老事业发展意见，探索发展居家养老、社区养老和医养结合等模式，支持和鼓励社会力量参与养老机构建设。加强公益性生活娱乐设施、养老服务设施建设，有效满足老年人多样化的精神文化需求。开展养老服务设施规划建设监督检查，确保新建住宅小区与养老服务设施同步规划建设。探索推动农村牧区养老服务设施建设，全面完成敬老院整合升级工作。加快实施第三期学前教育行动计划，扩大公办园和普惠性民办园的资源供给，新增学位6600个，缓解“入园难”问题。构建公办、公办民营、民办公助等模式相结合的托育体系，鼓励有条件的企事业单位建立托育场所。

大力发展文化体育等社会事业。筹建赤峰革命历史博物馆、契丹辽博物馆二期、荣誉军人休养中心，推动契丹辽博物馆一期开馆运营。做好辽代上京城及祖陵遗址和红山文化遗址申遗工作。大力实施文化惠民工程，策划、创作群众喜闻乐见的文学艺术精品。支持乌兰牧骑发展。启动市图书馆新馆建设。广泛开展全民健身活动。扎实开展双拥共建工作，争创全国双拥模范城“九连冠”。深入开展全国民族团结进步示范市创建工作。

(七)健全社会治理体系，提升社会治理能力

持续深入开展扫黑除恶专项斗争。坚持“黑、财、伞”同步严打，继续向黑恶势力犯罪发起进攻，扩大涉黑案件侦破战果。严厉打击涉枪涉爆、网络犯罪、毒品犯罪、非法集资等违法行为。持续开展行业乱象专项治理，加大重点领域的涉黑涉恶线索排查，彻底铲除黑恶势力生存的土壤。探索建立遏制黑恶势力滋生蔓延的长效常治机制，为取得扫黑除恶专项斗争压倒性胜利奠定坚实基础。

抓实安全生产工作。巩固“安全生产改革年”成果，强化重点行业领域安全风险防控，聘请国家级机构和专家参与安全检查，切实发现安全生产隐患。坚持从严执法，加大惩戒力度，倒逼企业主体责任落实。健全完善应急救援机制，提高事故救援实战能力和应急处置能力。加强对重点行业人员和公众的应急避险、自救互救技能训练，降低意外伤亡率。加大安全生产责任保险推动力度，建立实效的第三方治理体系。深入开展食品药品领域专项整治行动，加大食品药品生产经营检查和抽检力度，确保人民群众饮食用药安全。

强化财政金融风险管理。加强政府债务风险评估、预警和监管，规范运作国有投融资平台，严控新增政府隐性债务。通过市场化手段合理开发利用土地、资产、股权等资源，加快政府存量债务化解进度，按时清偿拖欠民营企业中小企业账款，确保完成年度化债任务。加强金融监管队伍和监管能力建设，有效监控和预警地方法人金融机构风险，严厉打击影子银行、非法融资、农村牧区高利贷等违法行为，防止发生区域性金融风险。

全力维护社会稳定大局。推进平安赤峰建设，强化重大决策风险评估，补齐“雪亮工程”农村牧区短板，完善立体化社会治安防控体系。推进法治赤峰建设，确保完成“七五”普法任务，构建覆盖城乡居民的公共法律服务体系。完善全市大调解工作机制，健全人民调解、行政调解、司法调解联动体系。加强阳光信访、责任信访、法治信访建设，下沉信访工作重心，开展信访“三无”嘎查村(社区)创建工作，维护群众合理诉求、合法权益。依法管理宗教事务，提高宗教工作法治化水平。

(八)牢记宗旨使命，持续加强政府自身建设

坚定政治方向。深入学习习近平新时代中国特色社会主义思想，增强“四个意识”，坚定“四个自信”，做到“两个维护”。全面落实中央、自治区和市委各项决策部署，确保政令畅通、令行禁止。增强政治敏锐性和政治鉴别力，把党的领导贯穿政府工作全过程，在重大原则问题和大是大非上立场坚定、旗帜鲜明。

推进依法行政。严格按照法定权限和法定程序行使权力，自觉运用法治思维和法治方式推动工作。健全法律顾问、重大决策咨询论证听证等制度。强化政务公开，推进数字政府建

设。依法接受人大法律监督、工作监督，自觉接受政协民主监督，高度重视审计监督、统计监督、司法监督、社会监督和舆论监督，广泛听取工商联、企业家、无党派人士和人民团体意见。严格落实“三重一大”制度，坚持科学决策、民主决策、依法决策，营造公平有序的法治环境。

改进工作作风。大力推行“一线工作法”，推动工作重心下移，强化实干担当。创新工作落实机制，对重大决策、重点项目、重要工作挂图作战，一件事一件事扭住不放，一锤子一锤子钉在实处。认真开展调查研究，突破惯性思维，消除本领恐慌，切实增强创造性开展工作的本领。继续压缩行政成本，严控“三公经费”等一般性支出，把有限的财力更多用于改善民生。

坚持廉洁从政。按照全面从严治党要求，严格履行“一岗双责”，努力营造风清气正的政治生态。强化权力运行监督，推动工程建设、资源开发、公共资源交易等重点领域监督机制改革和制度建设。加大对公共资金、国有资产资源和领导干部履行经济责任审计力度，严肃查处侵害群众利益的不正之风和腐败行为，让清正、清廉、清明成为政府的鲜明底色。

各位代表，奋斗创造奇迹，实干成就梦想。让我们更加紧密地团结在以习近平同志为核心的党中央周围，在自治区党委政府和市委的坚强领导下，始终保持永不懈怠的精神状态、一往无前的奋斗姿态，不忘初心、牢记使命，开拓进取、拼搏实干，在全面建成小康社会的伟大征程上谱写出更加壮美的赤峰篇章！

《政府工作报告》名词解释

十项清零达标：是自治区实施的脱贫攻坚专项行动，主要聚焦解决影响“两不愁三保障”的突出问题，从政策落实、产业到户、危房改造、易地搬迁、安全饮水、控辍保学等十个方面入手，全面加强基础工作，促进整体水平提升。

国家品牌计划：是中央电视台创新推动的广告招标模式，为入选企业定制国家品牌计划TOP合作伙伴或行业领跑者宣传片，在央视各频道高频次播出。

三品一标：无公害农产品、绿色食品、有机农产品和农产品地理标志的统称。

光明行：对社会困难群体中白内障患者进行及时有效医疗救助的社会公益活动。

企业开办一窗通：是服务企业的政务平台之一，可在一个政务服务窗口完成开办企业的全部事项。

一网通办：依托一体化在线政务服务平台，通过规范网上办事标准、优化网上办事流程、搭建统一的互联网政务服务总门户等措施，推行政务服务事项网上办理，推动企业群众办事线上只登录一次即可办理完成。

三增三优：增加经济作物种植面积、优化粮食生产，增加优质肉牛存栏、优化优质肉羊存栏，增加家禽存栏、优化生猪存栏。

三区三线：即城镇、农业、生态空间和生态保护红线、永久基本农田保护红线、城镇开发边界。

产城融合：指产业与城市融合发展，以城市为基础，以产业为保障，达到产业、城市、人之间有活力、持续向上发展的模式。

倒虹吸效应：是指中小城市和小城镇的人口、资金、资源要素，被中心城市、大城市、具有优势地位的城市吸引过去的现象。

四不摘：即摘帽不摘责任、摘帽不摘政策、摘帽不摘帮扶、摘帽不摘监管。

三医联动：即医疗、医保、医药改革联动。

健康中国行动：2017年10月，习近平总书记在十九大报告中提出的发展战略，旨在完善国民健康政策，为人民群众提供全方位全周期健康服务。

一老一小：是国家关于养老、育幼工作的新提法。

一线工作法：指深入实际、深入基层、深入群众，及时有效解决各种问题和矛盾的工作方法。

赤峰市2019年国民经济和社会发展统计公报[1]

赤峰市统计局

（2020年3月18日）

2019年，在以习近平同志为核心的党中央坚强领导下，市委、市政府团结带领全市各族人民，以习近平新时代中国特色社会主义思想为指导，全面贯彻党中央、国务院和自治区党委、政府各项决策部署，坚持稳中求进工作总基调，坚定不移贯彻新发展理念，以生态优先、绿色发展为导向，积极推动高质量发展，全市经济运行总体平稳，社会各项事业不断进步，为全面建成小康社会奠定了坚实基础。

一、综合

初步核算，全年地区生产总值[2]1708.4亿元，比上年增长5.1%。其中，第一产业增加值323.8亿元，增长2.4%；第二产业增加值508.2亿元，增长6.7%；第三产业增加值876.4亿元，增长5.2%。三次产业比例为19:29.7:51.3。第一、二、三产业对经济增长的贡献率分别为9.3%、38.7%和52%，分别拉动经济增长0.5个、2个和2.6个百分点。按常住人口计算，人均地区生产总值达到39488元，比上年增长4.9%。

年末常住人口433.09万人，比上年末增加0.91万人。其中，城镇常住人口221.35万人，占总人口比重（常住人口城镇化率）为51.11%，比上年末提高0.75个百分点。户籍人口城镇化率为30.98%，比上年末提高0.1个百分点。全年出生人口3.74万人，出生率为8.13‰；死亡人口2.17万人，死亡率4.71‰；人口自然增长率3.42‰。

表1　2019年末常住人口数及其构成

指　　标	年末数（万人）	比重（%）
全市总人口	433.09	100.00
其中：城镇	221.35	51.11
乡村	211.74	48.89

全年城镇新增就业人数2.52万人，新增登记失业人数3.27万人，农村牧区劳动力转移就业人口70.5万人次。年末城镇登记失业率为4.07%。

全年居民消费价格比上年上涨2.6%。其中，消费品价格上涨3.6%，服务价格上涨0.7%。工业生产者出厂价格上涨2.1%，商品零售价格上涨2%。

表2　2019年居民消费价格比上年涨跌幅度

指　　标	比上年增长（%）
居民消费价格	2.6
其中：食品烟酒	7.0
其中：粮食	5.8
鲜菜	0.2
畜肉	37.0
水产品	−8.1
蛋	2.9
鲜瓜果	5.5
衣着	1.0
居住[3]	1.0
生活用品及服务	0.7
交通和通信	−0.9
教育文化和娱乐	1.0
医疗保健	0.7
其他用品和服务	2.8

二、农牧业

全年农作物总播种面积为141.8万公顷，比上年增长2.6%。其中，粮食作物播种面积110.5万公顷，增长1.6%；经济作物播种面积31.3万公顷，增长6.3%。粮食总产量605.2万吨，比上年增长1.8%。经济作物中，油料产量20.5万吨，增长10.8%；甜菜产量179万吨，增长12.3%；蔬菜产量331.1万吨，增长4.4%；水果产量34.7万吨，增长17.8%。

全年肉类总产量51.1万吨，比上年增长3.2%。其中，猪肉产量14.2万吨，下降12.7%；牛肉产量11.3万吨，增长10.9%；羊肉产量11.2万吨，增长12.2%；禽肉产量11.9万吨，增长13.6%。奶类产量38.8万吨，增长1.7%。禽蛋类产量35.8万吨，增长20.3%。年末主要畜禽存栏3521.8万头只，比上年增长9.2%。其中，生猪存栏122万头，下降7.8%；牛存栏113.4万头，下降7.5%；羊存栏873.4万只，增长0.4%；禽存栏2413万只，增长14.9%。

表3 2019年主要农畜产品产量和牲畜存栏数及其增长速度

指　　标	单　位	绝对数	比上年增长(%)
粮食	万吨	605.2	1.8
油料	万吨	20.5	10.8
甜菜	万吨	179.0	12.3
蔬菜	万吨	331.1	4.4
水果(含果用瓜)	万吨	34.7	17.8
肉类总产量	万吨	51.1	3.2
其中:猪肉	万吨	14.2	-12.7
牛肉	万吨	11.3	10.9
羊肉	万吨	11.2	12.2
禽肉	万吨	11.9	13.6
禽蛋	万吨	35.8	20.3
奶类总产量	万吨	38.8	1.7
羊毛	万吨	3.1	-3.7
其中:绵羊毛	万吨	2.9	-4.1
山羊绒	万吨	0.1	1.0
年末主要畜禽存栏	万头只	3521.8	9.2
其中:猪	万头	122.0	-7.8
牛	万头	113.4	-7.5
羊	万只	873.4	0.4
禽	万只	2413.0	14.9

三、工业和建筑业

全年全部工业增加值比上年增长5.6%。其中,规模以上工业增加值增长5.9%。在规模以上工业中,分经济类型看,国有及国有控股企业增长7.1%,集体企业下降18.7%,股份制企业增长7.7%,外商及港澳台投资企业下降2.2%。分门类看,采矿业下降9%,制造业增长16.5%,电力、热力、燃气及水生产和供应业增长8.4%。分轻重工业看,轻工业下降4.2%,重工业增长9.6%。冶金、能源、食品、医药制造、建材、纺织、化工和机械制造等八个重点行业增加值增长6.1%,对规模以上工业的贡献率99.5%,拉动规模以上工业增长5.9个百分点。

表4 2019年重点行业工业增加值增长速度及其比重

指　　标	比上年增长(%)	比重(%)
全市合计	5.9	100.0
重点行业合计	6.1	96.1
能源工业	-0.1	39.7
冶金工业	13.2	35.3
食品工业	-1.5	9.8
医药制造业	-3.9	1.6
建材行业	2.4	3.3
纺织业	-13.8	0.8
化工行业	-1.0	3.3
机械制造业	16.8	2.3

从主要工业产品产量[4]看,全市原煤产量1725.9万吨,比上年增长1.6%;发电量345.9亿千瓦小时,增长7%;铁矿石成品矿282.6万吨,增长1.8%;十种有色金属72.1万吨,增长29.1%;钢材346.3万吨,增长27.8%;水泥428.6万吨,增长4.7%。

表5 2019年主要工业产品产量及其增长速度

产品名称	单位	绝对数	比上年增长(%)
原煤	万吨	1725.9	1.6
发电量	亿千瓦小时	345.9	7.0
其中:风电	亿千瓦小时	110.8	7.3
十种有色金属	万吨	72.1	29.1
其中:铜	万吨	33.6	45.9
铅	万吨	24.5	29.6
锌	万吨	13.7	1.2
水泥	万吨	428.6	4.7
钢材	万吨	346.3	27.8
铁矿石成品矿	万吨	282.6	1 8
鲜、冷藏肉	万吨	9.3	8.1
成品糖	万吨	11.2	-3.6
乳制品	万吨	13.1	30.3
饮料酒	万升	22050.3	-1.4
其中:白酒	万升	255.6	-18.8
啤酒	万升	21794.7	-1.2
饲料	万吨	9.6	-3.5
化学药品原药	万吨	0.5	5.6
中成药	万吨	0.3	-75.0

全年规模以上工业企业实现营业收入1048.6亿元,比上年增长9.4%;实现利润49.4亿元,下降28%;营业收入利润率为4.8%。全年规模以上工业产品销售率为100.5%。

全年建筑业增加值比上年增长9%。全市具有资质等级的总承包和专业承包建筑业企业176家,比上年增加17家;

施工企业房屋建筑施工面积 1328.5 万平方米，增长 2.7%；竣工房屋面积 403.7 万平方米，下降 14.9%；房屋建筑竣工率 30.4%。

四、服务业

全年服务业增加值比上年增长 5.2%。规模以上服务业[5]企业营业收入比上年下降 2.1%，营业利润比上年增长 4.6%。其中，水利、环境和公共设施管理业营业收入增长 65.2%，居民服务、修理和其他服务业增长 28.2%，科学研究和技术服务业增长 10%。

全市公路里程达到 2.7 万公里，全年货物运输总量 17355.7 万吨，比上年增长 4.5%。货物运输周转量 351.8 亿吨公里，增长 3%。旅客运输总量 1795.1 万人，比上年下降 10.6%；旅客运输周转量 22 亿人公里，下降 9.9%。铁路路线长度达到 355.1 公里，全年铁路发货量 1576.6 万吨，比上年增长 14.4%；到货量867.3 万吨，增长 15.1%。全年民航旅客运输量 189.4 万人，增长 20.5%；货运量 0.4 万吨，下降 4.9%。

全年完成邮政行业业务总量 7.5 亿元，比上年增长 18.7%。年末移动电话用户 453.7 万户，比上年末增长 3.2%，本年新增用户 14.3 万户。年末互联网用户总数 453.6 万户，比上年末增长 7.5%。其中，移动互联网用户 362.9 万户，增长 6.3%；固定宽带用户 90.7 万户，增长 12.6%。

五、固定资产投资

全年固定资产投资（不含农户）比上年增长 7.2%。其中，第一产业下降 3.4%，第二产业下降 24.7%，第三产业增长 23.2%。从项目隶属关系分，中央项目投资下降 83.4%，地方项目投资增长 10%。工业投资下降 24.4%，民间投资[6]增长 13.9%，基础设施投资[7]增长 10.1%。

全年房地产开发投资[8]比上年增长 29.6%。商品房销售面积 366.6 万平方米，增长 25.2%；商品房销售额 239.4 亿元，增长 40.2%。商品房待售面积 101.5 万平方米，增长 0.5%。

六、国内贸易

全年社会消费品零售总额比上年增长 6.8%。按经营地统计，城镇消费品零售额增长 6.5%，乡村消费品零售额增长 8.3%。按消费类型统计，商品零售额增长 6.5%，餐饮收入额增长 8.1%。

表 6　2019 年社会消费品零售总额增长速度

指标	比上年增长(%)
社会消费品零售总额	6.8
其中：城镇	6.5
乡村	8.3

在限额以上单位商品零售额中，通信器材类比上年增长 70.3%，粮油、食品类增长 41.4%，石油及制品类增长 37.2%，中西药品类增长 17.8%，金银珠宝类增长 2.9%；家用电器及音响器材类下降 3.6%，汽车类下降 6.1%。

七、对外经济

全年对外贸易进出口总额 62.1 亿元（人民币，下同），比上年增长 3.9%。其中，出口 29.5 亿元，增长 31.2%；进口 32.6 亿元，下降 12.7%。全年实际利用外商投资 956.5 万美元，比上年下降 56.2%。

八、财政、金融和保险

全年一般公共预算收入 110.4 亿元，比上年增长 2%。从收入结构看，税收收入 82.5 亿元，增长 4.5%；非税收入 27.9 亿元，下降 4.7%。全年一般公共预算支出 545.2 亿元，比上年增长 1.4%。其中，民生支出 411.1 亿元，占一般公共预算支出的 75.4%。

年末金融机构人民币各项存款余额 2421.5 亿元，比上年末增长 4.8%。其中，住户存款余额 1725.7 亿元,增长 17%。年末金融机构人民币各项贷款余额 2008.1 亿元，比上年末增长 7.5%。其中，中长期贷款余额 1306.6 亿元，增长 8.1%；短期贷款余额 691.6 亿元，增长 6.4%；个人消费贷款余额 613.3 亿元，增长 23.3%；商业性个人住房贷款 452 亿元，增长 23.7%。全年保险公司原保险保费收入[9]99.1 亿元，比上年增长 10.9%。其中，财产险收入 32.3 亿元，增长 9.8%；人身险收入 66.8 亿元，增长 11.4%。支付各类赔款及给付 29.1 亿元，比上年增长 5.3%。其中，财产险支出 18.8 亿元，增长 8.9%；人身险支出 10.3 亿元，下降 0.9%。

九、居民收入消费和社会保障

全年全体居民人均可支配收入 22826 元，比上年增长 8.6%。按常住地分，城镇居民人均可支配收入 34101 元，增长 6.8%；农村牧区居民人均可支配收入 12620 元，增长 11%。全年全体居民人均消费性支出 14902 元，比上年增长 8.5%。按常住地分，城镇居民人均消费性支出 18871 元，增长 6.4%；农村牧区居民人均消费性支出 11684 元，增长 10.3%。年末城镇居民人均住房建筑面积 32.2 平方米，比上年增加 0.5 平方米。农牧民人均居住面积 30.4 平方米，比上年增加 0.9 平方米。

年末参加城镇职工基本养老保险人数 45.3 万人，比上年末增长 5.4%。参加城乡居民社会养老保险人数 165.9 万人，增长 2.4%。参加基本医疗保险人数 404.3 万人，增长 0.8%。年末共有 3 万人享受城镇居民最低生活保障，最低生活保障月人均补助水平由上年的 508 元增加到 561 元。32.7 万人享受农村牧区居民最低生活保障，最低生活保障月人均补助水平由上年的243元增加到257元。

年末共有民办公办养老机构163个，床位1.5万张。全年共有37.7万人得到国家最低生活保障救济。

十、科学技术和教育

全年科技成果登记54项，比上年增长28.6%。专利申请1588件，增长11.8%。授权专利936件，增长20.6%。全年共签订技术合同261项，增长278.3%。技术合同成交金额1.7亿元，增长71.7%。

年末共有普通高等学校4所，全年招收学生0.8万人，比上年增长6.9%；在校学生2.4万人，增长2.6%；毕业学生0.7万人，增长4.6%。年末共有中等职业学校34所，全年招收学生1.3万人，增长38.7%；在校学生3.1万人，增长2.7%；毕业生1万人，下降0.8%。年末共有普通高中39所，全年招收学生2.6万人，增长3.1%；在校学生7.8万人，下降1.9%；毕业学生2.7万人，下降4.4%。年末共有初中104所，全年招收学生4万人，下降8.7%；在校学生12.9万人，下降0.7%；毕业学生4.1万人，增长12%。年末共有小学394所，全年招收学生4.1万人，下降3%；在校学生25.2万人，增长1.5%；毕业学生4万人，下降8.6%。全市初中升高中入学率为93.2%，初中阶段毛入学率为104.9%，小学适龄儿童入学率为100%。

十一、文化旅游、卫生健康和体育

年末共有艺术表演团体10个，其中，乌兰牧骑9个。共有公共图书馆14个，文化馆13个，博物馆12个。广播综合人口覆盖率99.5%，电视综合人口覆盖率99.5%。

全年接待游客2165.2万人次，比上年增长16.8%；实现旅游收入352.3亿元，增长15%。

年末共有医疗卫生机构1687个，其中，医院106个、卫生院239个、疾病预防控制中心13个、妇幼卫生机构13个、专科疾病防治院(所)5个。年末医疗卫生单位共有病床位3.1万张，卫生技术人员3.3万人。

全市共有体育场地9398个。全年发展二级运动员62人。

十二、资源和环境

全年完成营造林面积8.9万公顷。其中，人工造林3.8万公顷，封山育林0.3万公顷，森林抚育1.5万公顷，退化林修复3.2万公顷，迹地更新0.1万公顷。完成退耕还林造林面积0.3万公顷，完成京津风沙源治理工程造林面积1.9万公顷。

全市共有各级各类自然保护区28个。其中，国家级8个、自治区级9个、市级3个、旗县区级8个。自然保护区面积113.2万公顷。其中，国家级67万公顷，自治区级25.2万公顷，市级6.8万公顷，旗县区级14.2万公顷。

全年市中心城区空气质量达到二级及二级以上标准天数342天，比上年增加11天。可吸入细颗粒物下降14.8%。全市城市集中式生活饮用水水源地各水源井水质各项指标均达到《地下水质量标准》要求，集中式饮用水源水质达标率100%。全年平均气温7.1℃，比上年提高0.4℃。全年降水量369.2毫米，增加17.7毫米。作物生长季(4–9月)平均日照数1653小时，增加64小时。

全年规模以上工业综合能源消费量比上年增长6.8%，其中，七大高耗能行业综合能源消费量增长8.1%。

注释：

[1]本公报中数据均为初步统计数据。

[2]地区生产总值、三次产业及相关行业增加值、人均地区生产总值绝对数按现价计算，增长速度按不变价格计算。根据第四次全国经济普查结果，对国内生产总值、三次产业及相关行业增加值等相关指标的历史数据进行了修订。

[3]居住类价格包括租赁房房租、住房保养维修及管理、水电燃料等价格。

[4]主要工业产品产量中，原煤、焦炭、原油、发电量为全社会口径，其余为规模以上工业企业口径。

[5]规模以上服务业统计范围包括年营业收入1000万元及以上，或年末从业人员50人及以上的交通运输、仓储和邮政业，信息传输、软件和信息技术服务业，房地产业(不含房地产开发经营)，租赁和商务服务业，科学研究和技术服务业，水利、环境和公共设施管理业，教育，卫生和社会工作；年营业收入500万元及以上，或年末从业人员50人及以上的居民服务、修理和其他服务业，文化、体育和娱乐业法人单位。

[6]民间固定资产投资是指具有集体、私营、个人性质的内资企事业单位以及由其控股(包括绝对控股和相对控股)的企业单位建造或购置固定资产的投资。

[7]基础设施投资包括交通运输、邮政业，电信、广播电视和卫星传输服务业，互联网和相关服务业，水利、环境和公共设施管理业投资。

[8]房地产业投资除房地产开发投资外，还包括建设单位自建房屋以及物业管理、中介服务和其他房地产投资。

[9]原保险保费收入是指保险企业确认的原保险合同保费收入。

资料来源：

本公报中居民消费价格总水平、粮食作物播种面积及粮食总产量、人民生活数据来自国家统计局赤峰调查队；城镇新增登记失业、新增就业、登记失业率、社会保障数据来自市人力资源和社会保障局；客货运量、客货运周转量数据来自市交通运输局、中国铁路沈阳局集团有限公司赤峰车务段和赤峰玉龙机场；邮政业务总量数据来自市邮政管理局；电信业务总量、移动电话用户、计算机互联网用户数据来自市工业和信息化局、移动、联通、电信赤峰分公司；旅游数据、艺术表演团体、公共图书馆、群艺馆、文化馆、博物馆、广播电视数据来自市文化和旅游局；对外贸易企业进出口总额、实际利用外商投资数据来自市商务局；财政数据来自市财政局；货币金融数据来自中国人民银行赤峰市中心支行；保险业保费收入、赔款和给付支出数据来自市银保监分局；教育数据来自市教育局；鉴定科技成果、签订技术合同及成交额数据来自市科学技术局；体育数据来自市体育局；卫生数据来自市卫生健康委员会；社会服务数据来自市民政局；空气质量、饮用水监测数据来自市生态环境局；气温、降水量、作物生长季平均日照数数据来自市气象局；林业数据来自市林业和草原局；其他数据来自市统计局。

第二部分

统计资料

全市篇

1 行政区划和自然资源

资料整理：苏　雅　勾晓婵　杨　蒙　史欣彤

1-1　行政区划

单位：个

	城　市	农　　村				牧　　区	
	街道办事处	乡	#民族乡	镇	村民委员会	苏　木	嘎　查
全　　市	**21**	**25**	**2**	**88**	**1736**	**19**	**319**
红　山　区	11			2	27		
元宝山区	6	1		5	66		
松　山　区	4	5	1	9	244		
阿鲁科尔沁旗		3		7	147	4	98
巴林左旗		2		7	146	2	20
巴林右旗				5	71	4	91
林　西　县		2		7	104		
克什克腾旗		2		7	84	4	40
翁牛特旗		2		8	165	4	64
喀喇沁旗		2	1	7	161		
宁　城　县		2		13	305		
敖　汉　旗		4		11	216	1	6

1-2　国土面积和人口密度

	国土面积（平方公里）	人口密度（人/平方公里）											
		2000年	2009年	2010年	2011年	2012年	2013年	2014年	2015年	2016年	2017年	2018年	2019年
全　　市	90021	50	51	51	51	51	52	52	51	51	48	48	48
红　山　区	506	641	698	698	701	705	709	709	706	700	913	913	915
元宝山区	953	317	342	341	341	342	343	343	341	339	352	352	353
松　山　区	5618	97	95	95	97	98	100	100	102	104	107	107	108
阿鲁科尔沁旗	14555	21	21	21	21	21	21	21	21	20	18	18	18
巴林左旗	6459	53	56	55	55	55	55	55	54	54	49	49	49
巴林右旗	9837	18	19	19	19	19	19	19	19	19	18	17	18
林　西　县	3933	61	61	61	61	61	61	61	60	60	50	50	51
克什克腾旗	20673	12	12	12	12	12	12	12	12	12	10	9	10
翁牛特旗	11882	40	41	41	41	41	41	41	40	41	35	35	35
喀喇沁旗	3006	123	116	116	117	117	117	117	116	116	92	92	92
宁　城　县	4305	139	140	140	141	141	142	142	143	143	124	124	125
敖　汉　旗	8294	72	72	72	73	73	73	73	73	74	64	64	64

1-3 乡镇(苏木)、街道办事处一览表

		乡镇(苏木)、街道办事处名称
红山区	街道办事处	西屯、三中街、永巨、东城、铁南、南新街、站前、哈达、长青、西城、桥北
	镇	文钟镇、红庙子镇
元宝山区	街道办事处	西露天、平庄城区、平庄东城、平庄西城、云杉路、马林
	镇	元宝山、风水沟、平庄、五家、美丽河
	乡	小五家
松山区	街道办事处	松州、铁东、向阳、振兴
	镇	穆家营子、初头朗、老府、大庙、哈拉道口、上官地、安庆、王府、太平地
	乡	大夫营子、夏家店、岗子、当铺地满族、城子
阿鲁科尔沁旗	镇	天山、双胜、天山口、坤都、巴彦花、绍根、扎嘎斯台
	苏木	巴拉奇如德、罕苏木、赛罕塔拉、巴彦温都尔
	乡	新民、先锋、乌兰哈达
巴林左旗	镇	林东、隆昌、哈拉哈达、白音勿拉、十三敖包、富河、碧流台
	苏木	乌兰达坝、查干哈达
	乡	花加拉嘎、三山
巴林右旗	镇	大板、查干诺尔、宝日勿苏、索博日嘎、巴彦琥硕
	苏木	巴彦塔拉、幸福之路、西拉沐沦、查干沐沦
林西县	镇	林西、官地、新城子、新林、五十家子、大井、统部
	乡	大营子、十二吐
克什克腾旗	镇	经棚、宇宙地、土城子、达来诺日、同兴、芝瑞、万合永
	苏木	巴彦查干、达日罕乌拉、浩来呼热、乌兰布统
	乡	新开地、红山子
翁牛特旗	镇	乌丹、桥头、五分地、海拉苏、乌敦套海、梧桐花、广德公、亿合公
	苏木	新苏莫、白音套海、阿什罕、格日僧
	乡	解放营子、毛山东
喀喇沁旗	镇	锦山、美林、王爷府、小牛群、牛家营子、乃林、西桥
	乡	十家满族、南台子
宁城县	镇	天义、大明、大城子、右北平、八里罕、五化、大双庙、小城子、汐子、忙农、黑里河、三座店、必斯营子
	乡	一肯中、存金沟
敖汉旗	镇	新惠、四道湾子、下洼、四家子、金厂沟梁、贝子府、长胜、兴隆洼、黄洋洼、牛古吐镇、古鲁板蒿镇
	苏木	敖润苏莫
	乡	玛尼罕、萨力巴、丰收、木头营子

1-4 人口和自然资源

	单位	2019年		单位	2019年
一、人口资源			六、矿产资源(资源储量)		
年末总人口	万人	433.09	煤	万吨	190770.60
年末社会从业人员	万人	259.57	石油(探明储量)	亿吨	
人口密度	人/平方公里	48.11	铁(矿石)	万吨	54768.00
二、土地资源			铜	万吨	225.67
土地总面积	平方公里	90021.00	铅	万吨	700.15
# 耕地面积	千公顷	1417.60	锌	万吨	1264.79
耕地面积占土地面积的比重	%	15.75	钨	万吨	4.26
三、森林资源			锡	万吨	36.33
森林面积	千公顷	3028.30	钼	万吨	53.83
森林蓄积量	万立方米	6501.00	金	吨	283.20
森林覆盖率	%	35.74	银	吨	41605.02
四、草原资源			镉	吨	11058.43
草原总面积	千公顷	5733.33	沸石(矿石)	万吨	1127.90
# 可利用面积	千公顷	4866.67	萤石(矿石)	万吨	315.80
五、水利资源			巴林石(矿石)	吨	10928.00
水能资源理论蕴藏量	万千瓦	99.70	高岭土(矿石	万吨	64.33
# 可开发量	万千瓦	4.90	膨润土(矿石)	万吨	2296.70
淡水总面积	千公顷	42.20	珍珠岩(矿石)	万吨	1635.80
# 可养殖面积	千公顷	42.20	砷	万吨	

1-5　气象资料

	2010 年	2011 年	2012 年	2013 年	2014 年	2015 年	2016 年	2017 年	2018 年	2019 年
一、全年降水量(mm)										
赤峰	541	299	376	395	368	378	558	371	382	339
天山	319	294	561	307	313	214	408	289	398	326
林东	209	353	521	426	387	289	343	477	374	328
大板	306	482	426	287	352	370	369	343	304	345
林西	359	397	419	285	340	408	302	328	251	341
经棚	507	253	374	403	342	482	378	356	302	328
乌丹	328	296	441	320	326	352	389	345	459	424
锦山	567	365	492	396	429	449	438	404	354	396
天义	526	336	497	292	394	366	531	583	340	353
新惠	537	335	544	463	354	336	433	416	251	398
二、无霜期(天)										
赤峰	146	143	163	150	147	147	157	158	176	160
天山	144	132	153	143	144	152	157	155	161	160
林东	146	141	153	151	145	143	156	155	144	160
大板	146	137	159	145	146	141	157	143	145	159
林西	150	124	153	133	122	134	126	127	140	124
经棚	132	108	82	111	114	105	126	105	131	123
乌丹	146	137	153	134	136	141	152	155	139	126
锦山	144	137	152	145	143	147	157	154	144	142
天义	152	137	141	145	130	147	157	155	153	139
新惠	144	142	153	150	123	140	134	135	131	129
三、年平均气温(℃)										
赤峰	7.2	7.3	6.3	7.4	8.3	7.8	7.7	8.2	8.0	8.5
天山	6.2	6.7	5.4	6.3	7.3	7.3	7.1	7.5	7.3	8.0
林东	6.0	6.7	5.4	6.5	7.4	7.5	7.1	7.4	7.1	7.7
大板	5.7	6.1	4.8	6.2	6.9	6.4	6.5	7.1	6.7	7.0
林西	4.9	5.6	4.4	4.7	5.4	5.1	5.0	5.6	5.3	5.7
经棚	2.8	2.8	1.9	3.3	4.4	3.7	3.4	4.2	4.1	4.4
乌丹	5.8	6.5	5.3	6.6	7.2	7.2	7.2	7.4	7.1	7.6
锦山	6.3	6.8	5.9	6.9	7.9	7.2	7.4	7.8	7.7	8.0
天义	6.1	6.9	6.2	7.0	8.2	7.8	7.5	8.1	7.9	8.3
新惠	6.4	6.9	6.1	7.1	7.5	6.9	6.6	7.2	6.9	7.4
四、全年日照时数(小时)										
赤峰	3002	3243	3104	3117	2998	2966	3000	3019	2975	3338
天山	3103	3218	3133	3220	3219	3262	3181	3200	3131	2114
林东	3038	3198	3161	3165	3080	3088	3017	2964	2983	3164
大板	2895	3121	3044	3060	2981	2918	3028	2868	2878	2994
林西	2819	2883	2674	3092	2987	2921	3039	3147	3062	2997
经棚	2818	3079	2885	3067	2866	2831	2912	2991	2949	3350
乌丹	3044	3178	3040	3177	3077	3030	3042	3187	3067	2930
锦山	2721	2726	2506	2823	2706	2647	2674	2747	2708	2879
天义	2872	2889	2639	2801	2743	2665	2816	2849	2824	3330
新惠	2805	2967	2867	2847	2855	2852	2751	2727	2742	3368

2 综　合

资料整理：苏　雅　陈　璐　勾晓婵

2-1 国民经济主要指标

	单位	2010年	2011年	2012年	2013年	2014年
一、人口						
年末总人口	万人	433.84	431.93	431.30	430.62	430.38
二、劳动力						
年末社会劳动者人数	万人	241.23	253.17	247.20	255.93	244.37
#第一产业	万人	127.85	130.37	128.50	132.74	131.83
第二产业	万人	50.09	52.63	53.52	51.15	49.51
第三产业	万人	63.29	70.17	65.15	72.04	63.03
#职工人数	万人	30.51	30.81	32.06	36.45	35.66
三、财政						
1.一般公共预算收入	万元	563261	617762	745577	911842	980258
2.一般公共预算支出	万元	2197851	2721978	3256223	3477996	3604389
四、物价指数(以上年价格为100)						
1.居民消费价格指数		102.8	105.4	102.7	103.7	101.8
2.商品零售价格指数		103.4	106.2	102.6	103.2	100.9

注:年末总人口为常住人口。

2-1 续表1

	单位	2015年	2016年	2017年	2018年	2019年
一、人口						
年末总人口	万人	429.95	430.52	431.48	432.18	433.09
二、劳动力						
年末社会劳动者人数	万人	262.02	260.37	265.02	262.74	259.57
#第一产业	万人	137.67	136.05	135.39	134.91	131.76
第二产业	万人	48.51	49.83	46.78	44.35	43.82
第三产业	万人	75.84	74.49	82.85	83.49	83.99
#职工人数	万人	33.95	33.50	31.40	29.69	31.32
三、财政						
1.一般公共预算收入	万元	1045777	1117777	1006776	1082357	1103985
2.一般公共预算支出	万元	4150346	4388482	4625060	5376819	5452234
四、物价指数(以上年价格为100)						
1.居民消费价格指数		101.6	101.1	101.5	101.9	102.6
2.商品零售价格指数		100.7	100.7	100.7	101.5	102.0

2-1　续表 2

	单位	2010 年	2011 年	2012 年	2013 年	2014 年
五、职工工资						
1.职工工资总额	万元	992171	1238787	1456726	1858393	1925820
国有单位	万元	669796	836433	978195	1094300	1137435
集体单位	万元	33736	45447	55505	59152	59895
其它单位	万元	285643	351086	418939	677566	699947
2.职工平均货币工资	元	31238	38546	44381	47292	51504
国有单位	元	33808	41859	47964	54792	58030
集体单位	元	28995	39108	48808	54943	59449
其它单位	元	26931	32714	37778	39174	44381
六、居民收入						
1.城镇常住居民人均可支配收入	元	14343	16689	18989	21148	23199
2.农村牧区常住居民人均可支配收入	元	4549	5574	6428	7284	8114
七、居民消费水平						
全体居民	元/人	7503	8444	10381	11256	12696
农村居民	元/人	4220	4961	6529	7383	8685
城镇居民	元/人	12308	13299	15471	16119	17504
八、工业						
1.主要工业产品产量						
粗钢	吨	2040895	2187210	2653128	2963053	2234619
发电量	亿千瓦时	218.6	190.6	182.0	192.9	211.7
原煤	万吨	2956.9	3226.1	3435.7	3459.6	2669.3
糖	吨	46627	71634	95224	126294	97271
白酒	千升	10348	65414	46137	97271	78848

2-1 续表3

	单位	2015年	2016年	2017年	2018年	2019年
五、职工工资						
1.职工工资总额	万元	1887206	1993023	1986349	2100156	2323831
国有单位	万元	1214779	1318065	1324248	1369497	1430189
集体单位	万元	58006	61357	51196	57756	23892
其它单位	万元	591471	592580	591718	672903	869750
2.职工平均货币工资	元	54820	59013	63266	70638	74323
国有单位	元	62703	67679	69715	72984	79608
集体单位	元	62059	66054	67899	78697	86284
其它单位	元	44282	46725	53406	65758	66777
六、居民收入						
1.城镇常住居民人均可支配收入	元	25195	27336	29660	31931	34101
2.农村牧区常住居民人均可支配收入	元	8812	9517	10352	11373	12620
七、居民消费水平						
全体居民	元/人	11455	12179	12868	13729	14902
农村居民	元/人	8922	9476	10092	10593	11687
城镇居民	元/人	14597	15517	16308	17743	18871
八、工业						
1.主要工业产品产量						
粗钢	吨	1870716	2311415	2506978	3373160	3497092
发电量	亿千瓦时	209.4	215.5	253.4	288.9	345.9
原煤	万吨	2406.6	1768.6	1388.8	1699.0	1725.9
糖	吨	216909	159860	140606	116331	112158
白酒	千升	87205	91340	7224	3991	2556

2-1 续表4

	单位	2010年	2011年	2012年	2013年	2014年
啤酒	千升	236768	268015	239249	233094	231736
铅	吨	55135	82473	50954	66508	66784
锌	吨	82040	119172	126554	125060	217334
化肥(100%)	吨	256900	105900	97600	110800	140700
化学原料药	吨	5017	5148	5531	4278	4507
水泥	万吨	545.40	745.07	640.78	631.79	585.52
2.规模以上工业企业主要指标						
固定资产原价	万元	8068190	8557432	8442192	9355920	10870583
资产总计	万元	9968669	11213519	12312737	14019088	15572737
九、能源						
全社会能源消费总量	万吨标煤	1214.90	1347.77	1461.38	1529.42	1565.36
单位 GDP 能耗	吨标煤/万元	1.4480	1.0745	1.0253	0.9851	0.9339
单位 GDP 能耗增减幅度	%	-3.51	-3.93	-4.58	-3.92	-5.20
单位工业增加值能耗增减幅度	%	-15.98	-15.02	-14.61	-10.57	-9.71
单位 GDP 电耗增减幅度	%	2.82	-3.90	-0.74	1.27	-0.57
十、公路运输、邮电						
货运量	万吨	5967	8670	11890	9798	13117
货物周转量	万吨公里	2024040	2495600	3044700	2080474	2398284
客运量	万人	4249	5008	5066	4508	3872
旅客周转量	万人公里	358020	437700	435800	287459	276152
邮政业务总量	万元	16300	12400	16900	18100	24200

2-1 续表5

	单位	2015年	2016年	2017年	2018年	2019年
啤酒	千升	219101	236232	215681	220500	217947
铅	吨	53406	72440	91160	188914	244903
锌	吨	215034	217936	227732	135204	136893
化肥(100%)	吨	342400	177300	224000	289500	288508
化学原料药	吨	3684	31461	209	4996	5277
水泥	万吨	503.89	678.60	424.50	409.35	428.58
2.规模以上工业企业主要指标						
固定资产原价	万元	11677999	15453058	14067486	13314955	13968536
资产总计	万元	16564093	20443638	19994639	20673978	20908959
九、能源						
全社会能源消费总量	万吨标煤	1659.34	1679.48	1666.30	1764.30	1806.90
单位GDP能耗	吨标煤/万元	0.9162	0.8575	1.2823	1.2808	1.1503
单位GDP能耗增减幅度	%	-1.90	-5.69	-4.27	-0.11	-2.50
单位工业增加值能耗增减幅度	%	-3.35	-10.22	-5.78	-0.01	-0.17
单位GDP电耗增减幅度	%	-9.74	-4.72	1.05	10.00	4.00
十、公路运输、邮电						
货运量	万吨	12391	13539	15293	16615	17356
货物周转量	万吨公里	2559435	2769053	3159284	3414775	3518293
客运量	万人	3187	2791	2367	2008	1795
旅客周转量	万人公里	298556	300364	271326	244186	220072
邮政业务总量	万元	27500	38000	50200	63500	75400

2-1 续表 6

	单位	2010 年	2011 年	2012 年	2013 年	2014 年
十一、内外贸易						
1.社会消费品零售总额	万元	2725730	3180408	3628968	4050203	4435670
城镇	万元	2196368	2587361	2983056	3366600	3731989
乡村	万元	529362	593046	645912	683603	703681
2.外贸进出口总额	万美元	106474	122300	141425	116759	85333
# 出口	万美元	14461	22202	12298	11766	13426
十二、金融、保险						
1.金融机构各项存款余额	万元	8794197	10370002	11586221	12676421	13664721
城乡居民储蓄存款余额	万元	5367138	6483350	7670230	8616253	9317957
金融机构各项贷款余额	万元	4659314	5651495	7117500	8607198	10480711
2.保险费收入	万元	249997	244384	275649	352040	392571
赔款支出	万元	65808	71926	75160	101621	147817
十三、教育、卫生						
1.小学在校生数	万人	28.0	27.6	26.8	25.2	24.7
普通中学在校生数	万人	27.2	27.8	25.5	23.1	22.2
中等专业学校在校生数	人	21064	12819	15565	16948	44436
高等学校在校生数	人	15066	17235	17850	18756	19710
2.卫生机构数	个	977	998	4420	4532	4542
# 医院、卫生院	个	305	307	310	316	322
床位数	张	16774	17527	20820	22991	24821
# 医院、卫生院	张	15410	16120	19436	21550	18410
卫生技术人员数	人	23361	24701	23746	25779	26819
# 执业(助理)医师	人	8508	8681	10088	10568	8781
注册医师、护士	人	5119	6260	7404	8775	9560

注:从 2012 年开始卫生机构数调整为新口径,含村卫生室。

2-1 续表7

	单位	2015年	2016年	2017年	2018年	2019年
十一、内外贸易						
1.社会消费品零售总额	万元	4741082	5133051	5493518	5799193	6193352
城镇	万元	3886109	4222136	4510923	4748979	5117914
乡村	万元	854973	910915	982595	1050214	1075438
2.外贸进出口总额	万美元	77908	85599	89600	90600	90209
# 出口	万美元	18144	21113	24400	34148	42853
十二、金融、保险						
1.金融机构各项存款余额	万元	14947718	18425687	21619131	23103796	24215065
城乡居民储蓄存款余额	万元	9678745	10236259	12774324	14748740	17256647
金融机构各项贷款余额	万元	11631370	13814954	16538742	18685423	20081119
2.保险费收入	万元	495897	630400	755012	890212	991689
赔款支出	万元	151789	191000	243754	269758	284606
十三、教育、卫生						
1.小学在校生数	万人	25.2	25.3	24.7	24.8	25.2
普通中学在校生数	万人	20.8	20.6	20.5	20.9	20.6
中等专业学校在校生数	人	35919	34649	32265	29903	30702
高等学校在校生数	人	20411	21732	22591	23088	23652
2.卫生机构数	个	4588	4580	4700	4764	4754
# 医院、卫生院	个	328	326	362	347	345
床位数	张	25700	25331	27423	29806	31110
# 医院、卫生院	张	23999	23889	24666	28094	29384
卫生技术人员数	人	28112	28444	28624	30699	32734
# 执业(助理)医师	人	11331	11494	11601	12384	13662
注册医师、护士	人	10202	10601	11216	11933	12659

2-2 国民经济主要指标发展速度

(以上年为 100)

	2010 年	2011 年	2012 年	2013 年	2014 年
一、人口					
年末总人口	99.4	99.6	99.9	99.8	99.9
二、劳动力					
年末社会劳动者人数	103.8	104.9	101.3	103.5	95.5
#第一产业	103.1	102.0	98.6	103.3	99.3
第二产业	108.4	105.1	105.2	95.6	96.8
第三产业	102.0	110.9	103.2	110.6	87.5
#职工人数	101.6	101.6	104.3	112.1	100.0
三、综合					
1.地区生产总值(按可比价格计算)	114.3	115.0	112.6	108.5	107.4
第一产业	106.6	106.8	107.6	103.8	102.4
第二产业	114.7	119.7	114.8	110.8	109.1
#工业	113.3	119.6	114.7	111.2	110.2
第三产业	117.1	116.0	113.3	108.9	108.2
2.人均地区生产总值	114.4	128.2	112.9	108.7	107.5
四、固定资产投资					
500 万元以上项目固定资产投资	121.7	120.6	119.8	120.5	116.0
房地产开发投资	152.7	166.0	101.1	105.2	87.4
五、财政					
一般公共预算收入	117.0	125.2	120.7	122.3	107.5
一般公共预算支出	117.5	123.8	119.5	106.8	103.6
六、职工工资					
职工工资总额	116.0	124.6	117.8	126.0	103.6
职工平均货币工资	114.2	123.5	115.1	107.2	109.2
七、居民收入					
城镇常住居民人均可支配收入	111.3	116.4	113.8	111.4	109.7
农村牧区常住居民人均可支配收入	111.3	122.5	115.3	113.3	111.4
八、居民消费水平					
全体居民	119.4	112.6	122.9	108.4	112.8

2-2 续表 1

（以上年为 100）

	2015 年	2016 年	2017 年	2018 年	2019 年
一、人口					
年末总人口	99.9	100.1	100.2	100.2	100.2
二、劳动力					
年末社会劳动者人数	107.2	99.4	101.8	99.1	98.8
# 第一产业	104.4	98.8	99.5	99.6	97.8
第二产业	98.0	102.7	93.9	94.8	98.8
第三产业	120.3	98.2	111.2	100.8	100.6
# 职工人数	99.9	93.9	93.7	94.6	105.5
三、综合					
1.地区生产总值(按可比价格计算)	107.8	107.1	103.5	105.9	105.1
第一产业	103.1	103.4	103.4	103.2	102.4
第二产业	108.6	107.3	99.8	106.3	106.7
# 工业	108.8	106.6	99.8	108.9	105.6
第三产业	109.0	108.5	105.7	106.7	105.2
2.人均地区生产总值	107.9	108.3	103.3	105.6	104.9
四、固定资产投资					
500 万元以上项目固定资产投资	115.5	115.5	102.8	82.5	107.2
房地产开发投资	66.6	128.3	127.4	113.9	129.6
五、财政					
一般公共预算收入	106.7	106.9	93.7	107.5	102.0
一般公共预算支出	118.0	105.9	105.4	116.4	101.4
六、职工工资					
职工工资总额	98.3	105.8	99.8	105.4	110.7
职工平均货币工资	106.2	107.6	107.1	110.7	105.2
七、居民收入					
城镇常住居民人均可支配收入	108.6	108.5	108.5	108.8	106.8
农村牧区常住居民人均可支配收入	108.6	108.0	108.8	105.0	111.0
八、居民消费水平					
全体居民	105.9	106.3	105.7	106.7	108.5

2-2 续表 2

（以上年为 100）

	2010 年	2011 年	2012 年	2013 年	2014 年
农村居民	121.9	117.6	131.6	113.1	117.6
城镇居民	114.9	108.1	116.3	104.2	108.6
九、农业					
农业总产值	119.4	117.8	112.9	110.5	104.4
# 农业	135.7	115.2	111.4	121.0	111.0
林业	128.9	96.8	97.8	114.9	101.6
牧业	100.3	125.1	117.1	96.0	93.5
渔业	141.0	133.2	112.8	118.0	111.8
粮食	121.0	122.5	114.9	105.0	97.1
油料	157.8	111.1	108.9	99.4	110.9
甜菜	145.5	114.1	107.3	118.4	85.4
肉类总产量	102.3	99.6	104.9	99.3	101.3
十、工业					
发电量	106.1	95.9	95.5	105.9	109.8
原煤产量	103.2	117.1	106.5	100.7	77.2
十一、公路运输、邮电					
货物周转量	111.3	123.3	137.1		115.3
旅客周转量	114.6	122.3	101.2		96.1
邮政业务总量	114.8	76.1	136.3	107.1	133.7
十二、内外贸易					
社会消费品零售总额	117.4	116.7	114.1	111.6	109.5
外贸出口总额	208.6	114.9	115.6	82.6	117.4
十三、年末城乡居民储蓄存款余额					
全体居民	120.7	120.8	118.3	112.8	108.1

2-2 续表3

（以上年为100）

	2015年	2016年	2017年	2018年	2019年
农村居民	101.9	106.2	106.5	105.0	110.3
城镇居民	108.8	106.3	105.1	108.8	106.4
九、农业					
农业总产值	101.2	107.7	104.3	105.5	105.9
# 农业	96.9	97.8	99.8	101.1	106.4
林业	103.3	99.2	99.9	101.0	101.0
牧业	109.3	126.4	86.5	112.9	105.9
渔业	105.5	102.7	99.2	100.9	95.7
粮食	101.2	97.5		107.7	101.8
油料	101.7	119.9	137.3	75.7	110.8
甜菜	111.4	134.6	112.2	126.1	112.3
肉类总产量	100.6	106.1		108.5	103.2
十、工业					
发电量	97.7	101.4	111.5	111.7	107.0
原煤产量	89.1	73.5	78.5	122.3	101.6
十一、公路运输、邮电					
货物周转量	106.7	102.0	100.1	108.1	102.9
旅客周转量	108.1	105.5	90.3	90.0	89.8
邮政业务总量	113.6	138.2	132.1	126.5	118.7
十二、内外贸易					
社会消费品零售总额	106.9	108.3	107.0	105.6	106.8
外贸出口总额	93.0	109.9	116.0	96.5	103.9
十三、年末城乡居民储蓄存款余额					
全体居民	107.9	105.8	109.3	106.9	104.8

2-3 国民经济主要比例关系

	2010 年	2011 年	2012 年	2013 年	2014 年
一、地区生产总值中三次产业比例					
第一产业	22.7	23.7	24.0	23.3	22.5
第二产业	31.1	32.0	31.8	31.5	30.3
第三产业	46.2	44.3	44.2	45.2	47.2
二、500 万元及以上项目固定资产构成					
建筑安装工程	63.3	71.2	72.8	74.2	74.3
设备工器具购置	24.7	20.2	19.4	20.3	19.3
其他费用	12.0	8.6	7.8	5.5	6.4
三、农业总产值中各业的比例					
农业	55.6	54.4	53.6	58.7	62.4
林业	5.7	4.7	4.1	4.2	4.1
牧业	36.6	38.9	40.3	35.0	31.4
渔业	0.4	0.5	0.5	0.5	0.2

2-3 续表

	2015年	2016年	2017年	2018年	2019年
一、地区生产总值中三次产业比例					
第一产业	21.3	21.1	19.9	19.2	19.0
第二产业	30.4	30.4	29.3	29.3	29.7
第三产业	48.3	48.5	50.8	51.5	51.3
二、500万元及以上项目固定资产构成					
建筑安装工程	78.8	82.0	76.8	75.1	72.4
设备工器具购置	17.0	13.6	13.9	14.6	7.5
其他费用	4.2	4.4	9.3	10.3	20.1
三、农业总产值中各业的比例					
农业	59.8	54.3	57.3	54.6	54.8
林业	4.2	3.9	4.1	3.8	3.6
牧业	33.9	39.8	36.3	39.5	39.5
渔业	0.6	0.6	0.6	1.0	0.5

2-4 平均每天主要经济活动

	单位	2010 年	2011 年	2012 年	2013 年	2014 年
一、每天创造的财富						
地区生产总值	万元	21275	24109	26868	29375	31879
第一产业	万元	4835	5714	6446	6839	7187
第二产业	万元	6611	7715	8553	9260	9656
#工业	万元	4702	5236	5655	6089	6298
第三产业	万元	9830	10680	11869	13276	15036
农业总产值	万元	4859	5774	6508	7252	7628
一般公共预算收入	万元	1543	1692	2043	2498	2686
一般公共预算支出	万元	6022	7457	8921	9529	9875
粮食	吨	9323	11938	13202	14921	15018
油料	吨	319	325	354	352	391
甜菜	吨	1678	1914	2054	2432	2077
肉类	吨	1200	1196	1255	1217	1301
水产品	吨	32	35	38	41	42
原煤	吨	81010	88385	94128	94783	73130
发电量	万千瓦时	5990	5221	4988	5284	5800
钢	吨	5591	5992	7269	8118	6122
水泥	吨	5454000	7450700	6407800	6317900	5855200
二、每天其它经济活动						
公路货物周转量	万吨公里	5545	6837	8342	5700	6571
公路旅客周转量	万人公里	981	1199	1194	788	757
邮政业务总量	万元	45	34	46	50	66
年末城乡居民储蓄存款余额	万元	14704	6483350	7670230	8616253	9317957

2-4 续表

	单位	2015 年	2016 年	2017 年	2018 年	2019 年
一、每天创造的财富						
地区生产总值	万元	35002	37277	40047	43643	46805
第一产业	万元	7446	7868	7979	8366	8870
第二产业	万元	10663	11337	11735	12811	13924
#工业	万元	7200	7591	7841	8701	9381
第三产业	万元	16893	18073	20333	22466	24011
农业总产值	万元	7704	8133	7688	8501	9009
一般公共预算收入	万元	2865	3062	2758	2965	3025
一般公共预算支出	万元	11371	12023	12671	14731	14938
粮食	吨	15542	15016	15129	16293	16581
油料	吨	397	487	669	507	561
甜菜	吨	2313	3102	3481	4366	4904
肉类	吨	1190	1167	1252	1357	1400
水产品	吨	44	45	46	45	39
原煤	吨	65933	48455	38050	46547	47284
发电量	万千瓦时	5738	5905	6943	7915	9477
钢	吨	5125	6333	6868	9242	9581
水泥	吨	5038900	6786000	4245000	4093500	4285800
二、每天其它经济活动						
公路货物周转量	万吨公里	7012	7586	8656	9356	9639
公路旅客周转量	万人公里	818	823	743	669	603
邮政业务总量	万元	75	104	138	174	207
年末城乡居民储蓄存款余额	万元	26517	11691892	12774324	14748740	17256647

2-5 历年地区生产总值

（按当年价格计算）

年份	地区生产总值（万元）	第一产业	第二产业			第三产业	人均生产总值（元）
				工业	建筑业		
1952	22005	18274	1119	1096	23	2612	129
1957	22690	15130	3794	3753	41	3766	110
1962	32772	21929	5961	5633	328	4882	134
1965	39187	25753	6944	6675	269	6490	147
1970	52986	36822	7790	7501	289	8374	174
1975	64948	39386	17807	17246	561	7755	191
1978	70329	34716	23109	21491	1618	12504	201
1979	85358	42311	24379	22551	1828	18668	241
1980	83809	39579	25864	23795	2069	18366	233
1981	94431	48279	27946	25571	2375	18206	259
1982	132911	69542	35260	32087	3173	28109	357
1983	143605	72545	41151	37242	3909	29909	382
1984	158286	76136	45208	40687	4521	36942	415
1985	195809	93616	53341	47740	5601	48852	510
1986	202770	80690	60345	53787	6648	61735	523
1987	261092	109995	80875	71979	8896	70222	664
1988	301029	123713	105052	92971	12081	72264	756
1989	352286	135367	121007	106486	14521	95912	872
1990	401497	163761	131225	116260	14965	106511	967
1991	466076	180277	153487	133944	19543	132312	1107
1992	570110	218849	189059	158676	30383	162202	1345
1993	659263	231549	240079	211221	28858	187635	1537
1994	840415	306501	287306	246746	40560	246608	1941
1995	911294	301873	287904	254065	33839	321517	2085
1996	1132349	413445	335495	289667	45828	383409	2562
1997	1275431	433497	405653	342905	62748	436281	2859
1998	1334486	465489	398250	333745	64505	470747	2960
1999	1399192	440819	423604	358776	64828	534769	3093
2000	1602704	407226	519828	420307	99521	675650	3540
2001	1766503	456379	556420	456811	99609	753704	3903
2002	1968329	491638	639830	523214	116616	836861	4333
2003	2377209	594604	716464	555711	160753	1066141	5210
2004	2817500	771370	808856	625964	182892	1237274	6150
2005	3227234	930340	978737	776115	202622	1318157	7185
2006	3838280	1007151	1193234	959000	234234	1637895	8745
2007	4804892	1243229	1476066	1179213	296853	2085597	10979
2008	5722691	1447328	1711651	1314000	397651	2563712	13127
2009	6559442	1487619	1997099	1477116	519983	3074724	15116
2010	7765459	1764620	2412964	1716308	696656	3587875	17915
2011	8799826	2085596	2816039	1911000	905039	3898191	20322
2012	9806976	2352898	3121969	2064000	1057969	4332109	22722
2013	10721837	2496379	3379819	2222481	1157338	4845639	24879
2014	11635783	2623282	3524400	2298900	1225500	5488101	27029
2015	12775717	2717787	3892112	2628075	1264037	6165818	29700
2016	13606154	2871664	4138000	2770838	1367162	6596490	31625
2017	14617134	2912401	4283236	2862112	1421124	7421497	33914
2018	15929815	3053670	4676029	3176019	1500010	8200116	36889
2019	17083805	3237504	5082242	3424200	1658042	8764059	39488

注：根据第四次全国经济普查结果对 2000–2018 年数据进行了修订，下表同。

2-6 历年地区生产总值指数

（以上年为100，按可比价格计算）

年份	地区生产总值	第一产业	第二产业			第三产业	人均生产总值
				工业	建筑业		
1952							
1957	92.9	90.9	104.6	108.4	47.7	99.0	88.4
1962	113.0	122.1	90.7	90.5	91.6	94.6	108.3
1965	109.6	111.7	93.6	99.2	68.3	109.5	106.8
1970	124.5	124.1	128.0	130.0	111.9	124.1	120.6
1975	118.9	122.4	114.6	113.0	137.8	109.9	116.9
1978	108.5	99.9	116.9	110.7	162.2	129.7	107.5
1979	112.8	103.8	116.7	123.0	85.1	134.8	111.6
1980	93.1	88.8	111.3	114.0	92.2	81.4	91.8
1981	115.0	120.6	102.6	102.5	104.1	120.9	111.1
1982	134.2	135.0	120.2	110.6	204.5	151.7	132.8
1983	105.1	103.5	112.2	112.3	112.2	101.0	103.8
1984	109.1	100.0	109.9	114.1	89.9	129.4	108.0
1985	115.0	118.3	120.0	113.1	161.7	103.8	114.1
1986	92.7	75.6	99.0	100.9	91.0	120.3	92.5
1987	111.9	122.9	105.2	105.6	103.5	104.3	109.6
1988	109.8	94.5	139.0	145.7	107.1	103.8	108.4
1989	104.9	101.4	102.2	105.3	82.1	113.3	103.3
1990	108.4	122.7	101.2	100.4	108.4	99.2	106.3
1991	111.6	110.2	112.7	111.5	122.0	112.1	110.2
1992	113.5	113.3	111.0	111.2	109.2	116.7	112.2
1993	111.3	113.0	117.8	114.0	145.6	101.1	110.3
1994	110.9	106.0	116.4	114.3	133.0	110.6	109.9
1995	97.2	89.7	91.9	93.0	84.4	111.3	96.0
1996	120.5	135.1	114.3	112.0	131.6	113.3	119.1
1997	108.3	100.5	114.6	111.5	134.2	110.6	109.0
1998	104.5	107.9	95.0	94.0	100.2	110.4	103.9
1999	105.9	95.8	106.7	107.8	101.0	114.8	105.2
2000	105.3	91.1	110.2	110.1	110.8	112.6	105.4
2001	109.1	114.2	101.8	102.6	98.3	111.6	109.1
2002	110.9	107.1	112.7	110.6	121.8	112.0	110.5
2003	114.7	114.8	120.4	112.9	150.5	110.6	114.2
2004	111.4	107.6	118.6	121.4	110.2	108.4	111.0
2005	115.5	115.5	124.1	129.0	107.8	108.3	117.8
2006	117.9	105.9	124.8	128.5	110.6	121.3	136.0
2007	119.0	104.7	127.9	129.7	119.8	121.0	119.3
2008	117.5	107.0	120.4	120.4	120.3	120.7	118.0
2009	114.7	102.7	119.7	116.5	135.4	116.3	115.2
2010	114.3	106.6	114.7	113.3	120.7	117.1	114.4
2011	115.0	106.8	119.7	119.6	119.8	116.0	128.2
2012	112.6	107.6	114.8	114.7	115.1	113.3	112.9
2013	108.5	103.8	110.8	111.2	109.9	108.9	108.7
2014	107.4	102.4	109.1	110.2	106.4	108.2	107.5
2015	107.8	103.1	108.6	108.8	108.1	109.0	107.9
2016	107.1	103.4	107.3	106.6	108.7	108.5	108.3
2017	103.5	103.4	99.8	99.8	99.8	105.7	103.3
2018	105.9	103.2	106.3	108.9	101.1	106.7	105.6
2019	105.1	102.4	106.7	105.6	109.0	105.2	104.9

2-7 地区生产总值

单位：万元

	2018 年	2019 年
地区生产总值	15929815	17083805
农、林、牧、渔业	3102813	3288406
工业	3176019	3424200
建筑业	1500010	1658042
批发和零售业	1530000	1666400
交通运输、仓储和邮政业	657193	731170
住宿和餐饮业	275800	302700
信息传输、软件和信息技术服务业	203873	224248
金融业	861249	882233
房地产业	1033745	1175657
租赁和商务服务业	286241	314247
科学研究和技术服务业	155033	158534
水利、环境和公共设施管理业	39292	39544
居民服务、修理和其他服务业	285114	313927
教育	855842	878606
卫生和社会工作	445781	458132
文化、体育和娱乐业	81013	89547
公共管理、社会保障和社会组织	1440797	1478473

注：本表中 2019 年各行业增加值数据为快报数据，非最终核实数据。

3 人　口

资料整理：王修茹　刘海冉

3-1 历年总户数、总人口

年份	总户数（万户）	总人口（万人）				
			#女性	#城镇人口	#市镇人口	#少数民族人口	#蒙古族
1949	32.9	165.5	79.7	9.9	4.5	15.0	13.9
1952	33.6	171.1	81.1	11.6	5.5	17.0	15.6
1957	40.2	205.9	97.5	15.5	14.2	20.1	18.3
1962	46.6	244.1	116.4	22.8	21.0	22.7	20.6
1965	48.9	266.4	127.6	22.6	25.7	25.3	22.8
1970	55.2	305.3	147.1	26.4	29.8	28.7	25.9
1975	62.0	340.3	164.1	30.4	36.9	31.6	28.4
1978	67.2	349.5	169.8	33.2	39.4	34.3	30.9
1979	69.3	354.3	172.5	35.8	41.8	33.0	29.6
1980	70.4	359.2	174.7	38.3	44.1	34.4	30.8
1981	75.1	364.2	177.8	40.9	45.5	35.4	31.6
1982	77.3	371.6	181.0	42.2	47.8	50.9	42.3
1983	79.3	375.9	182.7	44.3	48.7	53.6	43.9
1984	81.9	380.5	184.9	46.6	113.5	54.4	45.2
1985	84.3	384.1	186.6	52.2	117.4	55.7	46.1
1986	87.2	387.7	188.1	52.4	122.2	61.8	50.8
1987	89.9	392.6	190.1	55.9	134.1	67.0	55.0
1988	93.7	397.9	192.3	59.3	145.1	70.6	57.9
1989	97.1	403.5	195.3	62.1	149.1	72.7	59.7
1990	101.4	411.2	198.9	63.6	152.8	77.9	64.0
1991	104.2	413.9	199.9	64.9	154.5	79.2	65.1
1992	106.2	416.0	200.9	65.8	156.3	81.5	67.0
1993	108.7	420.0	203.0	68.8	160.7	82.4	67.8
1994	111.1	423.2	204.5	71.2	168.4	84.0	69.5
1995	112.7	426.5	206.2	73.1	170.4	86.0	71.0
1996	116.1	431.3	208.4	75.2	173.7	89.1	73.7
1997	119.2	436.5	211.2	79.0	176.2	91.0	75.6
1998	121.1	441.5	213.2	81.7	179.4	92.8	77.0
1999	123.1	446.3	216.0	84.4	183.1	93.3	77.5
2000	124.0	439.3	213.6	85.4	181.1	93.5	77.5
2001	126.3	442.0	214.2	88.9	190.7	89.5	73.7
2002	130.4	444.3	215.5	92.0	222.7	94.2	78.5
2003	131.9	447.3	216.9	95.5		98.5	82.2
2004	132.7	447.0	217.5	98.7		100.0	83.8
2005	134.2	445.4	216.8	100.2		101.4	85.1
2006	136.7	450.2	219.5	101.9		102.2	85.6
2007	144.5	452.8	220.2	105.6		104.1	87.3
2008	146.4	456.5	221.9	107.2		105.8	88.7
2009	156.5	459.2	223.4	108.5		107.3	90.2
2010	164.0	457.7	222.7	109.5		107.7	90.4
2011	170.5	459.9	223.7	110.9		109.5	92.0
2012	174.2	461.2	224.2	112.6		110.7	93.0
2013	178.6	464.3	225.7	113.9		112.2	94.3
2014	186.0	465.8	226.5	114.4		113.7	95.5
2015	187.9	462.6	224.6	137.7		113.7	95.5
2016	188.7	463.0	224.9	142.7		114.6	96.3
2017	190.2	459.5	223.6	141.8		114.9	96.5
2018	191.7	459.4	223.8	141.9		115.6	97.1
2019	193.0	459.9	224.2	142.5		116.5	97.8

注：全市常住人口为433.09万人，本表中数据为公安户籍数。

3-2 人口及变动情况

	2009 年	2010 年	2011 年	2012 年	2013 年	2014 年	2015 年	2016 年	2017 年	2018 年	2019 年
一、总人口(人)	4591948	4577372	4599424	4611871	4642953	4658079	4626342	4630085	4595185	4594142	4599241
1.按性别分											
男	2357821	2349911	2362340	2369641	2385947	2393429	2379920	2381432	2359441	2356280	2357064
女	2234127	2227461	2237084	2242230	2257006	2264650	2246422	2248653	2235744	2237862	2242177
2.按户口性质分											
城镇人口	1085166	1095198	1109425	1125891	1139263	1144499	1376914	1427315	1418355	1418552	1424659
乡村人口	3506782	3482174	3489999	3485980	3503690	3513580	3249428	3202770	3176830	3175590	3174582
3.按民族分											
汉族	3519117	3500746	3504736	3505073	3520574	3521497	3489466	3483955	3446096	3437681	3434353
蒙古族	901838	904190	920319	929856	943048	955178	955461	963324	965152	971264	978213
回族	30980	31075	31240	31473	31738	31947	31767	31679	31633	31610	31680
满族	135941	137234	138875	141062	143019	144726	144873	146200	147231	148415	149697
朝鲜族	1596	1601	1608	1623	1655	1666	1660	1665	1666	1673	1681
达斡尔族	485	506	524	543	558	578	579	604	632	643	662
其他少数民族	1991	2020	2122	2241	2361	2487	2536	2658	2775	2856	2955
二、人口自然变动情况											
出生人口(人)	40569	42448	40628	47217	38381	32402	35964	50524	54554	42599	37398
死亡人口(人)	18004	51692	12708	30143	11893	11064	14845	22297	76318	30458	20619
迁入人口(人)	30708	36453	31409	33194	23852	31957	9732	28285	46908	40554	37382
迁出人口(人)	36444	40548	42875	40351	29556	36455	47015	48189	72181	52787	47998
出生率(‰)	8.8	9.3	8.8	10.2	8.3	7.0	7.8	10.9	11.9	9.3	8.1
死亡率(‰)	3.9	11.3	2.8	6.5	2.6	2.4	3.2	4.8	16.6	6.6	4.5
自然增长率(‰)	4.9	-2.0	6.1	3.7	5.7	4.6	4.6	6.1	-4.7	2.6	3.7

4 从业人员和职工工资

资料整理：王修茹　刘海冉

4-1 历年职工人数、工资总额、人均货币工资及指数

年份	绝对值			指数(以上年为100)		
	年末职工人数(人)	工资总额(万元)	平均工资(元)	年末职工人数	工资总额	平均工资
1949	13498	290	225			
1952	23680	916	405	112.3	161.8	164.6
1957	51024	2989	570	112.6	130.8	107.5
1962	83572	5190	596	91.0	94.7	114.4
1965	88314	5426	626	103.5	98.9	94.7
1970	116714	6939	629	112.5	101.8	91.6
1975	165073	9794	613	112.9	107.2	96.7
1978	240635	14162	601	125.1	124.1	98.7
1979	250756	15697	649	104.2	110.8	108.0
1980	257259	18295	722	102.6	116.6	111.2
1981	272436	19464	749	105.9	106.5	103.7
1982	284848	21508	765	104.6	110.5	102.1
1983	295119	23745	815	103.6	110.4	106.5
1984	310009	28243	942	105.0	118.9	115.6
1985	325070	32465	1027	104.9	114.9	109.0
1986	335736	39608	1207	103.3	122.0	117.5
1987	347496	43093	1264	103.5	108.8	104.7
1988	360585	53438	1511	103.8	124.0	119.5
1989	365577	59546	1646	101.4	111.4	108.9
1990	383276	66930	1784	104.8	112.4	108.4
1991	396189	74069	1909	103.4	110.7	107.0
1992	409973	88222	2217	103.5	119.1	116.1
1993	407879	109298	2707	99.5	123.9	122.1
1994	424412	141341	3352	104.1	129.3	123.8
1995	432830	161742	3807	102.0	114.4	113.6
1996	434223	182647	4315	100.3	112.9	113.3
1997	426737	203320	4881	98.3	111.3	113.1
1998	405344	188070	4697	95.0	92.5	96.2
1999	382362	200182	5285	94.3	106.4	112.5
2000	360558	205356	5741	94.3	102.6	108.6
2001	341338	244388	7109	94.7	119.0	123.8
2002	335418	268864	8400	98.3	110.0	118.2
2003	327860	295239	9307	97.7	109.8	110.8
2004	334227	345875	10348	101.9	117.2	111.2
2005	316024	389963	12087	94.6	112.7	116.8
2006	318115	469538	14365	100.7	120.4	118.8
2007	314700	578332	18223	98.9	123.2	126.9
2008	306209	678469	22025	97.3	117.3	120.9
2009	300660	855089	27309	98.2	126.0	124.0
2010	305116	992171	31238	101.5	116.0	114.4
2011	308115	1238787	38546	101.0	124.9	123.4
2012	320612	1456726	44381	104.1	117.6	115.1
2013	364491	1858393	47292	113.7	127.6	106.6
2014	356618	1925820	51504	97.8	103.6	108.9
2015	339476	1887206	54820	95.2	98.0	106.4
2016	334953	1993023	59013	98.7	105.6	107.6
2017	314015	1986349	63266	93.7	99.7	107.2
2018	296860	2100156	70638	94.5	105.7	111.6
2019	313158	2323831	74323	105.5	110.7	105.2

4-2　全部就业人员期末人数和工资

	单位数（个）	年末职工人数（人）	工资总额（万元）	平均工资（元）
总　　计	4478	313158	2323831	74323
一、按经济类型分				
国有经济	2686	180452	1430189	79608
集体经济	89	2796	23892	86284
其他经济	1703	129910	869750	66777
二、按企业、事业、机关分				
企业	1634	143297	992440	69046
事业	1445	105389	860029	81926
机关	1066	59484	450930	76434
民间非营利组织	321	4464	15753	35529
其他	12	524	4679	88782
三、按国民经济行业分				
农林牧渔业	68	3846	17443	46590
采矿业	15	18304	200582	105149
制造业	124	27439	158771	58005
电力、热力、燃气及水的生产和供应业	65	12244	108424	88851
建筑业	112	17480	84092	43621
批发和零售业	162	8581	53463	62986
交通运输、仓储和邮政业	78	7826	47929	60870
住宿和餐饮业	45	2533	10313	41519
信息传输、软件和信息技术服务业	21	4172	37938	89604
金融业	542	23716	183361	84381
房地产业	160	4516	24130	53766
租赁和商务服务业	140	4097	20853	51526
科学研究、技术服务业	108	4462	32886	73324
水利、环境和公共设施管理业	62	7629	37708	48281
居民服务、修理和其他服务业	36	598	2883	47892
教育	846	62600	548245	88219
卫生和社会工作	533	32748	240296	73485
文化、体育和娱乐业	71	2298	17037	74399
公共管理、社会保障和社会组织	1290	68069	497477	73573

4-3 国有经济单位就业人员期末人数和工资

	单位数（个）	年末职工人数（人）	工资总额（万元）	平均工资（元）
总　　计	2686	180452	1430189	79608
一、按隶属关系分				
中央	192	14259	138195	95491
地区	2319	150601	1185674	79209
其他	175	15592	106320	68629
二、按企业、事业、机关分				
企业	217	19182	146529	76281
# 地方	91	12637	83506	66327
事业单位	1374	101181	827558	82062
# 地方	1350	97233	781273	80791
行政单位	1064	59403	450179	76412
民间非营利组织	27	306	1742	56571
其他	4	380	4181	111485
三、按国民经济行业分				
农林牧渔业	37	2468	13567	56341
采矿业	1	32	154	48000
制造业	1	25	90	36000
电力、热力、燃气及水的生产和供应业	16	5091	41559	81648
建筑业	1	21	123	58810
批发和零售业	7	1187	14493	121692
交通运输、仓储和邮政业	38	3756	28312	73979
住宿和餐饮业	4	303	1107	36059
信息传输、软件和信息技术服务业	8	2249	19525	85413
金融业	122	1736	15784	89683
房地产业	3	75	625	83373
租赁和商务服务业	45	1032	5901	58835
科学研究、技术服务业	58	2014	16899	83532
水利、环境和公共设施管理业	44	4833	22957	47758
居民服务、修理和其他服务业	14	289	1646	58376
教育	528	56134	515548	92470
卫生和社会工作	439	29756	222557	74764
文化、体育和娱乐业	52	1998	15862	79710
公共管理、社会保障和社会组织	1268	67453	493480	73648

4-4 集体经济单位就业人员期末人数和工资

	单位数 （个）	年末职工人数 （人）	工资总额 （万元）	平均工资 （元）
总　　计	89	2796	23892	86284
一、按企业、事业、机关分				
企业	66	2108	18906	89986
事业	21	663	4818	74922
民间非营利组织	1	24	165	68917
其他	1	1	3	3000
二、按国民经济行业分				
农林牧渔业				
采矿业				
制造业	8	204	731	37276
电力、热力、燃气及水的生产和供应业				
建筑业				
批发和零售业	7	68	312	45261
交通运输、仓储和邮政业				
住宿和餐饮业	1	30	46	15167
信息传输、软件和信息技术服务业				
金融业	36	1030	15363	147576
房地产业	3	148	511	34500
租赁和商务服务业	3	269	879	34089
科学研究、技术服务业	6	145	615	42393
水利、环境和公共设施管理业	1	199	456	22915
居民服务、修理和其他服务业				
教育	3	257	1611	66041
卫生和社会工作	19	419	3183	77257
文化、体育和娱乐业	1	3	20	67667
公共管理、社会保障和社会组织	1	24	165	68917

4-5 其他经济单位就业人员期末人数和工资

	单位数（个）	年末职工人数（人）	工资总额（万元）	平均工资（元）
总　　计	1703	129910	869750	66777
一、按登记注册类型分				
内资	1679	124883	855453	67845
股份合作	38	2002	35378	175835
有限责任公司	833	89758	608712	66314
# 国有独资	70	8539	60744	70904
股份有限公司	375	23549	163093	71494
其他	426	9118	44240	49041
港、澳、台商投资	2	282	1614	59557
外商投资	22	4745	12683	32637
二、按国民经济行业分				
农林牧渔业	31	1378	3876	29015
采矿业	14	18272	200428	105245
制造业	115	27210	157951	58175
电力、热力、燃气及水的生产和供应业	49	7153	66866	94005
建筑业	111	17459	83968	43604
批发和零售业	148	7326	38657	53482
交通运输、仓储和邮政业	40	4070	19617	48473
住宿和餐饮业	40	2200	9161	42667
信息传输、软件和信息技术服务业	13	1923	18413	94523
金融业	384	20950	152213	80413
房地产业	154	4293	22994	53913
租赁和商务服务业	92	2796	14072	50509
科学研究、技术服务业	44	2303	15373	66347
水利、环境和公共设施管理业	17	2597	14295	50979
居民服务、修理和其他服务业	22	309	1237	38653
教育	315	6209	31085	50553
卫生和社会工作	75	2573	14557	57764
文化、体育和娱乐业	18	297	1155	38886
公共管理、社会保障和社会组织	21	592	3832	65175

4-6　城镇登记失业人员情况

单位:人

	2019 年
城镇就业和失业变化情况	
1.本年登记失业人员数	59564
(1)登记失业人员上期结转人数	26863
(2)登记失业人员本期新增人数	32701
# 由就业转失业人员数	8681
2.登记失业人员本期就业人数	25239
# 女性	9754
3.登记失业人员期末实有人数	28950
# 女性	15301
4.期末从业人员总数	682814
5.失业率(%)	4.07

注:此表为市就业服务局提供数据。

5 农 业

资料整理：张艳辉　钱映昕　刘　静　李　旭

5-1 历年农林牧渔业总产值

(按 1990 年不变价格计算,2005 年开始按当年价)　　单位:万元

年份	农林牧渔业总产值	农　业	林　业	牧　业	渔　业
1949	56159	30759	326	24929	145
1952	80184	52223	1789	26107	155
1957	79258	48048	4127	26784	299
1962	87292	49019	3549	34459	265
1965	107815	56962	8444	42264	145
1970	132439	82436	5016	44712	275
1975	170780	96908	11937	61728	207
1978	153242	88673	12249	51701	619
1979	157918	91265	12301	54130	222
1980	131100	69928	9430	51443	299
1981	155721	86452	10494	58477	298
1982	185916	110854	13870	60894	298
1983	187545	106308	16628	64312	297
1984	190963	108912	18787	62925	339
1985	220871	132578	18631	69163	499
1986	182044	90233	18746	72416	649
1987	215806	122657	18172	74216	761
1988	207930	111977	12245	82780	928
1989	209661	110637	10991	86688	1345
1990	246894	149447	14377	82186	884
1991	269512	162614	15845	90089	964
1992	305403	184892	19351	100129	1031
1993	345712	212349	22819	109353	1191
1994	369659	219219	25285	122909	2246
1995	333339	163784	24170	143516	1869
1996	442977	247133	30150	163730	1964
1997	462015	254912	30857	174190	2056
1998	498344	290272	29481	176206	2385
1999	484997	255433	37189	189376	3000
2000	440157	184353	42740	209750	3315
2001	488669	239695	37991	208209	2774
2002	552455	264835	42821	241967	2833
2003	588141	253363	42575	289707	2495
2004	732604	293262	42575	383735	2495
2005	1537841	714631	72870	717719	7827
2006	1689460	755787	102282	795291	8950
2007	2037035	977776	112036	901378	8148
2008	2408720	1193762	123326	1040567	8912
2009	2489394	1218828	131453	1085311	9487
2010	2971907	1653569	169399	1088609	13374
2011	3501641	1904488	164060	1361899	17812
2012	3954968	2121431	160459	1594535	20090
2013	4369743	2566790	184377	1531223	23697
2014	4564077	2850218	187318	1432251	26496
2015	4620972	2762624	193489	1565730	27946
2016	4657731	2703171	192032	1658690	28691
2017	4899200	2790252	194305	1806815	28529
2018	5159294	2815585	195079	2039443	26660
2019	5463629	2995921	197012	2159497	25518

注:2016 年、2017 年和 2018 年为自治区重新核定反馈的数据。

5-2 历年主要农畜产品产量

年份	粮食总产量（吨）	#小麦	#玉米	#谷子	#大豆	油料产量（吨）
1949	277845	6425	9040	124935	13485	2645
1952	741045	27120	33430	315685	33790	9545
1957	556625	23650	59035	225670	32875	9410
1962	614625	22555	72515	249315	38460	5745
1965	717060	27785	98055	288770	41185	6070
1970	1104565	35125	225550	465900	60080	7569
1975	1169730	48850	531640	289110	46665	6273
1978	1045210	54760	429660	276090	36680	10970
1979	1003430	68690	408950	266470	38420	25330
1980	638745	41839	293174	156966	21558	38278
1981	854157	50160	279340	298661	26729	56883
1982	1134072	86192	273750	406240	37837	53536
1983	1129055	61607	290756	385821	32886	42962
1984	990495	88806	274817	318414	20876	47350
1985	1309930	134654	350485	434223	34771	116356
1986	770479	100596	335321	151982	12378	53000
1987	1275790	148330	509934	305421	27404	54742
1988	1095855	157781	431213	237656	25865	23303
1989	1099019	241436	428858	173725	18998	16183
1990	1625244	326586	593778	327636	41045	35115
1991	1689434	362303	714108	268947	32389	46055
1992	2009790	466221	813142	296564	54834	59259
1993	2280694	385284	922939	320270	104862	49794
1994	2337085	252406	1066417	248832	85090	55514
1995	1587014	227494	862403	138982	28875	27650
1996	2896159	306914	1550058	309717	66483	39983
1997	2698235	269657	1477830	292622	87414	45042
1998	3332028	284065	1962576	334312	101072	70732
1999	2658533	187512	1688043	211357	65123	69349
2000	1408465	87356	946643	71936	14354	14521
2001	2268888	93010	1424297	189755	51854	37035
2002	2701562	77985	1675214	204402	36550	51079
2003	2429186	66667	1663663	124538	67489	65085
2004	3146616	100189	2098139	196206	80927	68316
2005	3382002	77428	2024191	302561	94021	116468
2006	2976200	60000	1941100	201512	43925	59543
2007	2850328	53440	1920255	166706	25205	69543
2008	3306372	49389	2337630	187143	58011	146049
2009	2961637	73856	2409143	89523	29481	74036
2010	3403009	52056	2551691	172321	64886	116438
2011	4357535	84740	3227320	278876	74660	118718
2012	4818863	74876	3594358	333854	83403	129310
2013	5446138	86896	4506308	245135	53496	128531
2014	5481724	87756	4668538	327556	28888	142535
2015	5673000	102930	4714757	472472	9440	145006
2016	5480775	107551	4400058	509461	19495	177883
2017	5522005	108313	4244851	674181	23031	244309
2018	5947086	108742	4591666	485567	77274	184883
2019	6051912	106330	4488671	562985	93196	204924

5-2 续表

年份	甜菜产量（吨）	肉类总产量（吨）	#猪肉	#牛肉	#羊肉	羊毛（吨）	羊绒（吨）	牛皮（万张）	羊皮（万张）	鲜奶（吨）
1949										
1952										
1957										
1962										
1965										
1970	590									
1975	46230									
1978	68915	48582	33089	5660	8376	5745	244	4.1	63.8	3593
1979	75125	50512	35009	5327	8661	5527	253	3.7	64.9	3628
1980	150545	53744	35640	6271	10221	8411	235	4.5	73.4	3414
1981	94235	54048	36288	6408	9731	11486	203	5.5	76.9	15352
1982	256700	48751	32090	4857	10341	10707	209	4.0	88.2	15587
1983	163005	55569	35464	6624	11814	11388	218	8.6	122.3	20965
1984	178820	62872	37180	9765	14041	11356	223	9.0	105.7	15689
1985	386695	66864	43955	9855	10848	10459	205	7.5	92.7	19135
1986	222509	71402	47959	10288	11137	10094	208	8.5	91.6	20539
1987	213696	75256	50150	11810	11046	10018	240	9.9	88.5	18863
1988	306782	78786	50798	13977	10608	10480	343	11.0	82.0	20315
1989	155608	93636	50835	19532	15631	10987	425	14.0	118.1	22848
1990	360358	89132	54196	15564	13671	9976	361	14.7	117.6	18934
1991	564387	94137	54814	15434	17567	10673	372	9.9	113.3	20965
1992	458046	116537	69948	17739	20774	10452	396	11.3	131.1	24787
1993	489773	135017	87781	18833	19308	9567	436	7.1	81.1	26106
1994	472869	139785	93432	18326	14062	8083	462	13.9	95.8	37911
1995	498363	153515	93719	19099	16001	7893	535	14.7	117.2	39389
1996	633398	188949	118195	25207	21702	8148	669	16.9	139.7	40865
1997	687800	209418	129468	28192	25087	8186	668	25.3	190.3	43430
1998	589538	211092	136936	25573	22505	6174	683	21.6	105.1	40839
1999	213000	246266	158846	28888	23400	5792	605	20.5	153.8	36369
2000	134000	273693	172360	39211	25795	6098	639	31.8	176.8	35710
2001	271000	237019	127681	36279	26606	5804	669	25.6	170.3	33094
2002	552000	261197	128330	28304	30350	6312	806	22.8	150.5	48482
2003	290798	307983	135703	41179	42089	8787	998	23.3	217.4	70571
2004	354009	404359	141417	72008	56665	16639	1028	48.0	354.2	176319
2005	502417	481075	160120	75001	69002	18900	1471	53.9	468.7	310074
2006	434297	521490	175501	84289	73697	18140	1697	46.5	342.9	402874
2007	500413	410240	121991	78689	79946	19002	1324	44.3	405.0	489225
2008	658383	421712	125642	84820	89252	19221	1501	48.7	496.4	438769
2009	420829	428219	126319	90721	80879	21154	1530	64.6	445.5	420683
2010	612425	438077	126879	94937	82259	17478	1242	76.1	414.6	393609
2011	698467	436398	126879	94937	79124	17024	1150	62.2	373.2	395867
2012	749782	457895	132460	97310	84292	20325	1048	83.5	455.0	375409
2013	887811	444132	130022	88650	84767	21876	878	63.9	349.0	258268
2014	758049	474863	118996	126109	90231	25963	879	57.7	443.4	289866
2015	844352	434410	124293	92119	87610	31224	1018	57.2	444.4	306139
2016	1132167	426137	88794	112969	96919	32437	1077	68.9	493.3	324315
2017	1270472	456804	130188	107599	95580	31375	1076	55.9	428.7	277190
2018	1593753	495448	162010	101378	100006	31612	895	53.8	438.5	381581
2019	1790104	511089	141512	112515	112201	31305	904	61.4	507.7	387983

5-3 历年家畜头数

单位：万头、万只

年份	六月末家畜存栏数				十二月末家畜存栏数			
	合计	大畜	小畜	生猪	合计	大畜	小畜	生猪
1949	133.80	51.10	53.70	29.00	118.00	47.50	43.50	27.00
1952	246.00	83.00	122.00	41.00	214.00	77.20	98.80	38.00
1957	387.60	113.90	237.70	36.00	334.40	105.90	192.50	36.00
1962	566.90	135.20	381.70	50.00	482.90	125.70	309.20	48.00
1965	656.80	148.80	442.00	66.00	549.80	138.10	349.70	62.00
1970	601.50	137.60	395.90	68.00	506.80	127.30	311.50	68.00
1975	760.70	156.90	487.80	116.00	672.80	142.90	394.90	135.00
1978	743.65	134.88	460.61	148.15	672.36	126.99	384.62	160.75
1979	804.20	140.43	513.52	150.25	714.41	132.08	424.77	157.36
1980	796.23	143.57	508.15	144.51	663.30	130.65	385.67	146.98
1981	777.97	139.57	508.85	129.55	675.91	130.39	417.96	127.55
1982	794.00	141.00	531.74	121.25	699.19	136.57	434.87	127.76
1983	801.75	146.68	529.04	126.03	674.21	139.15	406.78	128.28
1984	738.46	147.00	475.31	116.14	612.62	138.93	354.46	119.23
1985	719.12	153.69	450.65	114.78	629.15	146.50	358.34	124.31
1986	716.37	161.30	432.60	122.47	623.73	151.19	347.41	125.13
1987	722.83	165.16	439.57	118.10	621.87	151.12	351.23	119.52
1988	757.04	116.73	478.89	111.42	673.20	151.81	402.11	119.28
1989	827.99	168.22	539.01	120.76	652.09	138.88	393.46	119.75
1990	795.89	153.03	522.13	120.73	641.04	132.05	387.29	121.70
1991	834.57	151.45	553.00	130.12	651.46	132.45	387.44	131.57
1992	845.88	154.19	545.23	146.46	623.85	134.40	348.32	141.13
1993	827.99	160.21	492.50	175.28	632.29	139.89	337.73	154.67
1994	850.69	160.05	495.74	194.90	671.82	143.30	363.41	165.11
1995	926.16	171.16	547.54	207.01	708.76	152.95	387.98	167.83
1996	945.81	180.05	550.84	214.92	705.16	156.85	398.43	149.88
1997	952.80	180.82	568.43	203.55	684.17	152.75	386.17	145.25
1998	940.82	175.23	553.03	212.56	625.48	143.60	339.10	142.78
1999	897.48	171.67	517.59	208.22	629.24	145.46	341.65	142.12
2000	911.08	172.92	536.67	201.49	598.57	131.52	339.50	127.55
2001	834.45	146.64	549.41	138.41	595.40	121.59	360.80	113.00
2002	871.51	138.48	600.98	132.06	687.67	128.47	437.03	122.17
2003	976.98	155.49	693.19	128.31	741.97	144.60	478.45	118.92
2004	1181.32	176.38	864.85	140.10	905.80	158.41	618.62	128.76
2005	1454.85	194.20	1100.06	160.59	914.42	162.23	628.57	123.62
2006	1669.88	227.85	1275.53	166.51	892.13	161.36	598.55	132.21
2007	1731.80	238.52	1292.99	200.28	863.29	169.65	570.81	122.83
2008	1753.09	255.88	1265.07	232.14	897.87	186.18	586.94	124.75
2009	1769.31	259.31	1246.40	263.59	924.17	189.98	608.82	125.36
2010	1700.12	284.80	1149.20	266.13	920.57	193.99	600.89	125.68
2011	1719.62	300.75	1150.90	267.97	938.36	196.84	615.83	125.68
2012	1856.35	323.76	1192.21	340.38	943.16	200.26	615.84	127.06
2013	1963.19	340.70	1271.22	351.26	942.16	183.22	658.35	100.59
2014	2214.58	343.41	1510.95	360.22	968.74	185.11	699.67	83.96
2015	2285.08	333.91	1593.76	357.41	1045.33	195.69	767.38	82.26
2016	2231.96	344.51	1521.34	366.11	1207.16	188.62	899.81	118.73
2017	1985.29	340.59	1286.35	358.34	1175.04	202.38	858.83	113.83
2018	1410.68	219.72	1013.62	177.34	1194.57	192.58	869.64	132.35
2019	1377.14	227.60	980.88	168.66	1174.88	179.54	873.36	121.98

5-4 农村牧区基本情况及农业生产条件

	单位	合计	农村	牧区
一、农村基层组织情况				
乡镇个数	个	126	101	25
其中:镇个数	个	82	75	7
村委员会个数	个	2057	1712	345
二、农村基础设施				
自来水受益村	个	1749	1555	194
通有线电视村数	个	1921	1646	275
通宽带村数	个	1934	1692	242
三、乡村人口与从业人员				
乡村户数	户	1154004	1043085	110919
乡村人口数	人	3310299	3054268	256031
乡村劳动力资源数	人	1957661	1786010	171651
1.男	人	1057852	966168	91684
2.女		899809	819842	79967
乡村从业人员数	人	1813725	1663096	150629
(一)按性别分				
1.男	人	977742	894997	82745
2.女	人	835983	768099	67884
(二)按行业分				
1.农林牧渔业	人	1304171	1170483	133688
其中:牧业	人	193299	102124	91175
2.工业	人	107940	106440	1500
3.建筑业	人	178797	175530	3267
4.交运仓储邮政	人	39202	38415	787
5.信息传输、计算机、软件	人	11188	11008	180
6.批发零售	人	77163	73100	4063
7.住宿和餐饮业	人	35718	31762	3956
8.其他行业	人	59546	56358	3188

5-5 农林牧渔业总产值

单位:万元

	2018 年	2019 年	2019 年比 2018 年增长%
农林牧渔业总产值	5159294	5463629	5.9
一、农业产值	2815585	2995921	6.4
1.谷类及其他作物	1735487	1809379	4.3
(1)谷物	1285239	1352404	5.2
(2)薯类	188254	189862	0.9
(3)油料	102850	103920	1.0
(4)豆类	91268	94224	3.2
(5)糖料	46851	46985	0.3
(6)烟草	21025	21984	4.6
2.蔬菜	979566	1081088	10.4
3.水果	83419	88229	5.8
4.中药材	17113	17225	0.7
二、林业产值	195079	197012	1.0
三、牧业产值	2039443	2159497	5.9
(一)牲畜饲养	1010488	1100319	8.9
1.牛的饲养	339221	374261	10.3
2.羊的饲养	436752	481023	10.1
3.奶产品	152637	161897	6.1
4.毛绒产品	81878	83138	1.5
(二)猪的饲养	436119	425463	-2.4
(三)家禽饲养	592836	633715	6.9
四、渔业产值	26660	25518	-4.3
五、服务业产值	82527	85680	3.8

5-6 农作物播种面积及产量

	面　积 (公顷)	单　产 (公斤/公顷)	总产量 (吨)
农作物总播种面积	1417563		
一、粮食作物合计	1104707	5478	6051912
(一)谷物	946780	6066	5743592
1.稻谷	18987	7505	142493
(1)早稻			
(2)中稻和一季晚稻	18987	7505	142493
(3)双季晚稻			
2.小麦	34155	3113	106330
(1)冬小麦			
(2)春小麦	34155	3113	106330
3.玉米	597087	7518	4488671
4.谷子	161966	3476	562985
5.高粱	69941	4656	325669
6.其它谷物	64644	1817	117444
其中:大麦	30	2148	63
燕麦	7615	1768	13465
荞麦	39658	1684	66785
其他	17341	2141	37131
(二)豆类合计	139600	1240	173064
其中:大豆	61543	1514	93196
绿豆	76152	1014	77239
红小豆	561	1337	750
其他	1343	1399	1880
(三)薯类(折粮)	18327	7381	135255
其中:马铃薯	18325	7380	135242
甘薯	2	6500	13
二、经济作物合计	312856.01		
(一)油料	69170.36	2962.59	204923.61
其中:花生	3227.80	2945.66	9508.00
油菜籽	1485.01	1034.15	1535.73
芝麻	949.00	696.00	660.50
胡麻籽	45.83	862.54	39.53
葵花籽	63215.72	3051.25	192886.85
(二)棉花			
(三)生麻			
(四)甜菜	34826.29	51400.94	1790103.93
(五)烟叶(未加工烟草)	1061.50	3904.38	4144.50
其中:烤烟(未去梗烤烟叶)	1057.90	3898.76	4124.50
(六)中草药材	14047.55		
(七)蔬菜及食用菌	51530.62	64254.25	3311061.18
(八)瓜果类	4888.45	35725.85	174644.04
其中:西瓜	3328.51	44349.85	147618.93
香瓜(甜瓜)	1124.98	15714.64	17678.66
草莓	17.86	13764.28	245.83
(九)其他农作物	137331.24		
其中:青饲料	65797.48	39347.89	2588991.85
牧草	69135.33	6086.71	420806.94
蓖麻籽	20.00		45.00
黑瓜籽	1567.17	495.38	776.35

5-7 畜禽产品产量

	单 位	2018 年	2019 年	2019 年比 2018 年增长%
1.当年出栏猪头数	口	1981650	1729132	-12.74
2.当年出售和自宰的肉用牛	头	726819	756142	4.03
#良种及改良种乳牛	头	33839	24140	-28.66
3.当年出售和自宰的肉用羊	只	5707742	6271612	9.88
#山羊	只	1013819	1097811	8.28
4.当年出售和自宰的肉用驴	头	280935	269669	-4.01
5.当年出售和自宰的肉用骡	头	23027	20333	-11.70
6.当年出售和自宰的肉用马	匹	54875	51460	-6.22
7.当年出售和自宰的肉用骆驼	头	115	150	30.43
8.当年出售和自宰的家禽	万只	5462	5921	8.40
9.当年出售和自宰的家兔	万只	32	27	-14.25
10.当年肉类总产量	吨	495448	511089	3.16
(1)猪肉产量	吨	162010	141512	-12.65
(2)牛肉产量	吨	101378	112515	10.99
(3)羊肉产量	吨	100006	112201	12.19
#山羊	吨	14438	17270	19.62
(4)驴肉产量	吨	18528	17502	-5.54
(5)骡肉产量	吨	1918	1730	-9.78
(6)马肉产量	吨	5724	5535	-3.31
(7)骆驼肉产量	吨	25	30	19.80
(8)禽肉产量	吨	105068	119375	13.62
(9)兔肉产量	吨	750	646	-13.80
11.奶类产品	吨	381581	387983	1.68
12.山羊粗毛产量	吨	1098	1136	3.50
绵羊毛产量	吨	30514	29265	-4.10
13.山羊绒产量	吨	895	904	1.01
14.天然蜂蜜产量	吨	133	123	-7.09
15.禽蛋产量	吨	297394	357863	20.33
16.年末实有家禽	万只	2101	2413	14.86
#鸭	万只	371	445	19.82
鹅	万只	40	59	47.64
17.年末实有家兔	万只	10	9	-15.21
18.年内牛皮产量	张	537827	614366	14.23
年内绵羊皮产量	张	3518185	4046382	15.01
年内山羊皮产量	张	866434	1031009	18.99
19.驼绒产量	吨	2	2	0.00
20.蚕茧产量	吨			
21.畜禽产品出售量				
(1)出售肉类总量	吨	440334	452146	2.68
#出售猪肉	吨	140413	120603	-14.11
出售牛肉	吨	96505	105678	9.51
出售羊肉	吨	92073	102891	11.75
出售禽肉	吨	101068	113182	11.99
(2)出售牛羊奶数量	吨	378696	374020	-1.23
(3)出售羊毛数量	吨	32260	29761	-7.75
(4)出售家禽只数	万只	5378	5778	7.44

5-8 十二月末牲畜头数

单位:头、只

	期初实有头数	期末实有头数	期内增加			期内减少		
			繁殖仔畜	其中:成活	购进	成幼畜死亡	自宰自食	出　售
一、牲畜总头数	11945745	11748802	7286159	7137498	4998868	115303	961798	11249604
(一)大牲畜和羊合计	10622201	10528972	5574385	5452531	3765007	79780	547047	8677481
1.大牲畜	1925771	1795399	708160	698952	526159	8588	41518	1304064
牛	1225723	1134272	483212	476360	388134	5034	26299	923213
良种及改良种乳牛	93929	75503	26165	24731	8674	802	665	50364
黑白花乳用牛	77992	59306	21160	19824	3162	787	505	40380
马	104023	103212	37893	37272	24760	809	688	61547
驴	534015	503631	179828	178189	101951	2558	13896	293918
骡	60699	53050	7065	6971	11294	186	632	25096
骆驼	1311	1234	162	160	20	1	3	290
2.羊	8696430	8733573	4866225	4753579	3238848	71192	505529	7373417
绵羊	7115249	7354891	4289586	4194196	2653016	57538	353456	6189938
山羊	1581181	1378682	576639	559383	585832	13654	152073	1183479
(二)猪	1323544	1219830	1711774	1684967	1233861	35523	414751	2572123

5-8 续表

单位:头、只

	期内减少			在期末实有头数中			
	其中:		其　　他	能繁殖的母畜	种公畜	良种牲畜	改良种牲畜
	出卖肉畜	出卖仔畜					
一、牲畜总头数	8136700	3091815	23659	6646280	259080	2306251	7564160
(一)大牲畜和羊合计	6822319	1841370	23395	6452503	247943	2022805	6720886
1.大牲畜	1056236	238670	3620	1068187	81531	383863	1167153
牛	729843	185247	3221	759302	21268	215853	798902
良种及改良种乳牛	23475	12980		41650	424		
黑白花乳用牛	15935	11338		32992	285		
马	50772	10646	96	57150	6979	10829	60188
驴	255773	37272	300	251250	53255	157044	307738
骡	19701	5362					
骆驼	147	143	3	485	29	137	325
2.羊	5766083	1602700	19775	5384316	166412	1638942	5553733
绵羊	4820345	1365086	18833	4664488	141601	1453958	4911780
山羊	945738	237614	942	719828	24811	184984	641953
(二)猪	1314381	1250445	264	193777	11137	283446	843274

5-9 十二月末牲畜发展情况

单位:头只、%

	纯增		总增		繁殖仔畜	
	数量	纯增率	数量	总增率	数量	繁殖率
一、牲畜总头数	-196943	-1.6	7022195	58.8	7286159	111.0
(一)大牲畜和羊合计	-93229	-0.9	5372751	50.6	5574385	87.0
1.大牲畜	-130372	-6.8	690364	35.8	708160	64.5
牛	-91451	-7.5	471326	38.5	483212	61.5
良种及改良种乳牛	-18426	-19.6	23929	25.5	26165	48.2
黑白花乳用牛	-18686	-24.0	19037	24.4	21160	44.2
马	-811	-0.8	36463	35.1	37893	68.1
驴	-30384	-5.7	175631	32.9	179828	70.5
骡	-7649	-12.6	6785	11.2	7065	
骆驼	-77	-5.9	159	12.1	162	32.9
2.羊	37143	0.4	4682387	53.8	4866225	91.6
绵羊	239642	3.4	4136658	58.1	4289586	97.4
山羊	-202499	-12.8	545729	34.5	576639	63.7
(二)猪	-103714	-7.8	1649444	124.6	1711774	1093.6

5-9 续表

单位:头只、%

	成幼畜死亡		出栏		良种及改良种	
	数量	死亡率	数量	出栏率	数量	良改率
一、牲畜总头数	115303	1.0	9098498	76.2	9870411	84.0
(一)大牲畜和羊合计	79780	0.8	7369366	69.4	8743691	83.0
1.大牲畜	8588	0.5	1097754	57.0	1551016	86.4
牛	5034	0.4	756142	61.7	1014755	89.5
良种及改良种乳牛	802	0.9	24140	25.7		
黑白花乳用牛	787	1.1	16440	21.1		
马	809	0.8	51460	49.5	71017	68.8
驴	2558	0.5	269669	50.5	464782	92.3
骡	186	0.3	20333	33.5		
骆驼	1	0.1	150	11.4	462	37.4
2.羊	71192	0.8	6271612	72.1	7192675	82.4
绵羊	57538	0.8	5173801	72.7	6365738	86.6
山羊	13654	0.9	1097811	69.4	826937	60.0
(二)猪	35523	2.8	1729132	130.6	1126720	92.4

5-10 农业主要能源、物资消耗及园林水果、渔业生产情况

	计量单位	2018 年	2019 年	2019 年比 2018 年增长%
农村用电量	万千瓦时	272388	281357	3.3
农用化肥施用量(折纯)	吨	303808	296801	-2.3
氮肥	吨	117192	106196	-9.4
磷肥	吨	44188	42607	-3.6
钾肥	吨	26775	27155	1.4
复合肥	吨	115653	120843	4.5
农用塑料薄膜使用量	吨	22745	20204	-11.2
# 地膜使用量	吨	15905	15692	-1.3
地膜覆盖面积	公顷	233645	243840	4.4
农用柴油使用量	吨	165182	163475	-1.0
农药使用量	吨	2512	2389	-4.9
园林水果产量	吨	131392	172115	31.0
1.苹果	吨	88947	115581	29.9
# 红富士苹果	吨	859	5067	489.6
国光苹果	吨	2133	3865	81.2
2.梨	吨	27508	31819	15.7
# 雪花梨	吨	89	781	781.5
鸭梨	吨	480	430	-10.4
苹果梨	吨	17376	23464	35.0
3.葡萄	吨	7642	5362	-29.8
4.山楂	吨	88	94	7.1
年末果园面积	公顷	26000	26838	3.2
# 苹果园	公顷	18234	17840	-2.2
梨园	公顷	4279	4379	2.3
葡萄园	公顷	562	510	-9.2
山楂园	公顷	133	86	-35.5
水产品产量	吨	16605	14210	-14.4
渔业水面总面积	公顷	42911	42911	0.0
# 已利用面积	公顷	40375	40375	0.0

5-11 蔬菜及食用菌生产情况

单位:公顷、吨

	2018 年		2019 年	
	面　积	产　量	面　积	产　量
一、蔬菜及食用菌合计	49304.02	3172383.00	51530.62	3311061.18
1.叶菜类	3546.09	121993.17	3793.56	132292.17
芹菜	1849.11	60477.72	1906.05	61294.24
油菜	514.68	18054.57	639.08	15090.32
菠菜	993.74	36907.13	1039.99	38123.40
2.白菜类	5301.43	302182.80	4917.33	265129.21
大白菜	4837.74	279303.43	4479.50	255774.91
3.甘蓝类	1764.34	101428.59	2009.23	122012.26
4.根茎类	4584.85	234297.60	4499.61	239496.26
白萝卜	618.87	30305.62	859.26	43063.76
胡萝卜	2849.04	163295.37	3204.06	182059.14
5.瓜菜类	7252.87	531803.44	6685.02	504837.23
黄瓜	6333.76	494489.40	5703.99	466471.47
6.豆类	3617.59	86784.01	4289.99	138483.98
四季豆	2800.11	55901.80	2400.71	58587.80
豇豆	164.26	4557.53	158.23	4656.23
7.茄果菜类	20302.64	1555088.33	22302.72	1673766.76
茄子	3093.31	232485.91	3296.45	244999.47
西红柿	11142.72	956874.73	11426.25	993927.82
8.葱蒜类	2214.46	115937.41	2021.16	91888.83
大葱	1005.68	55624.30	1122.94	59809.00
蒜头	699.95	25033.02	758.57	26145.01
9.其他蔬菜	719.75	39964.57	1012.00	38591.94
10.食用菌(干鲜混合)		82903.30		104562.54
香菇(干品)		452.80		834.54
黑木耳(干品)		372.30		898.00
蘑菇(鲜品)		69781.30		97154.12

6 工　业

资料整理：邢春宇　王亚娟　徐　可　张晓东　陆洪波

6-1 历年主要工业产品产量

年份	原　煤（万吨）	发电量（万千瓦时）	粗　钢（吨）	成品钢材（吨）	糖（吨）	食用植物油（吨）
1949	2.80	3				
1952	7.30	16				158
1957	41.40	699				809
1962	106.40	4676				685
1965	172.90	3972				1377
1970	271.60	14670				1132
1975	429.10	20604	1172	863	4353	1439
1980	562.00	119839	1057	7207	9030	4237
1981	539.00	164905	527	12162	19400	5186
1982	558.60	167023	1208	15639	14244	9074
1983	585.80	159943	2884	18522	20558	17005
1984	650.20	199000	4691	22945	21713	13426
1985	700.50	216400	5668	22377	27490	15267
1986	669.11	301800	4444	30300	26484	34347
1987	764.70	391400	4859	31657	21944	19529
1988	865.14	431500	5302	35607	20800	16913
1989	950.80	497000	8644	40011	35587	10463
1990	1014.10	396000	5446	51918	28900	10852
1991	992.80	392000	16607	52051	49000	15798
1992	1044.82	490300	49453	88327	67400	14728
1993	1191.84	464300	55500	74400	60100	3500
1994	1291.60	556268	38702	34839	35088	10177
1995	1224.02	532016	30598	35458	28488	11696
1996	1149.56	521900	50575	42791	67481	10431
1997	1353.11	591673	36338	31939	76372	10257
1998	1077.28	614977	879		51627	8326
1999	945.11	633766	888		32448	10486
2000	917.11	808751	1081		19538	13876
2001	840.34	790486	1699		27915	7626
2002	1205.74	825178	995		48648	12334
2003	1362.54	930425	92446		58921	23636
2004	1597.71	962075	134723		29057	19491
2005	1648.63	1044159	151714		41864	24743
2006	1811.18	1109565	118291		84083	12986
2007	2333.46	1384769	579552	579552	44742	41282
2008	2587.92	1607029	1176761	1176761	59555	9931
2009	2959.66	1978255	104216	1891936	39091	13212
2010	2956.85	2186201	2040895	1540664	46627	21071
2011	3226.06	1905685	2187210	1624870	71634	25125
2012	3435.66	1820459	2653128	2758325	95224	18237
2013	3459.57	1928689	2963053	3032928	126294	21739
2014	2669.25	2116860	2234619	2628366	97271	15563
2015	2406.55	2094471	1870716	3196744	216909	17730
2016	1768.59	2155316	2311415	3285199	159860	20185
2017	1388.84	2534103	2506978	2417582	140606	
2018	1698.95	2888960	3373160	2708793	116331	237
2019	1725.88	3459166	3497092	3463145	112158	

6-1 续表

年份	饮料酒（吨）	机制纸及纸板（吨）	毛　线（吨）	水　泥（万吨）	化　肥（万吨）
1949	262				
1952	509				
1957	2278	3728			
1962	1946	2643			
1965	2351	9694			
1970	1901	7257	1	1.71	0.35
1975	5034	9093	420	8.08	1.28
1980	9259	6661	801	16.20	0.94
1981	13897	10320	871	14.53	0.83
1982	18700	12413	911	19.71	1.29
1983	25610	14191	900	23.69	1.49
1984	31127	13372	748	27.40	1.53
1985	36155	16576	852	34.71	0.79
1986	43059	17190	811	42.20	0.76
1987	49045	18007	882	53.30	1.39
1988	57234	19573	900	64.70	1.45
1989	61047	20630	808	67.00	1.20
1990	63100	23201	621	47.00	1.28
1991	68000	25577	660	64.10	0.72
1992	72700	23798	713	80.90	1.58
1993	88100	18300	927	86.31	0.63
1994	204836	14532	1092	82.07	2.30
1995	141848	20446	1186	86.89	1.90
1996	141254	21007	1374	100.21	2.75
1997	140506	18755	990	97.55	1.80
1998	137588	7961	443	94.84	2.63
1999	151393	5630	516	96.15	2.63
2000	145422	3740	237	110.27	1.52
2001	133962		197	89.66	0.23
2002	146116		116	123.18	1.50
2003	131774	3113	73	133.50	1.65
2004	173297			179.36	9.27
2005	215961	7250		219.52	8.73
2006	257000	38188		280.91	15.47
2007	254965	59670		328.09	19.30
2008	220047	103133		354.74	16.50
2009	223170	147896		390.52	18.26
2010	247117	146397		545.40	25.69
2011	333429	170026		745.07	10.59
2012	300607	70136		640.78	9.76
2013	330365	290		631.79	11.08
2014	310584		138	585.52	14.07
2015	306306		72	503.89	34.24
2016	327838			678.60	17.73
2017	223137		172	424.50	22.40
2018	224491			409.35	28.95
2019	220503			428.58	28.85

6-2 主要工业产品产量

	单 位	2018 年	2019 年
原煤	万吨	1698.95	1725.88
发电量	万千瓦时	2888960	3459166
铁矿石原矿量	万吨	105.20	
糖	吨	116331.48	112158.15
配混合饲料	吨	102109.41	81609.12
饮料酒	千升	224491.06	220502.50
# 白酒	千升	3990.60	2555.79
啤酒	千升	220500.46	217946.71
乳制品	吨	100841.88	131430.22
纱	吨	2560.00	2509.00
服装	万件	16.59	0.02
鲜冷藏冻肉	吨	95910.84	97818.51
纸制品	吨	12302.00	4853.00
硫酸(折 100%)	吨	1934936.84	2415985.93
化学原料药	吨	4995.95	5277.37
中成药	吨	11695.02	2667.55
塑料制品	吨	5602.00	
水泥	万吨	409.35	428.58
钢	吨	2708792.90	3463144.78
精炼铜	吨	230216.93	335840.50
粗铜	吨		
铅	吨	188914.12	244903.00
锌	吨	135203.73	136892.87
钢芯铝绞线	吨		
电力电缆	千米	323.00	
食用植物油	吨	237.00	
化肥	万吨	28.95	28.85

6-3 规模以上工业企业主要经济指标(一)

单位:千元

	企业单位数(个)	亏损企业(个)	工业总产值(当年价格)
总　　计	281	69	101432488
1.按登记注册类型分组:			
内资企业	275	68	100454209
国有企业	1		142804
中央企业	1		142804
地方企业			
集体企业	1		73506
股份合作企业			
联营企业			
国有联营企业			
集体联营企业			
国有与集体联营企业			
其他联营企业			
有限责任公司	159	40	72590254
国有独资公司	11	1	4625163
其他有限责任公司	148	39	67965091
股份有限公司	11	1	3101531
私营企业	103	27	24546114
私营独资企业			
私营合伙企业			
私营有限责任公司	94	25	23183787
私营股份有限公司	9	2	1362327
其他企业			
港、澳、台商投资企业	2		101342
合资经营企业(港或澳、台资)	2		101342
合作经营企业(港或澳、台资)			
港澳台商独资经营企业			
港澳台商投资股份有限公司			
其他港澳台投资			

6-3 续表1

单位：千元

	企业单位数(个)	亏损企业(个)	工业总产值(当年价格)
外商投资企业	4	1	876937
中外合资经营企业	4	1	876937
中外合作经营企业			
外资企业			
外商投资股份有限公司			
其他外商投资			
2.按轻重工业分			
在总计中：轻工业	81	22	17066252
重工业	200	47	84366236
3.按企业规模分			
在总计中：大型企业	16	2	53806185
中型企业	42	7	24141333
小型企业	223	60	23484970
纯小型企业	195	51	22434006
微型企业	28	9	1050964
4.在总计中：亏损企业	69	69	13189984
在总计中：国有控股企业	65	8	53514779
5.按工业行业大类分			
煤炭开采和洗选业	3	2	4450416
石油和天然气开采业	1	1	66287
黑色金属矿采选业	1		773902
有色金属矿采选业	22	6	4066822
非金属矿采选业	6	1	216605
开采辅助活动			
其他采矿业			
农副食品加工业	34	10	10078037
食品制造业	7	2	1864580
酒、饮料和精制茶制造业	9	3	887805
烟草制品业			
纺织业	11	2	1268214

6-3 续表2

单位:千元

	企业单位数(个)	亏损企业(个)	工业总产值(当年价格)
纺织服装、服饰业			
皮革、毛皮、羽毛及其制品和制鞋业	1		72220
木材加工和木、竹、藤、棕、草制品业	1		32713
家具制造业			
造纸和纸制品业			
印刷和记录媒介复制业			
文教、工美、体育和娱乐用品制造业	1		73037
石油加工、炼焦和核燃料加工业	5	1	3642952
化学原料和化学制品制造业	18	3	4460589
医药制造业	14	5	1958597
化学纤维制造业			
橡胶和塑料制品业	3		230719
非金属矿物制品业	39	11	3805791
黑色金属冶炼和压延加工业	3	1	13729828
有色金属冶炼和压延加工业	19	4	30651139
金属制品业	6		951585
通用设备制造业	3	1	116897
专用设备制造业	2		87670
汽车制造业			
铁路、船舶、航空航天和其他运输设备制造业			
电气机械和器材制造业	1	1	1305823
计算机、通信和其他电子设备制造业	2	1	75115
仪器仪表制造业			
其他制造业			
废弃资源综合利用业	3	1	652785
金属制品、机械和设备修理业			
电力、热力生产和供应业	61	11	13061385
燃气生产和供应业	3	2	2627146
水的生产和供应业	2		223829

6-4 规模以上工业企业主要经济指标(二)

单位:千元

	资产总计	流动资产合计	应收账款	存　货	产成品
总　　计	209089589	76644787	18730232	16510160	5508911
1.按登记注册类型分组:					
内资企业	202366097	75188477	17763370	16432454	5508536
国有企业	831895	210897	5322	7139	
中央企业	831895	210897	5322	7139	
地方企业					
集体企业	26113	12912	1688	6353	907
股份合作企业					
联营企业					
国有联营企业					
集体联营企业					
国有与集体联营企业					
其他联营企业					
有限责任公司	165276996	56375699	11476234	14006580	4450101
国有独资公司	18664521	6308297	1810340	497573	202000
其他有限责任公司	146612475	50067402	9665894	13509007	4248101
股份有限公司	5267101	2063193	404563	445583	172582
私营企业	30963992	16525776	5875563	1966799	884946
私营独资企业					
私营合伙企业					
私营有限责任公司	27905518	15245816	5788924	1514994	558333
私营股份有限公司	3058474	1279960	86639	451805	326613
其他企业					
港、澳、台商投资企业	852390	249782	143671	24958	
合资经营企业(港或澳、台资)	852390	249782	143671	24958	
合作经营企业(港或澳、台资)					
港澳台商独资经营企业					
港澳台商投资股份有限公司					
其他港澳台投资					

6-4 续表1

单位：千元

	资产总计	流动资产合计	应收账款	存　货	产成品
外商投资企业	5871102	1206528	823191	52748	375
中外合资经营企业	5871102	1206528	823191	52748	375
中外合作经营企业					
外资企业					
外商投资股份有限公司					
其他外商投资					
2.按轻重工业分					
在总计中：轻工业	30905394	15269266	3131856	5525484	3493465
重工业	178184195	61375521	15598376	10984676	2015446
3.按企业规模分					
在总计中：大型企业	89124827	28395291	6033429	6216308	918824
中型企业	45355010	22991560	4431921	7095379	3385719
小型企业	74609752	25257936	8264882	3198473	1204368
纯小型企业	69238958	23394160	7381080	3078568	1137990
微型企业	5370794	1863776	883802	119905	66378
4.在总计中：亏损企业	46526477	12751237	6076912	3223598	769379
在总计中：国有控股企业	132432290	39180359	8198779	7829975	1424861
5.按工业行业大类分					
煤炭开采和洗选业	18476825	7898676	893393	64118	28968
石油和天然气开采业	185359	93849	65259	957	810
黑色金属矿采选业	2127990	708967	349	176938	137756
有色金属矿采选业	13781323	6818058	375484	826536	267235
非金属矿采选业	460471	309613	139153	91499	54718
开采辅助活动					
其他采矿业					
农副食品加工业	12285501	4048598	533802	1432642	722646
食品制造业	2455928	903451	206868	549605	255053
酒、饮料和精制茶制造业	2277612	990698	35655	533667	193788
烟草制品业					
纺织业	1840975	1135528	180336	372404	117409

6-4 续表2

单位：千元

	资产总计	流动资产合计	应收账款	存 货	产成品
纺织服装、服饰业					
皮革、毛皮、羽毛及其制品和制鞋业	193143	170359	53246	38322	12234
木材加工和木、竹、藤、棕、草制品业	7659	7608	310	2615	
家具制造业					
造纸和纸制品业					
印刷和记录媒介复制业					
文教、工美、体育和娱乐用品制造业	449040	353931	8900	58948	
石油加工、炼焦和核燃料加工业	3760121	1282841	225159	319267	45283
化学原料和化学制品制造业	5020781	2238120	511674	643511	215365
医药制造业	4309524	1634616	333544	492042	179416
化学纤维制造业					
橡胶和塑料制品业	6772292	5904926	1745425	1997933	1987049
非金属矿物制品业	5159468	2653294	1094655	371935	120668
黑色金属冶炼和压延加工业	11913164	7845879	4327411	168687	45890
有色金属冶炼和压延加工业	25522856	11381659	468201	6536126	651139
金属制品业	899848	399179	138534	163883	90026
通用设备制造业	262723	168466	76815	56827	26168
专用设备制造业	226134	160183	69174	55103	23093
汽车制造业					
铁路、船舶、航空航天和其他运输设备制造业					
电气机械和器材制造业	2484292	1984576	1143213	597607	283173
计算机、通信和其他电子设备制造业	372144	215147	43330	17308	1604
仪器仪表制造业					
其他制造业					
废弃资源综合利用业	524739	274885	43339	150437	26048
金属制品、机械和设备修理业					
电力、热力生产和供应业	59912117	16116019	5917841	401856	5476
燃气生产和供应业	26046539	621403	42209	380833	17896
水的生产和供应业	1361021	324258	56953	8554	

6-5 规模以上工业企业主要经济指标(三)

单位:千元

	固定资产原价	累计折旧	本年折旧
总　计	139685355	50336068	6431957
1.按登记注册类型分组:			
内资企业	130860571	46163449	6039983
国有企业	446751	133566	19802
中央企业	446751	133566	19802
地方企业			
集体企业	28713	16284	2515
股份合作企业			
联营企业			
国有联营企业			
集体联营企业			
国有与集体联营企业			
其他联营企业			
有限责任公司	111182899	38790965	4997853
国有独资公司	16474491	5231185	815338
其他有限责任公司	94708408	33559780	4182515
股份有限公司	2856599	1332803	136064
私营企业	16345609	5889831	883749
私营独资企业			
私营合伙企业			
私营有限责任公司	15121309	5565966	819925
私营股份有限公司	1224300	323865	63824
其他企业			
港、澳、台商投资企业	760153	290513	35348
合资经营企业(港或澳、台资)	760153	290513	35348
合作经营企业(港或澳、台资)			
港澳台商独资经营企业			
港澳台商投资股份有限公司			
其他港澳台投资			

6-5 续表1

单位：千元

	固定资产原价	累计折旧	本年折旧
外商投资企业	8064631	3882106	356626
中外合资经营企业	8064631	3882106	356626
中外合作经营企业			
外资企业			
外商投资股份有限公司			
其他外商投资			
2.按轻重工业分			
在总计中：轻工业	13413153	4165651	796476
重工业	126272202	46170417	5635481
3.按企业规模分			
在总计中：大型企业	58568978	23147435	2275270
中型企业	21204539	6954907	1068652
小型企业	59911838	20233726	3088035
纯小型企业	56749818	19688702	2936951
微型企业	3162020	545024	151084
4.在总计中：亏损企业	28061600	7381732	1216308
在总计中：国有控股企业	100180625	37800831	4232190
5.按工业行业大类分			
煤炭开采和洗选业	8531450	5813435	160682
石油和天然气开采业	80078	11231	280
黑色金属矿采选业	1789228	649135	62701
有色金属矿采选业	7011363	2735578	339321
非金属矿采选业	183794	77784	12985
开采辅助活动			
其他采矿业			
农副食品加工业	7489704	2072658	471298
食品制造业	1719308	409507	106972
酒、饮料和精制茶制造业	1391072	577933	64580
烟草制品业			
纺织业	486161	201459	29786

6-5 续表2

单位:千元

	固定资产原价	累计折旧	本年折旧
纺织服装、服饰业			
皮革、毛皮、羽毛及其制品和制鞋业	68627	46637	4839
木材加工和木、竹、藤、棕、草制品业	60	9	9
家具制造业			
造纸和纸制品业			
印刷和记录媒介复制业			
文教、工美、体育和娱乐用品制造业	40021		
石油加工、炼焦和核燃料加工业	2291855	426824	100228
化学原料和化学制品制造业	2649397	756640	159820
医药制造业	1740116	670842	87030
化学纤维制造业			
橡胶和塑料制品业	235272	99034	16719
非金属矿物制品业	3562620	1433593	195214
黑色金属冶炼和压延加工业	5998144	2210971	303868
有色金属冶炼和压延加工业	13605376	4759018	592719
金属制品业	441545	114135	26262
通用设备制造业	103571	42397	-5506
专用设备制造业	67193	25438	4131
汽车制造业			
铁路、船舶、航空航天和其他运输设备制造业			
电气机械和器材制造业	541452	180171	24417
计算机、通信和其他电子设备制造业	128225	16519	6238
仪器仪表制造业			
其他制造业			
废弃资源综合利用业	215206	38340	16377
金属制品、机械和设备修理业			
电力、热力生产和供应业	61478672	23716409	2917662
燃气生产和供应业	16966418	2984747	691701
水的生产和供应业	869427	265624	41624

6-6 规模以上工业企业主要经济指标(四)

单位:千元

	负债合计	流动负债合计	应付账款	非流动负债合计	所有者权益合计
总　计	141162088	106805071	22149045	34357017	67927471
1.按登记注册类型分组:					
内资企业	138125444	105051385	21856725	33074059	64240626
国有企业	528636	84139	18802	444497	303258
中央企业	528636	84139	18802	444497	303258
地方企业					
集体企业	8309	8309	1067		17804
股份合作企业					
联营企业					
国有联营企业					
集体联营企业					
国有与集体联营企业					
其他联营企业					
有限责任公司	113421935	84830436	13882770	28591499	51855050
国有独资公司	14445275	8186505	1170269	6258770	4219243
其他有限责任公司	98976660	76643931	12712501	22332729	47635807
股份有限公司	2691776	1351559	391643	1340217	2575320
私营企业	21474788	18776942	7562443	2697846	9489194
私营独资企业					
私营合伙企业					
私营有限责任公司	19817604	17620272	7333589	2197332	8087904
私营股份有限公司	1657184	1156670	228854	500514	1401290
其他企业					
港、澳、台商投资企业	576730	197573	40617	379157	275659
合资经营企业(港或澳、台资)	576730	197573	40617	379157	275659
合作经营企业(港或澳、台资)					
港澳台商独资经营企业					
港澳台商投资股份有限公司					
其他港澳台投资					

6-6 续表1

单位：千元

	负债合计	流动负债合计	应付账款	非流动负债合计	所有者权益合计
外商投资企业	2459914	1556113	251703	903801	3411186
中外合资经营企业	2459914	1556113	251703	903801	3411186
中外合作经营企业					
外资企业					
外商投资股份有限公司					
其他外商投资					
2.按轻重工业分					
在总计中：轻工业	17626985	13571878	3218458	4055107	13278401
重工业	123535103	93233193	18930587	30301910	54649070
3.按企业规模分					
在总计中：大型企业	63383221	52353208	10547855	11030013	25741609
中型企业	29003991	23869223	6748903	5134768	16351020
小型企业	48774876	30582640	4852287	18192236	25834842
纯小型企业	44813606	28426664	4568222	16386942	24425322
微型企业	3961270	2155976	284065	1805294	1409520
4.在总计中：亏损企业	42794710	40108997	10591567	2685713	3731757
在总计中：国有控股企业	90425534	66132257	8747491	24293277	42006753
5.按工业行业大类分					
煤炭开采和洗选业	12168208	10299289	559559	1868919	6308617
石油和天然气开采业	184795	184795	43697		564
黑色金属矿采选业	506554	335759	40206	170795	1621436
有色金属矿采选业	5890441	5317487	655157	572954	7890883
非金属矿采选业	293513	289156	62564	4357	166955
开采辅助活动					
其他采矿业					
农副食品加工业	6844364	4557091	1255400	2287273	5441133
食品制造业	1898379	1554014	236101	344365	557549
酒、饮料和精制茶制造业	853757	815874	67559	37883	1423856
烟草制品业					
纺织业	895174	724465	60895	170709	945801

6-6 续表2

单位：千元

	负债合计	流动负债合计	应付账款	非流动负债合计	所有者权益合计
纺织服装、服饰业					
皮革、毛皮、羽毛及其制品和制鞋业	80376	80376	2064		112767
木材加工和木、竹、藤、棕、草制品业	6806	6806	236		853
家具制造业					
造纸和纸制品业					
印刷和记录媒介复制业					
文教、工美、体育和娱乐用品制造业	345911	345911			103128
石油加工、炼焦和核燃料加工业	3437572	3400244	1417218	37328	322548
化学原料和化学制品制造业	2831079	2176228	550563	654851	2189704
医药制造业	2453976	1579448	510871	874528	1855544
化学纤维制造业					
橡胶和塑料制品业	4185607	3855046	1074351	330561	2586685
非金属矿物制品业	3304690	2560912	1030678	743778	1854774
黑色金属冶炼和压延加工业	9215552	9215552	5459776		2697612
有色金属冶炼和压延加工业	16084213	10441687	2077103	5642526	9438643
金属制品业	525836	515048	109124	10788	374012
通用设备制造业	172597	117343	-12427	55254	90126
专用设备制造业	163677	52091		111586	62457
汽车制造业					
铁路、船舶、航空航天和其他运输设备制造业					
电气机械和器材制造业	2083882	2078006	1479199	5876	400410
计算机、通信和其他电子设备制造业	292470	196222	29072	96248	79674
仪器仪表制造业					
其他制造业					
废弃资源综合利用业	278142	181063	27995	97079	246597
金属制品、机械和设备修理业					
电力、热力生产和供应业	42314964	23361813	3191388	18953151	17597136
燃气生产和供应业	23062147	22380587	2162105	681560	2984393
水的生产和供应业	787406	182758	58591	604648	573614

6-7 规模以上工业企业主要经济指标(五)

单位:千元

	实收资本	国家资本	集体资本	法人资本	个人资本	港澳台资本	外商资本
总　　计	45617763	17835073	427627	21182738	5153433		1018889
1.按登记注册类型分组:							
内资企业	42968280	16430811	403149	20988385	5145933		
国有企业	55175	55175					
中央企业	55175	55175					
地方企业							
集体企业							
股份合作企业							
联营企业							
国有联营企业							
集体联营企业							
国有与集体联营企业							
其他联营企业							
有限责任公司	38074409	16064736	361955	18930798	2716918		
国有独资公司	3575152	3000862		574290			
其他有限责任公司	34499257	13063874	361955	18356508	2716918		
股份有限公司	1186832	260900		228932	697000		
私营企业	3651864	50000	41194	1828655	1732015		
私营独资企业							
私营合伙企业							
私营有限责任公司	3046245	50000	41194	1750605	1204446		
私营股份有限公司	605619			78050	527569		
其他企业							
港、澳、台商投资企业	207848		24478	93520			89850
合资经营企业(港或澳、台资)	207848		24478	93520			89850
合作经营企业(港或澳、台资)							
港澳台商独资经营企业							
港澳台商投资股份有限公司							
其他港澳台投资							

6-7 续表1

单位：千元

	实收资本	国家资本	集体资本	法人资本	个人资本	港澳台资本	外商资本
外商投资企业	2441635	1404262		100833	7500		929039
中外合资经营企业	2441635	1404262		100833	7500		929039
中外合作经营企业							
外资企业							
外商投资股份有限公司							
其他外商投资							
2.按轻重工业分							
在总计中：轻工业	7538845	769456	34218	4730946	2004225		
重工业	38078918	17065617	393409	16451792	3149208		1018889
3.按企业规模分							
在总计中：大型企业	18752160	6808455		10679471	1264233		
中型企业	8299268	2684774	63895	4202595	1348003		
小型企业	18566335	8341844	363732	6300672	2541197		1018889
纯小型企业	17736911	8275844	363732	5606692	2471753		1018889
微型企业	829424	66000		693980	69444		
4.在总计中：亏损企业	8945125	454022	136535	7584339	770229		
在总计中：国有控股企业	30563138	17655393	9000	11203363	676490		1018889
5.按工业行业大类分							
煤炭开采和洗选业	2463288	2354193	63895		45200		
石油和天然气开采业	10000				10000		
黑色金属矿采选业	1185026			1185026			
有色金属矿采选业	3243708	1544788		1399340	299580		
非金属矿采选业	86495			54000	32495		
开采辅助活动							
其他采矿业							
农副食品加工业	2839236		5000	1644073	1190163		
食品制造业	665346	133000		480833	51513		
酒、饮料和精制茶制造业	1190486	557336	4740	467720	160690		
烟草制品业							
纺织业	694752			562738	132014		

6-7 续表2

单位:千元

	实收资本	国家资本	集体资本	法人资本	个人资本	港澳台资本	外商资本
纺织服装、服饰业							
皮革、毛皮、羽毛及其制品和制鞋业	29300			29300			
木材加工和木、竹、藤、棕、草制品业	100			100			
家具制造业							
造纸和纸制品业							
印刷和记录媒介复制业							
文教、工美、体育和娱乐用品制造业	50000			50000			
石油加工、炼焦和核燃料加工业	537500			128250	409250		
化学原料和化学制品制造业	1505652	112880	104180	1087536	201056		
医药制造业	969225	79120	24478	456282	409345		
化学纤维制造业							
橡胶和塑料制品业	1060000			1040000	20000		
非金属矿物制品业	1079203	254252	9000	578700	237251		
黑色金属冶炼和压延加工业	134890			84890	50000		
有色金属冶炼和压延加工业	6763054	2299765	12500	3645875	804912		
金属制品业	216234		28694	45000	142540		
通用设备制造业	72800			7500	65300		
专用设备制造业	17917			17917			
汽车制造业							
铁路、船舶、航空航天和其他运输设备制造业							
电气机械和器材制造业	162840			162840			
计算机、通信和其他电子设备制造业	97500				97500		
仪器仪表制造业							
其他制造业							
废弃资源综合利用业	258218	30000		28218	200000		
金属制品、机械和设备修理业							
电力、热力生产和供应业	14685594	10393609	175140	2548286	549669		1018889
燃气生产和供应业	5511224			5478314	32910		
水的生产和供应业	88175	76130			12045		

6-8　规模以上工业企业主要经济指标(六)

单位:千元

	营业收入	营业成本	其他收益	营业外收入	销售费用
总　计	106147496	90584380	426693	816132	1746086
1.按登记注册类型分组:					
内资企业	105135324	89947501	373734	812839	1731479
国有企业	121463	69469	7074	110	25039
中央企业	121463	69469	7074	110	25039
地方企业					
集体企业	64711	52283		2986	3005
股份合作企业					
联营企业					
国有联营企业					
集体联营企业					
国有与集体联营企业					
其他联营企业					
有限责任公司	76431838	63932160	317253	602841	1370748
国有独资公司	4571052	3661270	67481	16429	18436
其他有限责任公司	71860786	60270890	249772	586412	1352312
股份有限公司	3494103	2722608	9543	22215	50519
私营企业	25023209	23170981	39864	184687	282168
私营独资企业					
私营合伙企业					
私营有限责任公司	23365074	21770117	24737	170480	249086
私营股份有限公司	1658135	1400864	15127	14207	33082
其他企业					
港、澳、台商投资企业	146258	93488	4526	2115	2685
合资经营企业(港或澳、台资)	146258	93488	4526	2115	2685
合作经营企业(港或澳、台资)					
港澳台商独资经营企业					
港澳台商投资股份有限公司					
其他港澳台投资					

6-8 续表1

单位：千元

	营业收入	营业成本	其他收益	营业外收入	销售费用
外商投资企业	865914	543391	48433	1178	11922
中外合资经营企业	865914	543391	48433	1178	11922
中外合作经营企业					
外资企业					
外商投资股份有限公司					
其他外商投资					
2.按轻重工业分					
在总计中：轻工业	19496349	16464609	65220	191655	630474
重工业	86651147	74119771	361473	624477	1115612
3.按企业规模分					
在总计中：大型企业	55724835	50458561	141605	332521	567317
中型企业	26724361	22314626	88396	188152	611092
小型企业	23698300	17811193	196692	295459	567677
纯小型企业	22794522	17365263	193064	289890	553907
微型企业	903778	445930	3628	5569	13770
4.在总计中：亏损企业	13352845	13060050	55362	70219	206575
在总计中：国有控股企业	54646089	45463746	335944	404806	720972
5.按工业行业大类分					
煤炭开采和洗选业	5282041	3730541	6392	235291	145217
石油和天然气开采业	66287	63868			
黑色金属矿采选业	818539	451208		3318	28782
有色金属矿采选业	4299124	2285333	265	51602	15732
非金属矿采选业	317289	171424		4082	24929
开采辅助活动					
其他采矿业					
农副食品加工业	11228897	9931537	56174	31452	291824
食品制造业	1809556	1547969	5809	3383	86580
酒、饮料和精制茶制造业	870688	507828	121	1047	46598
烟草制品业					
纺织业	1169468	1101544	1353	97997	12581

6-8 续表2

单位：千元

	营业收入	营业成本	其他收益	营业外收入	销售费用
纺织服装、服饰业					
皮革、毛皮、羽毛及其制品和制鞋业	72263	53067	-116		4641
木材加工和木、竹、藤、棕、草制品业	32714	31614		6	7
家具制造业					
造纸和纸制品业					
印刷和记录媒介复制业					
文教、工美、体育和娱乐用品制造业	26203	6049		47	2530
石油加工、炼焦和核燃料加工业	4115236	3869533	-152	715	35374
化学原料和化学制品制造业	4608999	3803516	1752	31240	213770
医药制造业	2157721	1587034		51390	147063
化学纤维制造业					
橡胶和塑料制品业	1455103	1128778	1879	13167	40852
非金属矿物制品业	3836580	3086555		44193	269309
黑色金属冶炼和压延加工业	13686367	13623531		69734	2944
有色金属冶炼和压延加工业	30955804	28218319	103771	14609	230294
金属制品业	1107460	939283		4340	12037
通用设备制造业	170159	147737		12870	1985
专用设备制造业	81125	62469		220	2941
汽车制造业					
铁路、船舶、航空航天和其他运输设备制造业					
电气机械和器材制造业	1307427	1180678	60	987	51618
计算机、通信和其他电子设备制造业	116771	101459	13200		3318
仪器仪表制造业					
其他制造业					
废弃资源综合利用业	682407	645032		12120	7909
金属制品、机械和设备修理业					
电力、热力生产和供应业	13005140	9318259	229009	121847	33301
燃气生产和供应业	2665640	2864108	102	10315	8911
水的生产和供应业	202488	126107	7074	160	25039

6-9 规模以上工业企业主要经济指标(七)

单位:千元

	管理费用	财务费用	利息支出	营业利润	投资收益
总　　计	4387253	2748356	2961115	5012013	876687
1.按登记注册类型分组:					
内资企业	4351425	2639662	2855891	4759786	876687
国有企业	25296	-362	239	7703	
中央企业	25296	-362	239	7703	
地方企业					
集体企业	5041			271	
股份合作企业					
联营企业					
国有联营企业					
集体联营企业					
国有与集体联营企业					
其他联营企业					
有限责任公司	3484342	2436346	2582247	3783077	714536
国有独资公司	41842	597503	558960	442211	164384
其他有限责任公司	3442500	1838843	2023287	3340866	550152
股份有限公司	201326	43432	42361	346610	48214
私营企业	635420	160246	231044	622125	113937
私营独资企业					
私营合伙企业					
私营有限责任公司	568680	113941	157533	528467	3937
私营股份有限公司	66740	46305	73511	93658	110000
其他企业					
港、澳、台商投资企业	7047	20660	18351	25101	
合资经营企业(港或澳、台资)	7047	20660	18351	25101	
合作经营企业(港或澳、台资)					
港澳台商独资经营企业					
港澳台商投资股份有限公司					
其他港澳台投资					

6-9 续表1

单位:千元

	管理费用	财务费用	利息支出	营业利润	投资收益
外商投资企业	28781	88034	86873	227126	
中外合资经营企业	28781	88034	86873	227126	
中外合作经营企业					
外资企业					
外商投资股份有限公司					
其他外商投资					
2.按轻重工业分					
在总计中:轻工业	855648	446989	435757	583872	196880
重工业	3531605	2301367	2525358	4428141	679807
3.按企业规模分					
在总计中:大型企业	2125020	583633	826304	914287	560646
中型企业	1165910	608130	699512	1518440	111010
小型企业	1096323	1556593	1435299	2579286	205031
纯小型企业	1033990	1456813	1352282	2306244	202451
微型企业	62333	99780	83017	273042	2580
4.在总计中:亏损企业	768922	446627	449879	-1321398	-200
在总计中:国有控股企业	2553200	1844417	1985732	3125400	678768
5.按工业行业大类分					
煤炭开采和洗选业	1060033	20259	165865	56155	405313
石油和天然气开采业	485	-8		-2229	
黑色金属矿采选业	132610	2571	8401	153814	
有色金属矿采选业	552660	-26286	67686	1148960	1696
非金属矿采选业	26550	8572	6836	73875	
开采辅助活动					
其他采矿业					
农副食品加工业	323699	179772	193872	304602	137548
食品制造业	83210	92172	68032	-53224	
酒、饮料和精制茶制造业	123204	1327	1713	88211	
烟草制品业					
纺织业	39418	16506	11487	-6761	45

6-9 续表2

单位：千元

	管理费用	财务费用	利息支出	营业利润	投资收益
纺织服装、服饰业					
皮革、毛皮、羽毛及其制品和制鞋业	1163	904	1118	12372	
木材加工和木、竹、藤、棕、草制品业	237			810	
家具制造业					
造纸和纸制品业					
印刷和记录媒介复制业					
文教、工美、体育和娱乐用品制造业	4881	4690	4985	3653	
石油加工、炼焦和核燃料加工业	53421	52358	62524	85356	-3504
化学原料和化学制品制造业	185693	87573	83754	272642	
医药制造业	180633	47005	29513	116410	59287
化学纤维制造业					
橡胶和塑料制品业	81525	107100	127525	54723	
非金属矿物制品业	201730	70489	63526	165891	-194
黑色金属冶炼和压延加工业	86493	-80275	2698	22399	306
有色金属冶炼和压延加工业	581497	416436	443160	1041972	108595
金属制品业	41183	11920	7533	71177	
通用设备制造业	14844	2938	2686	2015	
专用设备制造业	4839	2743	2725	3565	
汽车制造业					
铁路、船舶、航空航天和其他运输设备制造业					
电气机械和器材制造业	137111	-1186		-107809	
计算机、通信和其他电子设备制造业	11076	11312	7078	922	
仪器仪表制造业					
其他制造业					
废弃资源综合利用业	16147	12886	12	-6008	100
金属制品、机械和设备修理业					
电力、热力生产和供应业	210463	1601131	1492405	2053953	167495
燃气生产和供应业	202480	98682	98568	-564034	
水的生产和供应业	29968	6765	7413	18601	

6-10　规模以上工业企业主要经济指标(八)

单位:千元

	利润总额	亏损企业亏损总额	本年应付职工薪酬	全部从业人员年平均人数(人)	平均用工人数(人)
总　计	5572671	1288534	8737299	88090	87514
1.按登记注册类型分组:					
内资企业	5318766	1221770	8667860	87473	86900
国有企业	7730		52925	502	510
中央企业	7730		52925	502	510
地方企业					
集体企业	1191		6007	84	84
股份合作企业					
联营企业					
国有联营企业					
集体联营企业					
国有与集体联营企业					
其他联营企业					
有限责任公司	4199292	1124549	7038733	61854	61448
国有独资公司	410645	133598	321578	2354	2355
其他有限责任公司	3788647	990951	6717155	59500	59093
股份有限公司	352912	904	409487	5912	5867
私营企业	757641	96317	1160708	19121	18991
私营独资企业					
私营合伙企业					
私营有限责任公司	662300	90405	1063159	17393	17346
私营股份有限公司	95341	5912	97549	1728	1645
其他企业					
港、澳、台商投资企业	27208		14631	168	167
合资经营企业(港或澳、台资)	27208		14631	168	167
合作经营企业(港或澳、台资)					
港澳台商独资经营企业					
港澳台商投资股份有限公司					
其他港澳台投资					

6-10　续表1

单位：千元

	利润总额	亏损企业亏损总额	本年应付职工薪酬	全部从业人员年平均人数（人）	平均用工人数（人）
外商投资企业	226697	66764	54808	449	447
中外合资经营企业	226697	66764	54808	449	447
中外合作经营企业					
外资企业					
外商投资股份有限公司					
其他外商投资					
2.按轻重工业分					
在总计中：轻工业	747781	182856	1235784	21160	21008
重工业	4824890	1105678	7501515	66930	66506
3.按企业规模分					
在总计中：大型企业	1142866	565730	5508617	45176	44878
中型企业	1692456	314841	1843496	22749	22522
小型企业	2737349	407963	1385186	20165	20114
纯小型企业	2459335	378669	1359715	19596	19619
微型企业	278014	29294	25471	569	495
4.在总计中：亏损企业	-1288534	1288534	978588	11624	11649
在总计中：国有控股企业	3384304	857547	6131417	45928	45572
5.按工业行业大类分					
煤炭开采和洗选业	227754	41882	2911061	17226	16850
石油和天然气开采业	-2284	2284	1014	25	25
黑色金属矿采选业	150693		93218	1080	1080
有色金属矿采选业	1178144	64147	684620	7414	7335
非金属矿采选业	77115	4342	29449	686	684
开采辅助活动					
其他采矿业					
农副食品加工业	325314	13658	423817	7122	7021
食品制造业	-50201	126579	136429	1733	1731
酒、饮料和精制茶制造业	87594	7772	147647	2194	2205
烟草制品业					
纺织业	90759	6059	95690	2216	2171

6-10 续表2

单位：千元

	利润总额	亏损企业亏损总额	本年应付职工薪酬	全部从业人员年平均人数（人）	平均用工人数（人）
纺织服装、服饰业					
皮革、毛皮、羽毛及其制品和制鞋业	12190		23358	484	484
木材加工和木、竹、藤、棕、草制品业	814		3300	65	65
家具制造业					
造纸和纸制品业					
印刷和记录媒介复制业					
文教、工美、体育和娱乐用品制造业	2892		11474	221	221
石油加工、炼焦和核燃料加工业	85218	80	117898	1927	1927
化学原料和化学制品制造业	286617	31687	239724	2689	2765
医药制造业	158644	28788	238863	4117	4098
化学纤维制造业					
橡胶和塑料制品业	64136		23552	940	939
非金属矿物制品业	202222	47423	226255	3548	3551
黑色金属冶炼和压延加工业	79785	3653	425282	6457	6457
有色金属冶炼和压延加工业	1039927	35163	1239529	13649	13587
金属制品业	75059		162062	2559	2585
通用设备制造业	-2073	4191	14008	273	276
专用设备制造业	1965		2429	150	92
汽车制造业					
铁路、船舶、航空航天和其他运输设备制造业					
电气机械和器材制造业	-106881	106881	19795	586	586
计算机、通信和其他电子设备制造业	910	3772	13348	461	440
仪器仪表制造业					
其他制造业					
废弃资源综合利用业	5637	753	26784	479	475
金属制品、机械和设备修理业					
电力、热力生产和供应业	2116278	196429	1023805	7523	7499
燃气生产和供应业	-554027	562991	333850	1602	1693
水的生产和供应业	18470		69038	664	672

6-11 规模以上工业企业主要能源消费量

	原　煤 (吨)	焦　炭 (吨)	汽　油 (吨)	柴　油 (吨)	热　力 (百万千焦)	电　力 (万千瓦时)
总　　计	28674043	1131966	1132	26095	5751762	990736
煤炭开采和洗选业	38499		377	9706		26688
石油和天然气开采业						48
黑色金属矿采选业	15369		85	821		12700
有色金属矿采选业	34162		35	994		61009
非金属矿采选业	22556		26	871		17998
其他采矿业						
农副食品加工业	1671066		48	100	338010	85867
食品制造业	205840				50557	11954
酒、饮料和精制茶制造业	42925			5	481828	3031
纺织业	800				31692	3096
纺织服装、服饰业						
皮革、毛皮、羽毛及其制品和制鞋业					24289	241
木材加工和木、竹、藤、棕、草制品业						
造纸和纸制品业						
印刷和记录媒介复制业						
文教、工美、体育和娱乐用品制造业			2	100		29
石油加工、炼焦和核燃料加工业				113	1112945	17617
化学原料和化学制品制造业	442243		10	326	1713883	30404
医药制造业	184006		66	18	1907349	14489
橡胶和塑料制品业	936			6		1327
非金属矿物制品业	655587		8	2136		49724
黑色金属冶炼和压延加工业	454278	1082307	293	5022		127761
有色金属冶炼和压延加工业	326355	44865	80	3736		217011
金属制品业	13949				265	14614
通用设备制造业					1000	738
专用设备制造业	89			67		541
汽车制造业						
电气机械和器材制造业						822
计算机、通信和其他电子设备制造业						449
废弃资源综合利用业	7413	4794		139		2082
金属制品、机械和设备修理业						
电力、热力生产和供应业	18402499		32	1588	89944	213206
燃气生产和供应业	6155471		70	347		74441
水的生产和供应业						2850

6-12 规模以上工业企业分行业产值综合能耗

	2019年			2018年		
	综合能源消费量（吨标准煤）	工业总产值（万元）	产值能耗（吨标准煤/万元）	综合能源消费量（吨标准煤）	工业总产值（万元）	产值能耗（吨标准煤/万元）
总　计	10419771	10143249	1.04	9724821	9232498	1.05
煤炭开采和洗选业	66951	445042	0.15	56527	427195	0.13
石油和天然气开采业	59	6629	0.01	146	9771	0.01
黑色金属矿采选业	27908	77390	0.36	23259	63530	0.37
有色金属矿采选业	94438	406682	0.24	90368	422953	0.21
非金属矿采选业	39538	21661	0.87	29202	71431	0.41
其他采矿业				448	41617	0.01
农副食品加工业	438465	1007804	0.43	439574	1000621	0.44
食品制造业	106695	186458	0.57	90370	141978	0.64
酒、饮料和精制茶制造业	37670	88781	0.41	33263	94401	0.35
纺织业	5467	126821	0.05	6647	132719	0.05
纺织服装、服饰业						
皮革、毛皮、羽毛及其制品和制鞋业	1124	7222	0.16	1178	8541	0.14
木材加工和木、竹、藤、棕、草制品业		3271		11	12086	
造纸和纸制品业						
印刷和记录媒介复制业						
文教、工美、体育和娱乐用品制造业	185	7304	0.03	54	4562	0.01
石油加工、炼焦和核燃料加工业	321792	364295	0.90	361571	371637	0.97
化学原料和化学制品制造业	233065	446059	0.56	240594	405603	0.59
医药制造业	128138	195860	0.66	105962	205023	0.52
橡胶和塑料制品业	2913	23072	0.12	3074	34923	0.09
非金属矿物制品业	559532	380579	1.54	498211	335105	1.49
黑色金属冶炼和压延加工业	1643261	1372983	1.20	1521356	1172915	1.30
有色金属冶炼和压延加工业	548730	3065114	0.18	464369	2595093	0.18
金属制品业	27933	95159	0.31	15935	69724	0.23
通用设备制造业	941	11690	0.08	629	14314	0.04
专用设备制造业	826	8767	0.09	365	11756	0.03
汽车制造业				636	1636	0.39
电气机械和器材制造业	1011	130582	0.01	1806	102829	0.02
计算机、通信和其他电子设备制造业	552	7512	0.07	408	19012	0.02
废弃资源综合利用业	12714	65279	0.41	8743	54433	0.16
金属制品、机械和设备修理业						
电力、热力生产和供应业	4312653	1306139	3.38	3947113	1192033	3.31
燃气生产和供应业	1803706	262715	6.87	1779367	246049	7.23
水的生产和供应业	3503	22383	0.16	4093	22713	0.18

7 建筑业

资料整理：王　勇　陈海蛟　赵海波

7-1 总专包建筑业生产情况

	单位	总　计	按控股情况分			
			国有控股	集体控股	私人控股	其　他
企业个数	个	176	3	2	162	9
#有工作量的企业个数	个	163	3	2	150	8
从业人员期末人数	人	40756	402	1488	37900	966
从业人员平均人数	人	51658	365	976	46841	3476
年末自有施工机械设备(净值)	千元	824732	9090	39500	721890	54252
年末自有施工机械设备(总台数)	台	13918	40	346	13037	495
年末自有施工机械设备(总功率)	千瓦	244954	1000	7210	222186	14558
建筑业总产值	千元	18503065	224766	243740	17136837	897722
1.建筑工程产值	千元	17284714	131700	137710	16306683	708621
2.安装工程产值	千元	316142		106030	210112	
3.其他产值	千元	902209	93066		620042	189101
竣工产值	千元	9544758	224766	130720	8326532	862740
房屋施工面积	平方米	13285305		86800	13167756	30749
主要建筑材料消耗量(1.钢材)	吨	929833		1678	927395	760
主要建筑材料消耗量(2.木材)	立方米	325889		984	324597	308
主要建筑材料消耗量(3.水泥)	吨	1561438		13200	1547330	908
主要建筑材料消耗量(4.平板玻璃)	重量箱	61606		200	61246	160
主要建筑材料消耗量(5.铝材)	吨	9070			9060	10
企业总产值	千元	18952008	224766	291740	17537184	898318

7-1 续表

	单位	总计	按行业分				
			房屋和土木工程建筑业	#房屋	#土木	建筑安装业	建筑装饰、装修和其他建筑业
企业个数	个	176	157	112	45	15	4
#有工作量的企业个数	个	163	147	103	44	14	2
从业人员期末人数	人	40756	39122	33079	6043	1457	177
从业人员平均人数	人	51658	49543	40240	9303	1937	178
年末自有施工机械设备(净值)	千元	824732	816065	612262	203803	8167	500
年末自有施工机械设备(总台数)	台	13918	13861	12890	971	54	3
年末自有施工机械设备(总功率)	千瓦	244954	239753	173081	66672	5131	70
建筑业总产值	千元	18503065	17704908	13033386	4671522	793397	4760
1.建筑工程产值	千元	17284714	16772157	12797942	3974215	512557	
2.安装工程产值	千元	316142	137662	103045	34617	176070	2410
3.其他产值	千元	902209	795089	132399	662690	104770	2350
竣工产值	千元	9544758	9242999	6678209	2564790	294409	7350
房屋施工面积	平方米	13285305	12807856	12627850	180006	477449	
主要建筑材料消耗量(1.钢材)	吨	929833	920835	682241	238594	8998	
主要建筑材料消耗量(2.木材)	立方米	325889	323925	261913	62012	1964	
主要建筑材料消耗量(3.水泥)	吨	1561438	1545686	1070400	475286	15752	
主要建筑材料消耗量(4.平板玻璃)	重量箱	61606	61606	61606			
主要建筑材料消耗量(5.铝材)	吨	9070	9070	9069	1		
企业总产值	千元	18952008	18117851	13430651	4687200	829397	4760

7-2　总专包建筑业财务情况

指标名称	单位	总　计	按控股情况分			
			国有控股	集体控股	私人控股	其　他
资产总计	千元	21055788	235781	455317	19396567	968123
流动资产合计	千元	17293491	96783	407852	15937971	850885
其中:存货	千元	2176095	29417	43920	2037313	65445
固定资产原价	千元	2681376	35664	64710	2425622	155380
累计折旧	千元	1167714	17388	26542	1047590	76194
其中:本年折旧	千元	218262	3797	4656	205678	4131
在建工程	千元	414104	1129		389749	23226
负债合计	千元	13079634	82209	277190	12150783	569452
流动负债合计	千元	12439992	79685	277190	11524165	558952
所有者权益合计	千元	7976154	153572	178127	7245784	398671
其中:实收资本	千元	5193154	25079	87720	4876834	203521
营业收入	千元	20772573	224766	309219	19465319	773269
营业成本	千元	19135254	211203	262342	17929938	731771
管理费用	千元	699892	7681	26821	639102	26288
营业利润	千元	582894	20533	16782	543171	2408
利润总额	千元	573666	20516	18220	533439	1491
所得税费用	千元	245603	4722	2683	232727	5471
应付职工薪酬	千元	2102326	27889	46488	1944464	83485

7-2 续表

指标名称	单位	总　计	按行业分				
			房屋和土木工程建筑业	#房屋	#土木	建筑安装业	建筑装饰、装修和其他建筑业
资产总计	千元	21055788	19858253	14251729	5606524	1154149	43386
流动资产合计	千元	17293491	16577862	12445671	4132191	708732	6897
其中:存货	千元	2176095	2129930	1750061	379869	45919	246
固定资产原价	千元	2681376	2300341	1476100	824241	380204	831
累计折旧	千元	1167714	916693	607023	309670	250359	662
其中:本年折旧	千元	218262	135913	93686	42227	82269	80
在建工程	千元	414104	247110	214939	32171	166994	
负债合计	千元	13079634	12407043	9078788	3328255	645491	27100
流动负债合计	千元	12439992	11933405	8649414	3283991	501017	5570
所有者权益合计	千元	7976154	7451210	5172941	2278269	508658	16286
其中:实收资本	千元	5193154	4965153	3507531	1457622	211401	16600
营业收入	千元	20772573	19938573	15066542	4872031	825022	8978
营业成本	千元	19135254	18430232	13942323	4487909	696209	8813
管理费用	千元	699892	584675	415933	168742	113209	2008
营业利润	千元	582894	557734	425858	131876	27393	-2233
利润总额	千元	573666	550368	418141	132227	25531	-2233
所得税费用	千元	245603	235279	182048	53231	10309	15
应付职工薪酬	千元	2102326	1979560	1699840	279720	120599	2167

7-3 总专包建筑业房屋竣工面积及价值

单位:平方米,千元

房屋建筑分类	房屋竣工面积	房屋竣工价值
合计	4036547	6073599
住宅房屋	3607198	5212808
商业及服务用房屋	28151	45301
商厦房屋(批发和零售用房)		
宾馆用房屋(住宿用房)	24954	42863
餐饮用房屋(餐饮用房)	555	914
商务会展用房屋	1596	1359
其他商业及服务用房屋(居民服务业用房)	1046	165
办公用房屋	72188	172976
科研、教育、医疗用房屋	123571	368686
科学研究用房屋		
教育用房屋	16123	20570
医疗用房屋(卫生医疗用房)	107448	348116
文化、体育、娱乐用房屋	100	100
厂房及建筑物	69427	102978
厂房	39530	56621
仓库	28921	24432
其他未列明的房屋建筑物 *	106991	146318

7-4　历年主要建筑业企业个数及产值

年份	企业个数（个）	按行业分			建筑业总产值（千元）	按行业分		
		房屋和土木工程建筑业	建筑安装业	建筑装饰、装修和其他建筑业		房屋和土木工程建筑业	建筑安装业	建筑装饰、装修和其他建筑业
2000	165	158	7		1980233	1898887	81346	
2001	146	141	5		2769052	2683435	85617	
2002	96	87	5	4	2517810	2467570	45320	4920
2003	95	85	5	5	2863790	2835360	18610	9820
2004	95	84	4	7	2768625	2709085	7000	52540
2005	94	82	7	5	3102474	2974610	106130	21734
2006	110	90	10	10	4584720	4446294	101830	36596
2007	117	90	11	16	12158882	11979420	92219	87243
2008	115	89	12	14	10208452	9923424	237268	47760
2009	132	94	15	23	12004192	11572594	381773	49825
2010	134	96	15	23	13307098	12776801	469577	60720
2011	119	93	13	13	16323806	16035587	219841	68378
2012	120	95	13	12	15922461	15574978	189560	157923
2013	115	93	11	11	18923734	18626007	250232	47495
2014	132	106	15	11	18131669	17655460	446820	29389
2015	128	104	16	8	17042874	16304953	720825	17096
2016	147	122	16	9	17660708	17129382	522948	8378
2017	151	126	17	8	16597456	15797502	794432	5522
2018	159	138	16	5	17768742	17036218	719089	13435
2019	176	157	15	4	18503065	17704908	793397	4760

8 运输和邮电

资料整理：贾国堂　孙　颖

8-1 公路线路基本情况

	单位	2018 年	2019 年
一、公路年末到达数	公里	26897.15	27314.06
(一)按行政等级分			
1.干线公路	公里	4281.18	4351.40
国 道	公里	2313.34	2310.52
省 道	公里	1967.84	2040.88
2.县级公路	公里	5400.34	5365.88
3.乡级公路	公里	6045.15	6056.88
4.村级公路	公里	11170.47	11539.91
5.专用公路	公里		
(二)按技术等级分			
1.等级公路	公里	26795.44	27241.63
高 速	公里	640.28	636.48
一 级	公里	811.35	914.74
二 级	公里	2222.57	2535.19
三 级	公里	2842.24	2902.75
四 级	公里	20279.00	20252.48
2.等外路	公里	101.71	72.43
二、公路桥梁	座	3266	3352
公路桥梁	延米	136495.00	142512.00
(一)按使用性质分			
1.永久式	座	3265	3351
1.永久式	延米	136397.00	142434.00
2.半永久式	座		
2.半永久式	延米		
3.临时式	座	1	1
3.临时式	延米	98.00	78.00
(二)按跨径总长分			
1.特大型	座	2	2
1.特大型	延米	2144.00	2144.00
2.大 型	座	246	262
2.大 型	延米	51207.48	54252.51
3.中 型	座	721	749
3.中 型	延米	44654.52	46338.75
4.小 型	座	2297	2339
4.小 型	延米	38489.00	39776.60
三、客货运量			
(一)客运量	万人	2008.26	1795.00
(二)客运周转量	万人公里	244186.17	220072.00
(三)货运量	万吨	16615.00	17356.00
(四)货运周转量	万吨公里	3414775.30	3518293.00

8-2 邮电基本情况

	单位	2018 年	2019 年
邮政业务总量	万元	63500	75400
邮政局所数	处	264	264
# 提供全功能服务	处	264	264
邮路总条数	条	143	158
# 二级邮路数	条	8	
邮政汽车	辆	237	283
函件	万件	45	47.48
包裹	万件	155.53	5.42
特快专递	万件	55.13	48.56
报刊期发数	万份	25.86	26.02
邮政路线总长度	公里	13215	14441
农村投递路线总长度	公里	25841.1	25859
公用电话点	部	28496	28496
城市电话用户	万户	18.25	19.16
# 住宅电话	万户	6.40	6.81
乡村电话用户	万户	8.19	8.19
# 住宅电话	万户	6.29	6.29
移动电话用户	万户	439.40	453.60
年末互联网用户	万户	80.54	90.60

注:因统计口径变化,2019 年包裹数据与以前年份不可比。

9 国内贸易

资料整理：温延博　姚泓宇

9-1 历年社会消费品零售总额及指数

年份	绝对值(万元)				指数(以上年为100)			
	合计	市级	县级	县以下	合计	市级	县级	县以下
1949	1627							
1952	4215				132.1			
1957	9117				103.7			
1962	14397				122.3			
1965	14875				101.4			
1970	21241				103.9			
1975	32655				110.0			
1978	42028	11873	17263	12892	106.4			
1979	46714	12745	15979	17990	111.1	107.3	92.6	139.5
1980	53068	13203	14613	25252	113.6	103.6	91.5	140.4
1981	58629	14135	16244	28250	109.4	107.1	111.2	111.9
1982	63853	15462	18711	29680	108.9	109.4	115.2	105.1
1983	73511	20564	23002	29945	115.1	133.0	122.9	100.9
1984	83505	31691	22774	29040	113.6	154.1	99.0	97.0
1985	98823	40422	27109	31292	118.3	127.6	119.0	107.8
1986	109194	45349	28776	35069	110.5	112.2	106.1	112.1
1987	119595	50110	31024	38461	109.5	110.5	107.8	109.7
1988	161228	69047	42624	49557	134.8	137.8	137.4	128.9
1989	181497	83604	47004	50889	112.6	121.1	110.3	102.7
1990	188141	91314	47124	49703	103.7	109.2	100.3	97.7
1991	206629	100997	53961	51671	109.8	110.6	114.5	104.0
1992	240905	114830	68398	57677	116.6	113.7	126.8	111.6
1993	292196	146588	75042	70566	121.3	127.7	109.7	122.3
1994	352472	176696	92851	82925	120.6	120.5	123.7	117.5
1995	423221	213553	100062	109606	120.1	120.9	107.8	132.2
1996	483455	247531	127339	108586	114.2	115.9	127.3	99.1
1997	546866	282264	142763	121839	113.1	114.0	112.1	112.2
1998	582903	295030	153154	134719	106.6	104.5	107.3	110.6
1999	623100	310043	168447	144610	106.9	105.1	110.0	107.3
2000	658355	327919	177713	152723	105.7	105.8	105.5	105.6
2001	704416	352667	190552	161197	107.0	107.5	107.2	105.5
2002	761418	380735	206552	174131	108.1	108.0	108.4	108.0
2003	847506	425522	229533	192451	111.3	111.8	111.1	110.5
2004	1012260	515592	272475	224192	119.4	121.2	118.7	116.5
2005	1176238	603168	315488	257583	116.2	117.0	115.8	114.9
2006	1369414	709581	366499	293334	116.4	117.6	116.2	113.9
2007	1635796	854726	435669	345401	119.5	120.5	118.9	117.7
2008	2034128	1071394	539990	422744	124.4	125.3	123.9	122.4
2009	2321446	1196140	640200	485107	114.1	111.6	118.6	114.8

9-2 历年社会消费品零售总额及指数(按销售单位所在地分)

年份	绝对值(万元)			指数(以上年为100)		
	合 计	城 镇	乡 村	合 计	城 镇	乡 村
2010	2725730	2196368	529362	117.4		
2011	3180408	2587361	593046	116.7	117.8	112.0
2012	3628968	2983056	645912	114.1	115.3	108.9
2013	4050203	3366600	683603	111.6	112.9	105.8
2014	4435670	3731989	703681	109.5	110.9	102.9
2015	4741082	3886109	854973	106.9	104.1	121.5
2016	5133051	4222136	910915	108.3	108.6	106.5
2017	5493518	4510923	982595	107.0	106.8	107.9
2018	5799193	4748979	1050214	105.6	105.3	106.9
2019	6193352	5117914	1075438	106.8	107.8	102.4

9-3 限额以上批发零售贸易业商品购进、销售、库存总额

单位：万元

	购进总额	销售总额	批　　发	零　　售	年末库存总　　额
总　　计	2592434.3	3107260.1	1859506.1	1247754.0	263189.3
1.按登记注册类型分组					
内资	2592434.3	3107260.1	1859506.1	1247754.0	263189.3
国有	257494.1	368713.5	364382.8	4330.7	21714.4
有限责任公司	879341.9	1159636.7	771156.6	388480.1	123428.8
股份有限公司	495205.2	538440.7	75616.5	462824.2	9125.7
私营企业	960393.1	1040469.2	648350.2	392119.0	108920.4
2.按国民经济行业分组					
农、林、牧产品批发业	95827.8	101626.5	90028.8	11597.7	15699.1
食品、饮料及烟草制品批发业	247475.8	356189.8	355096.3	1093.5	15983.5
纺织、服装及家庭用品批发业	4140.2	5379.5	4625.0	754.5	362.8
医药及医疗器材批发业	445625.1	501652.5	501378.5	274.0	49858.5
矿产品、建材及化工产品批发业	541229.7	726017.6	719979.6	6038.0	82507.2
机械设备、五金交电及电子产品批发	39275.0	48705.1	37659.6	11045.5	8216.4
综合零售业	34545.0	47228.2	67.4	47160.8	1328.4
食品、饮料及烟草制品专门零售业	2842.5	3084.7		3084.7	320.3
纺织、服装及日用品专门零售业	15353.3	15186.4		15186.4	976.4
文化、体育用品及器材专门零售业	3343.2	5109.8		5109.8	3459.7
汽车、摩托车、燃料及零配件专门零售	924297.1	995090.8	80729.4	914361.4	51632.3
医药及医疗器材专门零售业	78171.7	113231.4	6404.9	106826.5	17657.8
家用电器及电子产品专门零售业	155884.8	182565.7	63536.6	119029.1	14635.5
货摊、无店铺及其他零售业	2730.8	4138.8		4138.8	270.9

9-4 限额以上批发零售贸易业商品销售类值

单位:万元

	合　计	批　发	零　售
合　计	3107260.1	1859506.1	1247754.0
一、批发业	1739571.0	1708767.8	30803.2
农、林、牧、渔产品批发	101626.5	90028.8	11597.7
谷物、豆及薯类批发	84556.2	76936.1	7620.1
种子批发	8462.7	8462.7	
畜牧渔业饲料批发	3977.6		3977.6
其他农牧产品批发	4630.0	4630.0	
食品、饮料及烟草制品批发	356189.8	355096.3	1093.5
盐及调味品批发	3784.7	3784.7	
酒、饮料及茶叶批发	3152.9	2059.4	1093.5
烟草制品批发	349252.2	349252.2	
纺织、服装及家庭用品批发	5379.5	4625.0	754.5
化妆品及卫生用品批发	5379.5	4625.0	754.5
医药及医疗器材批发	501652.5	501378.5	274.0
西药批发	336438.3	336164.3	274.0
中药批发	105800.0	105800.0	
医疗用品及器材批发	59414.2	59414.2	
矿产品、建材及化工产品批发	726017.6	719979.6	6038.0
煤炭及制品批发	190344.5	190344.5	
石油及制品批发	24864.6	18826.6	6038.0
金属及金属矿批发	496762.4	496762.4	
建材批发	4702.7	4702.7	
化肥批发	4378.7	4378.7	
其他化工产品批发	4964.7	4964.7	
机械设备、五金产品及电子产品批发	48705.1	37659.6	11045.5
农业机械批发	41260.4	30214.9	11045.5
五金产品批发	7444.7	7444.7	

9-4 续表

单位:万元

	合计	批发	零售
二、零售业	1367689.1	150738.3	1216950.8
综合零售	47228.2	67.4	47160.8
百货零售	30347.1		30347.1
超级市场零售	16881.1	67.4	16813.7
食品、饮料及烟草制品专门零售	3084.7		3084.7
肉、禽、蛋、奶及水产品零售	2239.9		2239.9
其他食品零售	844.8		844.8
纺织、服装及日用品专门零售	15186.4		15186.4
服装零售	15186.4		15186.4
文化、体育用品及器材专门零售	5109.8		5109.8
图书、报刊零售	4330.7		4330.7
珠宝首饰零售	779.1		779.1
医药及医疗器材专门零售	113231.4	6404.9	106826.5
西药零售	113231.4	6404.9	106826.5
汽车、摩托车、零配件和燃料及其他动力销售	995090.8	80729.4	914361.4
汽车新车零售	290444.7	2138.9	288305.8
摩托车及零配件零售	4054.2	662.2	3392.0
机动车燃油零售	681665.8	77928.3	603737.5
机动车燃气零售	18926.1		18926.1
家用电器及电子产品专门零售	182565.7	63536.6	119029.1
家用视听设备零售	1086.6		1086.6
日用家电零售	174392.7	63536.6	110856.1
计算机、软件及辅助设备零售	2861.9		2861.9
通信设备零售	1412.2		1412.2
其他电子产品零售	2812.3		2812.3
五金、家具及室内装饰材料专门零售	2053.3		2053.3
家具零售	492.0		492.0
其他室内装饰材料零售	1561.3		1561.3
货摊、无店铺及其他零售业	4138.8		4138.8
生活用燃料零售	4138.8		4138.8

9-5　限额以上批发零售贸易业企业财务状况

单位：万元

	合　计	国有企业	有限责任公司	股份有限公司	私营企业
一、年末资产负债					
1、资产合计	1279523.1	138242.2	642166.7	63949.0	435165.2
流动资产	985617.0	105658.9	530027.8	-20423.1	370353.4
存货	267648.8	24592.5	131153.4	11128.0	100774.9
固定资产原价	291672.2	46428.3	107942.9	79759.8	57541.2
累计折旧	104310.5	23451.9	27678.3	27851.8	25328.5
本年折旧	12407.8	4102.5	3576.9	1812.5	2915.9
2、负债合计	905137.2	48926.2	464658.9	51892.7	339659.4
二、损益及分配					
营业收入	2762747.5	339457.2	1019542.3	464985.6	938762.4
营业成本	2471684.5	243078.8	927328.1	443365.3	857912.3
税金及附加	50315.7	43568.4	3684.7	706.6	2356.0
其他业务利润	9314.8	1565.1	6417.3		1332.4
销售费用	123446.6	13243.7	44411.6	25378.7	40412.6
管理费用	66533.4	18665.0	20655.7	2515.5	24697.2
营业利润	49330.7	25101.5	19263.2	-5192.2	10158.2
利润总额	48719.2	24747.4	19329.5	-6317.1	10959.4
应交所得税	12267.6	6461.9	3462.7	136.7	2206.3
应付工资	74557.2	14774.8	23498.2	16845.3	19438.9
应交增值税	38326.5	13078.1	16911.6	1908.3	6428.5

9-6 限额以上住宿餐饮业基本情况

单位:万元

	营业额				客房数（间）	床位数（个）	餐位数（位）
		客房收入	餐费收入	商品销售收入			
总　计	51980.3	22243.1	27999.7	308.3	5497	9965	25462
一、住宿业	33674.4	15850.2	16508.0	103.4	3916	7173	15422
1、按住宿业行业小类分							
旅游饭店	22644.3	9672.4	12096.6	96.2	2530	4843	10024
一般旅馆	11030.1	6177.8	4411.4	7.2	1386	2330	5398
2、按登记注册类型分							
内资企业	33674.4	15850.2	16508.0	103.4	3916	7173	15422
国有企业	2166.2	686.3	1474.9		242	460	1920
有限责任公司	24002.5	10448.9	12292.4	97.3	2432	4416	8906
私营企业	7505.7	4715.0	2740.7	6.1	1242	2297	4596
二、餐饮业	18305.9	6392.9	11491.7	204.9	1581	2792	10040
1、按餐饮业行业小类分							
正餐服务	17983.3	6392.9	11233.8	204.9	1581	2792	9740
快餐服务	322.6		257.9				300
2、按登记注册类型分							
内资企业	18305.9	6392.9	11491.7	204.9	1581	2792	10040
有限责任公司	6489.2	2803.7	3558.2	127.3	646	1163	4701
股份有限公司	439.8	270.1	169.7		40	75	300
私营企业	11376.9	3319.1	7763.8	77.6	895	1554	5039

9-7 限额以上住宿餐饮业企业财务状况

单位:万元

	合　计	国有企业	有限责任公司	股份有限公司	私营企业
一、年末资产负债					
1、资产合计	159450.8	7725.4	115870.9	123.7	35730.8
流动资产	64654.2	1052.3	48011.7	121.0	15469.2
存货	7279.1	146.3	5917.2		1215.6
固定资产原价	129654.1	8994.4	99489.2	24.0	21146.5
累计折旧	40680.9	2753.8	29593.6	17.7	8315.8
本年折旧	6254.8	523.4	4261.0	0.1	1470.3
2、负债合计	128708.8	4500.0	88916.5	78.4	35213.9
二、损益及分配					
营业收入	49233.7	2081.9	28854.6	417.7	17879.5
营业成本	24619.7	1399.4	13595.4	250.9	9374.0
税金及附加	616.4	19.5	470.3	15.1	111.5
其他业务利润	172.7		16.7		156.0
销售费用	16257.2	1807.6	8950.8	37.7	5461.1
管理费用	13314.1	577.0	8144.3	33.9	4558.9
营业利润	-5460.3	-1724.5	-2217.8	54.2	-1572.2
利润总额	-4567.9	-1430.5	-1505.0	54.2	-1686.6
应交所得税	1610.1		27.9		1582.2
应付工资	14051.2	730.2	8312.0	130.0	4879.0
应交增值税	1102.0	118.9	603.5	13.3	366.3

10 固定资产投资

资料整理：王　勇　赵海波

10-1 房地产开发情况

	单位	2018年	2019年	2019年比 2018年增长%
一、单位个数	个	250	261	4.4
二、实收资本	千元	5730058	6062023	5.8
三、年末资产负债情况				
资产总计	千元	71518286	89529022	25.2
累计折旧	千元	363693	354794	-2.4
负债合计	千元	59992755	77018624	28.4
四、损益情况				
1、主营业务收入	千元	15974813	12853823	-19.5
2、主营业务成本	千元	13128516	9874583	-24.8
3、税金及附加	千元	585595	939183	60.4
4、利润总额	千元	2077396	853871	-58.9
五、房屋施工面积	平方米	15326302	18334667	19.6
本年房屋竣工面积	平方米	1136264	1026734	-9.6
本年房屋竣工价值	万元	290825	265694	-8.6
本年商品房销售面积	平方米	2927677	3666188	25.2
本年商品房销售额	万元	1706060	2394407	40.3

11 物价指数

资料整理：张春林　赵光耀

11-1 历年各类价格指数

(以上年价格为100)

年份	居民消费价格指数	商品零售价格指数	农业生产资料价格指数
1978	101.0	100.7	99.5
1979	101.3	100.9	97.0
1980	103.0	103.1	100.0
1981	102.9	103.0	100.3
1982	102.3	102.8	100.1
1983	101.6	102.3	100.2
1984	105.0	106.0	108.0
1985	109.1	110.0	101.8
1986	105.1	105.2	101.0
1987	107.1	107.3	109.4
1988	113.7	113.9	121.0
1989	115.4	112.1	115.3
1990	103.9	103.4	107.9
1991	104.2	104.6	104.9
1992	107.2	106.8	101.7
1993	113.0	110.2	109.7
1994	121.0	121.0	119.4
1995	117.2	115.1	127.4
1996	106.8	105.6	108.5
1997	103.9	102.0	104.6
1998	99.4	99.3	98.2
1999	99.6	98.1	97.2
2000	99.3	98.1	97.6
2001	101.0	100.9	99.2
2002	99.5	98.9	100.7
2003	102.5	100.6	101.9
2004	103.5	103.1	107.0
2005	102.3	102.1	104.9
2006	101.9	101.6	101.4
2007	104.5	104.5	104.1
2008	105.0	105.5	108.4
2009	100.0	100.2	99.2
2010	102.8	103.4	102.3
2011	105.4	106.2	104.7
2012	102.7	102.6	103.5
2013	103.7	103.2	101.0
2014	101.8	100.9	100.3
2015	101.6	100.7	99.4
2016	101.1	100.7	99.9
2017	101.5	100.7	98.2
2018	101.9	101.5	101.7
2019	102.6	102.0	102.1

注:农业生产资料价格指数2011年及以后数据用宁城县数据代替。

11-2 居民消费价格指数

分类名称	2019 年
居民消费价格总指数	102.6
非食品烟酒价格指数	100.7
食品(原口径)指数	107.4
非食品(原口径)指数	100.7
服务价格指数	100.7
工业品价格指数	100.7
鲜活食品价格指数	113.7
消费品价格指数	103.6
能源价格指数	99.3
药品价格指数	101.4
扣除食品和能源价格指数	101..1
扣除鲜菜鲜果价格指数	102.6
扣除自有住房价格指数	102.8
居住(扣自有住房)价格指数	100.9
一、食品烟酒	107.0
1.食品	108.4
(1)粮食	105.8
(2)薯类	92.6
(3)豆类	100.1
(4)食用油	104.8
(5)菜	100.1
(6)畜肉类	137.0
(7)禽肉类	113.1
(8)水产品	91.9
(9)蛋类	102.9
(10)奶类	100.6
(11)干鲜瓜果类	103.1
(12)糖果糕点类	100.1
(13)调味品	100.0
(14)其他食品类	100.2
2.茶及饮料	101.1
3.烟酒	100.0
4.在外餐饮	104.0
二、衣着	101.0
1.服装	101.2
2.服装材料	101.8
3.其他衣着及配件	101.1
4.衣着加工服务费	100.0
5.鞋类	100.7
三、居住	101.0
1.租赁房房租	103.9
2.住房保养维修及管理	100.6

11-2 续表

分类名称	2019年
3.水电燃料	100.5
4.自有住房	101.2
四、生活用品及服务	100.7
1.家具及室内装饰品	100.0
2.家用器具	100.4
3.家用纺织品	102.0
4.家庭日用杂品	101.2
5.个人护理用品	100.2
6.家庭服务	100.3
五、交通和通信	99.1
1.交通	98.4
(1)交通工具	99.0
(2)交通工具用燃料	94.0
(3)交通工具使用和维修	100.0
(4)交通费	100.4
六、教育文化和娱乐	101.0
1.教育	100.8
(1)教育用品	103.6
(2)教育服务	100.4
2.文化娱乐	101.7
(1)文娱耐用消费品	100.2
(2)其他文娱用品	106.2
(3)文化娱乐服务	100.0
(4)旅游	102.7
七、医疗保健	100.7
1.药品及医疗器具	101.2
(1)中药	100.5
(2)西药	101.7
(3)滋补保健品	100.0
(4)医疗卫生器具	100.0
(5)保健器具	100.0
2.医疗服务	100.0
(1)综合医疗类	100.0
(2)诊断类	100.0
(3)治疗类	100.0
(4)康复类	100.0
(5)中医医疗服务类	100.0
(6)其他医疗服务	100.0
八、其他用品和服务	102.8
1.其他用品类	103.1
2.其他服务类	102.5

11-3 商品零售价格总指数

分类名称	2019年
商品零售价格总指数	102.0
一、食品	108.1
1.粮食	105.8
2.薯类	92.6
3.豆类	100.1
4.食用油	104.8
5.菜	100.1
6.畜肉类	137.1
7.禽肉类	113.1
8.水产品	91.9
9.蛋类	102.9
10.奶类	100.6
11.干鲜瓜果类	103.1
12.糖果糕点类	100.0
13.调味品	100.0
14.其他食品类	100.2
15.在外餐饮	104.0
二、饮料、烟酒	100.3
1.茶及饮料	101.7
2.烟草	100.0
3.酒类	100.1
三、服装、鞋帽	101.0
1.服装	101.2
2.鞋帽袜	100.8
3.其他衣着配件	101.1
四、纺织品	101.4
1.服装材料	101.8
2.床上用品	101.3
五、家用电器及音像器材	101.0
1.家庭设备	101.4
2.文娱用耐用消费品	100.0
3.专业音像器材	97.4

11-3 续表

分类名称	2019年
六、文化办公用品	101.0
七、日用品	101.0
1.日用百货	100.6
2.厨具餐具茶具	103.2
3.清洗用品	100.0
4.其他日用品	100.9
八、体育娱乐用品	103.3
1.体育户外用品	102.5
2.娱乐用品	103.4
九、交通、通信用品	99.2
1.交通运输机械	98.8
2.通信器材	100.0
十、家具	100.0
十一、化妆品	100.0
十二、金银饰品	103.8
十三、中西药品及医疗保健用品	101.4
1.医疗卫生器具	100.0
2.中药	100.5
3.西药	101.7
4.保健器具及用品	100.0
十四、书报杂志及电子出版物	106.5
1.教材及参考书	103.6
2.书报杂志	114.0
3.计算机办公软件	100.0
十五、燃料	97.4
1.煤炭及制品	100.8
2.石油及制品	96.8
十六、建筑材料及五金电料	100.7
1.建筑装璜材料	100.9
2.五金水暖	100.2

12 人民生活

资料整理：潘　蕾　朱晓强

12-1 历年城乡居民收入

单位:元

年度	城镇居民		农村牧区居民	
	城镇居民人均可支配收入	城镇常住居民人均可支配收入	农牧民人均纯收入	农村牧区常住居民人均可支配收入
1949	112	114	54	49
1950	134	136	65	59
1951	140	142	68	62
1952	201	204	72	65
1953	220	224	77	70
1954	241	245	82	74
1955	267	271	87	79
1956	286	291	90	82
1957	309	314	68	62
1958	285	290	73	66
1959	283	288	65	59
1960	189	192	50	45
1961	284	289	55	50
1962	326	331	79	72
1963	350	356	82	74
1964	372	378	85	77
1965	339	345	87	79
1966	333	339	90	82
1967	341	347	95	86
1968	339	345	100	91
1969	378	384	110	100
1970	352	358	121	110
1971	338	344	115	104
1972	350	356	125	113
1973	349	355	128	116
1974	347	353	130	118
1975	333	339	135	122
1976	326	331	138	125
1977	340	346	140	127
1978	337	343	125	113
1979	366	372	148	134
1980	407	414	165	149
1981	417	424	235	213
1982	429	436	269	244
1983	476	484	287	260
1984	555	564	298	270
1985	665	676	339	307
1986	790	803	287	260
1987	828	842	380	344
1988	964	980	447	405

12-1 续表

单位：元

年度	城镇居民		农村牧区居民	
	城镇居民人均可支配收入	城镇常住居民人均可支配收入	农牧民人均纯收入	农村牧区常住居民人均可支配收入
1989	1068	1086	484	439
1990	1143	1162	560	509
1991	1312	1334	614	558
1992	1625	1652	731	664
1993	2048	2082	840	763
1994	2463	2504	1024	930
1995	2831	2878	1108	1006
1996	3372	3428	1377	1250
1997	3874	3939	1604	1456
1998	4114	4183	1805	1639
1999	4522	4597	1957	1777
2000	4588	4664	1684	1529
2001	4956	5039	1728	1569
2002	5407	5497	1847	1677
2003	6027	6127	2056	1867
2004	6706	6818	2415	2193
2005	7572	7698	2817	2558
2006	8451	8592	3220	2924
2007	10032	10199	3681	3342
2008	11538	11730	4240	3850
2009	12670	12881	4500	4086
2010	14108	14343	5010	4549
2011	16416	16689	6138	5574
2012	18678	18989	7079	6428
2013	20802	21148	8022	7284
2014	22819	23199	8937	8114
2015	24781	25195	9706	8812
2016	26887	27336	10482	9517
2017	29173	29660	11402	10352
2018	31407	31931	12527	11373
2019	33543	34101	13900	12620

12-2 居民家庭基本情况

指　　标	单位	全体居民	城镇常住居民	农村牧区常住居民
一、调查样本住户数	户	1460	820	640
(一)居委会住户	户	970	680	290
(二)村委会住户	户	490	140	350
二、住户类型	%	100	100	100
(一)家庭居住户	%	100	100	100
(二)集体居住户	%			
三、户主文化程度	%	100	100	100
(一)未上过学	%	1.38	0.91	1.73
(二)小学	%	21.54	11.52	29.14
(三)初中	%	46.16	34.48	54.72
(四)高中	%	16.66	23.48	11.48
(五)大学专科	%	9.81	18.87	2.93
(六)大学本科	%	4.42	10.24	
(七)研究生	%	0.40	0.90	
四、按家庭规模分的住户类型	%	100	100	100
(一)一人户	%	2.51	3.33	1.89
(二)二人户	%	38.19	31.65	43.15
(三)三人户	%	32.46	39.90	26.81
(四)四人户	%	19.01	19.22	18.82
(五)五人户	%	5.80	4.47	6.81
(六)六人及以上户	%	2.04	2.49	2.49
五、按世代分的住户类型	%	100	100	100
(一)一代户	%	36.31	31.33	40.09
(二)二代户	%	51.09	58.27	45.65
(三)三代户	%	12.27	10.18	13.86
(四)四代及以上户	%	0.33	0.22	0.41
六、住户特征	%	52.55	56.60	49.47
(一)纯老人户	%	12.86	10.19	14.90
(二)家中有未成年子女户	%	36.18	42.69	31.23
(三)年轻夫妻无子女户	%	0.73	1.70	
(四)无劳动力户	%	2.77	2.02	3.35

12-3 居民家庭人口和就业情况

指　　标	单位	全体居民	城镇常住居民	农村牧区常住居民
期内住户常住成员数	人/户	2.93	2.96	2.91
一、常住成员情况				
(一)性别	%	100	100	100
1.男性	%	49.67	49.52	49.86
2.女性	%	50.33	50.48	50.14
(二)年龄	%	100	100	100
1.5 岁及以下	%	5.71	7.11	3.84
2.6-15 岁	%	10.79	12.04	9.13
3.16-19 岁	%	4.02	3.68	4.48
4.20-24 岁	%	5.01	5.21	4.75
5.25-29 岁	%	4.74	5.65	3.51
6.30-34 岁	%	7.26	9.37	4.43
7.35-40 岁	%	8.83	10.50	6.59
8.41-50 岁	%	19.62	19.38	19.94
9.51-60 岁	%	19.37	15.63	24.37
10.61-65 岁	%	7.12	5.82	8.86
11.66 岁及以上	%	7.53	5.61	10.10
(三)民族	%	100	100	100
1.汉族	%	74.28	73.91	74.77
2.壮族	%	0.12	0.20	
3.回族	%	0.69	0.61	0.81
4.苗族	%	0.02	0.04	
5.维吾尔族	%			
6.蒙古族	%	21.40	21.21	21.66
7.藏族	%			
8.满族	%	3.39	3.87	2.76
(四)健康状况	%	100	100	100
1.健康	%	91.40	94.43	87.36
2.基本健康	%	5.87	3.84	8.59
3.不健康,但生活能自理	%	2.17	1.33	3.30
4.生活不能自理	%	0.55	0.40	0.76
(五)参加医疗保险情况	%	100	100	100
1.新型农村合作医疗	%	56.30	38.01	80.77
2.城镇职工基本医疗保险	%	11.09	18.14	1.67
3.(城镇)居民基本医疗保险	%	29.55	39.41	16.37
4.公费医疗	%	0.05	0.08	
5.商业医疗保险	%	1.34	1.82	0.70
6.其他医疗保险	%	0.39	0.61	0.11
7.没有参加任何医疗保险	%	2.40	3.47	0.97
(六)6 周岁及以上住户成员受教育程度	%	100	100	100
1.未上过学	%	3.43	2.04	5.22
2.小学	%	26.06	19.48	34.55
3.初中	%	35.35	31.96	39.72
4.高中	%	15.83	19.18	11.52
5.大学专科	%	9.92	13.65	5.11
6.大学本科	%	8.85	12.91	3.60
7.研究生	%	0.56	0.78	0.28

12-3 续表 1

指 标	单位	全体居民	城镇常住居民	农村牧区常住居民
二、常住劳动力情况(16 周岁及以上非在校学生)				
(一)劳动力人数	人/户	2.09	2.10	2.07
1.整劳动力人数	人/户	1.06	1.23	0.84
2.半劳动力人数	人/户	1.03	0.88	1.23
(二)性别	%	100	100	100
1.男性	%	49.89	49.52	50.72
2.女性	%	50.11	50.75	49.28
(三)年龄	%	100	100	100
1.16-19 岁	%	0.13	0.06	0.23
2.20-24 岁	%	2.30	2.61	1.89
3.25-29 岁	%	6.20	7.54	4.46
4.30-34 岁	%	10.27	13.40	6.20
5.35-40 岁	%	12.44	15.02	9.07
6.41-50 岁	%	27.60	27.66	27.51
7.51-60 岁	%	26.29	21.41	32.65
8.61-65 岁	%	8.89	7.37	10.88
9.66 岁及以上	%	5.87	4.93	7.11
(四)参加医疗保险情况	%	100	100	100
1.新型农村合作医疗	%	55.50	36.26	80.57
2.城镇职工基本医疗保险	%	14.87	24.77	1.97
3.(城镇)居民基本医疗保险	%	27.66	36.36	16.33
4.公费医疗	%	0.03	0.06	
5.商业医疗保险	%	1.44	1.86	0.91
6.其他医疗保险	%	0.16	0.17	0.15
7.没有参加任何医疗保险	%	1.64	2.26	0.83
(五)6 周岁及以上住户成员受教育程度	%	100	100	100
1.未上过学	%	2.13	0.99	3.63
2.小学	%	22.22	13.23	33.94
3.初中	%	40.76	36.02	46.94
4.高中	%	15.85	20.48	9.83
5.大学专科	%	10.86	16.06	4.08
6.大学本科	%	8.01	12.94	1.59
7.研究生	%	0.16	0.29	
(六)是否离退休人员	%	100	100	100
1.行政事业单位离退休	%	1.94	3.07	0.45
2.其他单位离退休	%	7.38	11.37	2.19
3.未退休	%	90.68	85.56	97.35
(七)参加养老保险情况	%	100	100	100
1.新型农村社会养老保险	%	20.61	23.95	15.25
2.城镇职工基本养老保险	%	46.97	37.53	59.26
3.(城镇)居民社会养老保险	%	3.64	5.97	0.60
4.商业养老保险	%	1.58	1.74	1.36
5.其他养老保险	%	3.58	2.49	4.99
6.没有参加任何养老保险	%	24.09	28.66	18.14

12-3 续表2

指　　标	单位	全体居民	城镇常住居民	农村牧区常住居民
(八)是否从业	%	100	100	100
1.是	%	81.85	75.17	90.55
2.否	%	18.15	24.83	9.45
(九)就业类型	%	100	100	100
1.雇主	%	1.48	2.62	0.25
2.公职人员	%	2.48	4.16	0.67
3.事业单位人员	%	8.26	14.89	1.09
4.国有企业雇员	%	3.09	5.97	0.17
5.其他雇员	%	31.38	45.52	16.11
6.农业自营	%	44.75	14.35	77.63
7.非农自营	%	8.54	12.66	4.09
(十)从事主要行业	%	100	100	100
1.第一产业	%	46.31	16.21	78.88
2.第二产业	%	14.52	18.75	9.93
(1)采矿业	%	2.33	3.24	2.33
(2)制造业	%	3.89	4.09	3.67
(3)电力热力燃气及水生产供应业	%	1.88	3.32	0.33
(4)建筑业	%	6.42	8.10	4.59
3.第三产业	%	39.17	65.04	11.19
(1)批发和零售业	%	8.14	12.50	3.42
(2)交通运输仓储和邮政业	%	3.85	6.41	1.09
(3)住宿和餐饮业	%	2.61	4.32	0.75
(4)信息传输软件业和信息技术服务业	%	0.44	0.77	0.08
(5)金融业	%	1.32	2.39	0.17
(6)房地产业	%	0.20	0.39	
(7)租赁和商务服务业	%	0.24	0.31	0.17
(8)科学研究和技术服务业	%	0.52	1.00	
(9)水利环境和公共设施管理业	%	0.28	0.46	0.08
(10)居民服务修理和其他服务业	%	7.78	13.35	1.75
(11)教育	%	3.89	6.71	0.83
(12)卫生和社会工作	%	2.85	4.78	0.75
(13)文化体育和娱乐业	%	0.28	0.54	
(14)公共管理社会保障和社会组织	%	6.77	11.11	2.09
(15)国际组织	%			
(十一)从事主要职业	%	100	100	100
1.国家机关党群组织企业事业单位负责人	%	1.20	1.54	0.83
2.专业技术人员	%	11.63	19.52	3.09
3.办事人员和有关人员	%	10.50	17.05	3.42
4.商业服务业人员	%	14.71	23.45	5.26
5.农林牧渔水利业生产人员	%	45.55	15.28	78.30
6.生产运输设备操作人员及有关人员	%	8.66	10.73	8.66
7.军人	%	0.08	0.15	
8.不便分类的其他从业人员	%	7.66	12.27	2.67

12-4 居民家庭住房生活设施情况

指　　标	单位	全体居民	城镇常住居民	农村牧区常住居民
现住房建筑面积	平方米/人	31.31	32.02	30.38
一、期末现住房情况				
（一）本住户居住类型	%	100	100	100
1.普通住宅	%	100	100	100
2.集体宿舍和工棚	%			
3.工作地住宿	%			
（二）本住户居住空间样式	%	100	100	100
1.单栋楼房	%	4.45	7.32	0.79
2.单栋平房	%	55.55	23.30	96.88
3.四居室及以上单元房	%	1.03	1.71	0.16
4.三居室单元房	%	17.12	30.36	0.16
5.二居室单元房	%	20.96	35.98	2.72
6.一居室单元房	%	0.62	1.10	
7.筒子楼或连片平房	%	0.14	0.24	
8.其他	%	0.14		0.31
（三）主要建筑材料	%	100	100	100
1.钢筋混凝土	%	37.19	65.73	0.63
2.砖混材料	%	20.41	15.73	26.41
3.砖瓦砖木	%	40.48	18.42	68.75
4.竹草土坯	%	1.92	0.12	4.22
5.其他	%			
（四）现住房房屋来源	%	100	100	100
1.租赁公房	%			
2.租赁私房	%	1.71	2.93	0.16
3.自建住房	%	55.89	23.17	97.81
4.购买商品房	%	40.68	71.22	1.56
5.购买房改住房	%	0.34	0.49	0.16
6.购买保障性住房	%	0.14	0.24	
7.拆迁安置房	%	0.55	0.98	
8.继承或获赠住房	%	0.14	0.24	
9.免费借用房	%	0.55	0.73	0.31
10.雇主提供免费住房	%			
11.其他来源	%			
（五）现住房建筑面积	%	100	100	100
1.10 平方米以内	%			
2.10-20 平方米	%			
3.20-30 平方米	%	0.14	0.24	
4.30-60 平方米	%	15.62	9.03	24.06
5.60-90 平方米	%	40.34	42.44	37.66
6.90-120 平方米	%	31.02	34.87	26.09
7.120-200 平方米	%	12.06	12.32	11.72
8.200 平方米以上	%	0.82	1.10	0.47

12-4 续表 1

指　　标	单位	全体居民	城镇常住居民	农村牧区常住居民
(六)住宅外道路路面情况	%	100	100	100
1.水泥或柏油路面	%	93.15	93.90	92.19
2.沙石或石板等硬质路面	%	5.55	5.61	5.47
3.其他	%	1.30	0.49	2.34
(七)住宅有管道供水情况	%	100	100	100
1.管道供水入户	%	81.37	91.95	67.73
2.管道供水至公共取水点	%	0.34	0.61	
3.没有管道设施	%	18.31	7.44	32.27
(八)住户主要饮用水来源情况	%	100	100	100
1.经过净化处理的自来水	%	74.18	92.56	50.63
2.受保护的井水和泉水	%	22.47	7.07	42.19
3.不受保护的井水和泉水	%	3.08	0.24	6.72
4.江河湖泊水	%	0.07		0.16
5.收集雨水	%	0.07		0.16
6.桶装水	%			
7.其他水源	%	0.14	0.12	0.16
(九)住户获取饮用水的主要困难	%	100	100	100
1.单次取水往返时间超过半小时	%	0.34	0.61	
2.间断或定时供水	%	3.15	0.73	6.25
3.当年连续缺水时间超过 16 天	%	0.68		1.55
4.无上述困难	%	95.82	98.66	92.19
(十)住户饮用水使用前采取的主要处理措施	%	100	100	100
1.煮沸	%	93.49	92.07	95.31
2.加漂白剂/氯等	%	1.78	1.71	1.88
3.使用水过滤器	%	3.42	5.24	1.09
4.其他处理措施	%	0.14		0.31
5.没有任何水处理措施	%	1.16	0.98	1.41
(十一)住户厕所类型	%	100	100	100
1.水冲式卫生厕所	%	45.00	76.95	4.06
2.水冲式非卫生厕所	%	12.67	6.46	20.63
3.卫生旱厕	%	4.04	0.49	8.59
4.普通旱厕	%	38.15	15.98	66.56
5.无厕所	%	0.14	0.12	0.16
(十二)住户厕所使用情况	%	100	100	100
1.本住户独用	%	98.42	98.78	97.97
2.几户合用	%	0.96	0.49	1.56
3.公用厕所	%	0.62	0.73	0.47

12-4 续表2

指　　标	单位	全体居民	城镇常住居民	农村牧区常住居民
(十三)住户洗澡设施情况	%	100	100	100
1.统一供热水	%	1.64	0.44	0.63
2.家庭自装热水器	%	45.27	67.80	16.41
3.其他	%	4.93	5.98	3.59
4.无洗澡设施	%	48.15	23.78	79.38
(十四)住户主要取暖设备状况	%	100	100	100
1.由市政或小区集中供暖	%	43.08	76.46	0.31
2.自行供暖	%	55.07	22.69	96.56
3.无取暖设备	%	1.85	0.85	3.13
(十五)住户主要取暖用能源状况	%	100	100	100
1.柴草	%	9.38	1.59	19.38
2.煤炭	%	46.65	21.10	79.38
3.罐装液化石油气	%	0.41	0.12	0.78
4.管道液化石油气	%			
5.管道煤气	%			
6.管道天然气	%			
7.电	%	0.14	0.12	0.16
8.燃料用油	%			
9.沼气	%			
10.其他	%	0.21	0.37	
11.无取暖行为	%	43.22	76.70	0.31
(十六)主要炊用能源状况	%	100	100	100
1.柴草	%	30.21	7.81	58.91
2.煤炭	%	9.80	5.98	14.69
3.罐装液化石油气	%	39.18	58.91	13.91
4.管道液化石油气	%	1.10	1.96	
5.管道煤气	%	0.27	0.37	0.16
6.管道天然气	%	5.14	9.15	
7.电	%	14.31	15.85	12.34
8.燃料用油	%			
9.沼气	%			
10.其他	%			
11.无炊用行为	%			

12-4 续表3

指　　标	单位	全体居民	城镇常住居民	农村牧区常住居民
二、自有现住房情况				
（一）购（建）房总金额	万元/人	4.87	7.24	1.61
（二）购（建）房时借贷款总额（不含利息）	万元/人	0.71	1.16	0.11
#按揭贷款金额	万元/人	0.54	0.91	0.04
（三）购（建）房时借贷款总利息	万元/人	0.22	0.37	0.03
三、期末拥有房屋情况				
（一）期末拥有房屋面积	平方米/人	32.79	33.22	32.15
1.自有现住房面积	平方米/人	30.68	31.04	30.19
2.出租住房面积	平方米/人	0.92	1.45	0.24
3.出租商用建筑物面积	平方米/人	0.21	0.37	0.04
4.偶尔居住房面积	平方米/人	0.34	0.10	0.64
5.空宅或其他用途房面积	平方米/人	0.64	0.26	1.04
（二）期末拥有房屋价值	万元/人	8.73	12.77	3.43
1.自有现住房市场价估计值	万元/人	7.96	11.59	3.25
2.出租住房市场价估计值	万元/人	0.30	0.50	0.03
3.出租商用建筑物市场价估计值	万元/人	0.11	0.19	0.01
4.偶尔居住房市场价估计值	万元/人	0.06	0.04	0.08
5.空宅或其他用途房市场价估计值	万元/人	0.17	0.05	0.32
（三）期末拥有房屋市场价月租金	元/人	220.68	317.46	93.84
1.自有现住房市场价月租金	元/人	205.63	291.66	92.72
2.出租住房市场价月租金	元/人	9.45	16.03	0.91
3.出租商用建筑物市场价月租金	元/人	5.60	9.77	0.21
四、期内新购住房情况				
（一）期内新购住房建筑面积	平方米/人	0.94	1.56	0.13
（二）新购住房总金额	万元/人	0.48	0.83	0.03
（三）新购住房借贷款总额（不含利息）	万元/人	0.07	0.12	0.02
#按揭贷款金额	万元/人	0.07	0.11	0.02
五、期内新建住房情况				
（一）期内新建住房竣工建筑面积	平方米	0.13	0.07	0.22
（二）新建住房总费用	万元/人	0.02	0.01	0.02
（三）新建住房资金来源	万元/人	0.01		0.02
1.银行信用社贷款	万元/人			
2.亲友借款	万元/人			0.01
3.自筹资金	万元/人	0.01		0.02
4.其他资金	万元/人			
六、期内住房大修或装修费用	万元/人			0.01

12-5 居民家庭耐用消费品拥有情况

指　标	单位	全体居民	城镇常住居民	农村牧区常住居民
每百户耐用消费品拥有情况				
1.家用汽车	辆/百户	32.00	35.20	29.10
2.摩托车	辆/百户	43.70	21.10	64.20
3.助力车	辆/百户	55.60	57.10	54.50
4.洗衣机	台/百户	97.50	104.10	91.60
5.电冰箱(柜)	台/百户	103.10	106.20	100.30
6.微波炉	台/百户	25.50	44.50	8.30
7.彩色电视机	台/百户	107.40	107.60	107.20
8.接入有线电视的彩色电视机	台/百户	70.60	78.00	61.50
9.空调	台/百户	11.50	21.50	3.10
10.热水器	台/百户	48.00	76.40	22.30
11.太阳能热水器	台/百户	25.65	36.22	12.30
12.洗碗机	台/百户	0.69	1.10	0.16
13.排油烟机	台/百户	44.20	79.20	12.50
14.固定电话	部/百户	8.70	13.50	4.00
15.移动电话	部/百户	236.00	238.40	233.80
16.接入互联网的移动电话	部/百户	174.20	184.90	155.90
17.计算机	台/百户	50.10	65.90	35.70
18.接入互联网的计算机	台/百户	42.80	58.40	27.90
19.照相机	台/百户	7.35	11.10	2.58
20.中高档乐器	架/百户	2.40	3.90	0.47
21.健身器材	台/百户	2.40	3.78	0.63

12-6 居民家庭总收入

指　　标	单位	全体居民	城镇常住居民	农村牧区常住居民
总收入	元/人	31244.09	42243.00	21288.00
一、工资性收入	元/人	12624.87	21917.34	4213.44
（一）工资	元/人	11273.43	20003.68	3370.91
（二）实物福利	元/人	6.76	11.43	2.53
（三）其他	元/人	1344.68	1902.23	840.00
二、经营性收入	元/人	12658.62	11544.08	13667.48
（一）第一产业经营收入	元/人	7861.56	2718.90	12516.64
1.第一产业经营收入（不含惠农补贴）	元/人	7861.56	2718.90	12516.64
（1）农业	元/人	5169.85	1921.85	8109.91
（2）林业	元/人	291.65	42.56	517.13
（3）牧业	元/人	2399.89	754.49	3889.29
（4）渔业	元/人	0.16		0.31
（二）第二产业经营收入	元/人	702.40	1367.84	100.05
1.采矿业	元/人	15.72	33.09	
2.制造业	元/人	137.25	288.87	
3.电力、热力、燃气及水生产和供应业	元/人			
4.建筑业	元/人	549.43	1045.88	100.05
（三）第三产业经营收入	元/人	4083.01	7289.22	1180.79
1.批发和零售业	元/人	1850.33	3467.99	386.04
2.交通运输、仓储和邮政业	元/人	575.56	986.84	203.27
3.住宿和餐饮业	元/人	893.35	1870.35	8.98
4.房地产业	元/人	0.99	2.09	
5.租赁和商务服务业	元/人	102.31	166.68	44.05
6.居民服务、修理和其他服务业	元/人	451.32	786.81	147.64
7.其他	元/人	85.55	127.98	47.15
8.农林牧渔服务业	元/人	137.07	48.61	217.15
三、财产性收入	元/人	879.14	1613.10	214.76
（一）利息收入	元/人	40.13	33.96	45.71
（二）红利收入	元/人	103.00	198.06	16.96
（三）储蓄性保险净收益	元/人	6.61	6.83	6.41
（四）转让承包土地经营权租金净收入	元/人	138.49	120.91	154.41
（五）出租房屋财产性净收入	元/人	127.50	264.08	3.86
（六）出租机械、专利、版权等资产的净收入	元/人	0.67		1.27
（七）其他财产净收入	元/人	42.17	47.07	37.74
（八）房屋虚拟租金	元/人	447.65	942.19	

12-6 续表

指　　标	单位	全体居民	城镇常住居民	农村牧区常住居民
四、转移性收入	元/人	4319.32	6465.34	2376.76
(一)养老金或离退休金	元/人	2432.17	4750.29	333.83
(二)社会救济和补助	元/人	134.84	133.54	136.01
(三)政策性生活补贴	元/人	123.16	64.75	176.03
(四)家庭外出从业人员寄回带回收入	元/人	298.02	327.85	271.01
(五)赡养收入	元/人	175.80	279.64	81.80
(六)报销医疗费	元/人	263.88	326.80	206.92
(七)从政府和组织得到的实物产品和服务折价	元/人	97.60	193.94	10.40
(八)现金政策性惠农补贴	元/人	752.09	327.39	1136.53
(九)其他转移性收入	元/人	41.76	61.14	24.22
五、非收入所得	元/人	669.56	675.95	663.77
(一)出售资产所得	元/人	235.76	277.26	198.20
1.出售住房本金所得	元/人	77.65		147.93
2.出售住房溢价所得(含亏损)	元/人			
3.出售股票、基金、收藏品本金所得	元/人			
4.出售股票、基金、收藏品所得(含亏损)	元/人			
5.出售生产性固定资产所得	元/人	16.06	10.86	20.76
6.拆迁征地补偿所得	元/人	14.58	17.20	12.20
7.出售其他财物和收回其他投资本金所得	元/人	32.37	49.20	17.14
(二)非经常性转移所得	元/人	428.55	390.57	462.93
1.博彩所得	元/人	1.57	3.31	
2.婚丧嫁娶礼金所得	元/人	82.25	43.75	117.10
3.遗产及一次性馈赠所得	元/人	39.94	52.70	28.39
4.一次性赔偿所得	元/人	12.72	3.75	20.83
5.提取住房公积金	元/人			
6.调查补贴	元/人	255.14	232.73	275.43
7.其他非经常性转移所得	元/人	36.99	54.46	21.17
(三)其他非收入所得	元/人	5.76	9.21	2.64
六、借贷性所得	元/人	644.81	327.10	932.39
(一)提取储蓄存款	元/人	169.19	86.30	244.22
(二)借入款	元/人	206.50	145.26	261.93
(三)收回借出款	元/人	108.06	58.22	153.17
(四)收回储蓄性保险本金	元/人			
(五)住房贷款	元/人	0.35	0.74	
(六)汽车贷款	元/人			
(七)教育贷款	元/人	6.45	3.28	9.32
(八)其他贷款	元/人	114.47	26.83	193.81
(九)其他借贷所得	元/人	33.56		63.93

12-7 居民家庭可支配收入

指　　标	单位	全体居民	城镇常住居民	农村牧区常住居民
可支配收入	元/人	22826.00	34101.00	12620.00
一、工资性收入	元/人	11759.19	20192.14	4125.79
(一)工资	元/人	10957.14	19415.44	3300.78
1.按月发放的工资	元/人	8285.51	15300.04	1936.04
2.补发工资	元/人	1196.56	2146.98	336.26
3.不按月发放的奖金、津贴、过节费等	元/人	1671.31	2348.90	1057.96
(二)实物福利	元/人	6.58	11.10	2.48
1.从单位或雇主得到的实物产品折价	元/人	6.24	10.42	2.46
(1)食品	元/人	6.19	10.32	2.46
①谷物、薯类及豆类	元/人	5.31	8.77	2.17
②食用油(植物油)	元/人	0.72	1.20	0.29
③蔬菜及制品	元/人			
④肉、禽、蛋、奶及制品	元/人	0.06	0.13	
⑤水产品及制品	元/人	0.10	0.20	
⑥糖、烟、酒、饮料类	元/人	0.07	0.15	
⑦干鲜瓜果类	元/人			
⑧其他类食品	元/人		0.01	
(2)衣着	元/人			
(3)居住	元/人			
(4)家庭设备和日用品	元/人	0.01		0.02
(5)交通、通信工具及用品	元/人			
(6)教育文化娱乐用品	元/人	0.05	0.09	0.01
(7)医疗保健用品	元/人			
(8)其他用品	元/人	0.05	0.11	
2.从单位或雇主得到的服务折价	元/人	0.32	0.68	
(1)免费或低价提供的工作餐	元/人			
(2)免费或低价提供的住宿	元/人			
(3)单位缴纳的水电费、取暖费、物业费等	元/人	0.26	0.54	
(4)免费或低价提供的交通和通信服务	元/人			
(5)单位缴纳的教育入学赞助费	元/人			
(6)免费或低价提供的旅游服务	元/人			
(7)其他服务	元/人	0.07	0.14	
3.单位或雇主实物福利报销所得	元/人			

12-7 续表 1

指　　标	单位	全体居民	城镇常住居民	农村牧区常住居民
(三)其他	元/人	1308.94	1846.30	822.53
1.住房公积金	元/人	271.99	544.43	25.38
2.辞退金	元/人	4.89	9.36	0.84
3.自由职业劳动所得(如稿费、翻译费)	元/人	16.98	35.52	0.20
4.安家费	元/人			
5.股票期权	元/人			
6.其他劳动所得	元/人	1014.95	1256.98	795.86
二、经营净收入	元/人	6833.72	7599.00	6141.00
(一)第一产业经营净收入	元/人	3829.96	2291.00	5223.00
1.农业	元/人	2352.05	1001.00	3575.00
2.林业	元/人	246.27	31.15	441.00
3.牧业	元/人	1247.96	1259.50	1237.51
4.渔业	元/人	-0.82	-0.65	-0.98
(二)第二产业经营净收入	元/人	498.63	981.00	62.00
1.采矿业	元/人	13.44	28.29	
2.制造业	元/人	165.22	347.74	0.01
3.电力、热力、燃气及水生产和供应业	元/人			
4.建筑业	元/人	320.05	605.14	61.99
(三)第三产业经营净收入	元/人	2505.52	4326.72	857.00
1.批发和零售业	元/人	1166.13	2199.88	230.39
2.交通运输、仓储和邮政业	元/人	367.36	543.03	208.35
3.住宿和餐饮业	元/人	368.30	765.22	9.02
4.房地产业	元/人	0.11	0.24	
5.租赁和商务服务业	元/人	61.52	92.46	33.51
6.居民服务、修理和其他服务业	元/人	305.97	598.31	41.35
7.其他	元/人	56.82	83.81	32.39
8.农林牧渔服务业	元/人	179.31	43.77	301.99
三、财产净收入	元/人	859.49	1598.00	191.00
(一)利息净收入	元/人	14.64	23.68	6.45
(二)红利收入	元/人	97.90	188.11	16.25
1.集体分配的红利	元/人			
2.其他红利收入	元/人	97.90	188.11	16.25
(三)储蓄性保险净收益	元/人	5.46	6.01	4.97
(四)转让承包土地经营权租金净收入	元/人	117.77	113.72	121.44
(五)出租房屋财产性收入	元/人	129.64	269.17	3.34
(六)出租机械、专利、版权等资产的收入	元/人	0.73		1.40
(七)其他财产净收入	元/人	36.11	34.88	37.23
(八)房屋虚拟租金	元/人	353.63	744.31	

12-7 续表2

指　　标	单位	全体居民	城镇常住居民	农村牧区常住居民
四、转移净收入	元/人	3373.55	4712.00	2162.00
(一)转移性收入	元/人	4265.91	6107.23	2599.16
1.养老金或离退休金	元/人	2300.98	4461.55	345.26
(1)离退休金	元/人	1972.50	3952.63	180.11
(2)(城镇)居民社会养老保险	元/人	84.12	154.84	20.11
(3)新型农村养老保险	元/人	105.15	109.82	100.93
(4)其他养老金	元/人	143.93	244.26	53.11
2.社会救济和补助	元/人	137.50	128.96	145.23
(1)最低生活保障费	元/人	64.75	73.91	56.46
(2)五保户救助金	元/人	5.65		10.76
(3)扶贫款	元/人	27.18	4.63	47.59
(4)救灾款	元/人	4.69	1.96	7.16
(5)抚恤金	元/人	17.74	34.82	2.28
(6)其他社会救济收入	元/人	17.39	13.42	20.99
3.政策性生活补贴	元/人	129.86	62.35	190.97
(1)家电补贴	元/人	3.17	4.18	2.25
(2)能源补贴	元/人	74.16	39.50	105.54
(3)免费或低价提供的住宿(廉租房)	元/人			
(4)其他生活补贴	元/人	53.01	19.67	83.18
4.报销医疗费	元/人	262.92	313.90	216.77
5.家庭外出从业人员寄回带回收入	元/人	310.64	310.90	310.40
6.赡养收入	元/人	88.41	88.41	88.41
7.其他经常转移收入	元/人	25.59	25.59	25.59
(1)失业保险金	元/人	0.35	0.73	
(2)经常性捐赠收入	元/人	4.76	6.38	3.29
(3)经常性赔偿收入	元/人			
(4)其他转移性收入	元/人	36.62	52.45	22.30

12-7 续表3

指　　标	单位	全体居民	城镇常住居民	农村牧区常住居民
8.从政府和组织得到的实物产品和服务折价	元/人	69.02	131.37	12.59
(1)食品	元/人	0.31	0.53	0.25
①谷物、薯类及豆类	元/人	0.13	0.37	0.20
②食用油(植物油)	元/人	0.04	0.05	0.05
③蔬菜及制品	元/人		0.02	
④肉、禽、蛋、奶及制品	元/人		0.01	
⑤水产品及制品	元/人	0.04		
⑥糖、烟、酒、饮料类	元/人		0.08	
⑦干鲜瓜果类	元/人			
⑧其他类食品	元/人			
(2)衣着	元/人	0.01		0.01
(3)居住	元/人	63.67	129.73	5.30
(4)家庭设备和日用品	元/人	0.72	0.15	1.23
(5)交通、通信工具及用品	元/人	0.01		0.03
(6)教育文化娱乐用品	元/人			
(7)医疗保健用品	元/人		0.01	
(8)其他用品	元/人	0.07	0.14	
(9)其他服务折价(不含廉租房)	元/人	3.31	0.81	5.52
9.现金政策性惠农补贴	元/人	832.96	355.33	1254.93
(二)转移性支出	元/人	887.54	1397.24	437.23
1.个人所得税	元/人	25.05	53.24	0.15
2.社会保障支出	元/人	783.85	1246.08	375.48
(1)个人缴纳的养老保险	元/人	516.69	901.05	177.12
(2)个人缴纳的医疗保险	元/人	235.70	289.44	188.23
(3)个人缴纳的失业保险	元/人	7.11	13.50	1.47
(4)其他社会保障支出	元/人	24.34	42.08	8.66
3.外来从业人员寄给家人的支出	元/人			
4.赡养支出	元/人	33.96	28.39	38.89
5.其他转移性支出	元/人	44.67	69.53	22.71
(1)经常性捐赠支出	元/人	17.54	37.40	
(2)经常性赔偿支出	元/人			
(3)其他经常转移支出	元/人	27.13	32.13	22.71

12-8 居民家庭总支出

指　　标	单位	全体居民	城镇常住居民	农村牧区常住居民
总支出	元/人	25143.00	27754.00	22798.00
一、消费支出	元/人	14902.00	18871.00	11687.00
二、生产经营费用支出	元/人	5174.07	4358.00	5907.00
(一)第一产业经营费用支出	元/人	3246.22	724.14	5511.36
1.农业	元/人	1998.67	494.23	3349.84
2.林业	元/人	29.83	5.37	51.80
3.牧业	元/人	1216.36	223.16	2108.37
4.渔业	元/人	1.36	1.38	1.35
(二)第二产业经营费用支出	元/人	337.89	697.11	15.27
1.采矿业	元/人	3.34	7.05	
2.制造业	元/人	70.90	149.84	
3.电力、热力、燃气及水生产和供应业	元/人			
4.建筑业	元/人	263.66	540.22	15.27
(三)第三产业经营费用支出	元/人	1581.45	2918.73	380.41
1.批发和零售业	元/人	681.54	1270.29	152.77
2.交通运输、仓储和邮政业	元/人	182.53	330.64	49.50
3.住宿和餐饮业	元/人	497.56	1051.56	
4.房地产业	元/人	1.19	2.51	
5.租赁和商务服务业	元/人	34.81	72.04	1.38
6.居民服务、修理和其他服务业	元/人	135.70	154.77	118.58
7.其他	元/人	24.41	42.04	8.58
8.农林牧渔服务业	元/人	29.12	5.33	50.48
三、财产性支出	元/人	34.78	15.96	51.68
(一)生活贷款利息支出	元/人	29.33	6.27	50.05
1.住房贷款利息支出	元/人	4.79	2.59	6.76
2.其他生活贷款利息支出	元/人	24.54	3.68	43.28
(二)其他财产性支出	元/人	5.43	9.69	1.61
1.非储蓄性财产保险支出	元/人	3.93	7.73	0.52
2.其他财产性支出	元/人	1.56	1.96	1.21

12-8 续表 1

指　　标	单位	全体居民	城镇常住居民	农村牧区常住居民
四、转移性支出	元/人	945.45	1434.45	506.26
(一)个人所得税	元/人	26.58	55.85	0.29
(二)社会保障支出	元/人	803.36	1271.80	382.65
1.个人缴纳的养老保险	元/人	553.62	962.25	186.62
2.个人缴纳的医疗保险	元/人	218.80	245.53	194.79
3.个人缴纳的失业保险	元/人	9.45	17.73	2.01
4.其他社会保障支出	元/人	26.27	45.26	9.22
1.城镇外来从业人员寄给家人的支出	元/人			
2.农村外来从业人员寄给家人的支出	元/人			
(三)外来从业人员寄给家人的支出	元/人			
(四)赡养支出	元/人	35.73	32.12	38.98
(五)其他转移性支出	元/人	48.07	74.69	24.16
五、部分商业保险支出	元/人	76.08	101.61	53.16
(一)意外伤害保险	元/人	6.57	6.22	6.89
(二)商业医疗保险(含大病保险)	元/人	37.16	65.59	11.63
(三)其他非储蓄性商业保险	元/人	10.50	5.86	14.66
(四)其他储蓄性商业保险	元/人	21.70	23.84	19.77
六、购置资产及非经常性转移支出	元/人	2635.37	1950.78	3250.22
(一)购置资产支出	元/人	1018.03	340.83	1626.23
1.建造住房支出	元/人	47.86	29.42	64.42
(1)建造住房材料	元/人	37.20	22.86	50.08
(2)建造住房雇工	元/人	7.82	6.55	8.96
2.购买住房支出	元/人	440.01	149.11	701.28
3.购建第一产业生产性固定资产	元/人	415.87	86.15	712.00
(1)购买或建造农业生产性用房	元/人	37.40	0.14	70.87
①购买用房建筑材料	元/人	17.79	0.17	33.62
②建筑农业生产用房雇工	元/人	5.80		11.01
③购买农业生产用房	元/人	5.92		11.23
④其他	元/人	7.91		15.01
(2)购买役畜	元/人	12.48	12.93	12.08
(3)购买产品畜	元/人	65.94	25.27	102.46
(4)购买或建造农业设施	元/人	106.75	20.88	183.88
①大棚、温室	元/人	37.30	17.90	54.73
②自备井	元/人	11.81	1.15	21.38
③喷灌设施	元/人	55.64		105.61
④其他农业设施	元/人	2.06	1.84	2.26

12-8 续表 2

指　　标	单位	全体居民	城镇常住居民	农村牧区常住居民
(5)购买农业机械	元/人	207.19	26.90	369.11
①大中型农用拖拉机	元/人	100.01		189.84
②小型(手扶)农用拖拉机	元/人	8.08	17.07	
③农用排灌动力机械	元/人	11.42		21.68
④插秧机	元/人			
⑤收割机	元/人	15.82		30.03
⑥脱粒机	元/人	1.18	0.43	1.86
⑦其他农业机械	元/人	70.68	9.41	125.70
4.购建第二产业生产性固定资产支出	元/人	5.11	10.79	
(1)采矿业	元/人			
(2)制造业	元/人	2.08	4.40	
(3)电力、热力、燃气及水生产和供应业	元/人	3.02	6.38	
(4)建筑业	元/人			
5.购建第三产业生产性固定资产支出	元/人	38.87	56.72	22.83
(1)批发和零售业	元/人	12.69	4.19	20.32
(2)交通运输、仓储和邮政业	元/人	23.79	50.27	
(3)住宿和餐饮业	元/人	0.51	1.07	
(4)房地产业	元/人	0.01	0.03	
(5)租赁和商务服务业	元/人	0.89		1.69
(6)居民服务、修理和其他服务业	元/人	0.56	0.28	0.82
(7)其他	元/人	0.42	0.88	
6.购建其他资产支出	元/人	8.44	8.64	8.26
(二)非经常性转移支出	元/人	1578.33	1527.49	1623.99
1.博彩支出	元/人	1.35	2.32	0.48
2.婚丧嫁娶礼金支出	元/人	1100.45	1099.04	1101.72
3.一次性赔偿支出	元/人	0.71	0.98	0.46
4.一次性馈赠支出	元/人	454.96	481.57	431.06
5.婚丧嫁娶宴请支出	元/人	4.59	5.74	3.56
6.其他非经常性转移支出	元/人	55.85	21.48	86.71
七、借贷性支出	元/人	928.77	491.03	1321.91
(一)存入储蓄款	元/人	54.50	42.70	65.10
(二)借出款	元/人	55.58	7.05	99.17
(三)归还借款	元/人	501.09	130.78	833.68
(四)购买有价证券	元/人			
(五)其他投资支出	元/人	1.39	2.94	
(六)归还住房贷款	元/人	150.91	240.72	70.24
(七)归还汽车贷款	元/人	10.45	22.09	
(八)归还教育贷款	元/人	4.76	10.05	
(九)归还其他贷款	元/人	130.93	15.67	234.45
(十)其他借贷支出	元/人	19.15	19.02	19.27

12-9 居民家庭消费支出

指　　标	单位	全体居民	城镇常住居民	农村牧区常住居民
消费支出	元/人	14902.00	18871.00	11687.00
(一)食品烟酒	元/人	3973.39	4901.00	3222.00
1.食品	元/人	3161.62	3782.11	2659.00
(1)谷物	元/人	713.84	699.65	725.33
(2)薯类	元/人	33.27	40.21	27.64
(3)豆类	元/人	52.46	56.32	49.33
(4)食用油	元/人	97.26	120.73	78.25
(5)蔬菜和食用菌	元/人	351.87	478.51	249.29
(6)肉类	元/人	845.06	948.20	761.52
(7)禽类	元/人	123.89	186.99	72.77
(8)水产品	元/人	113.39	154.00	80.50
(9)蛋类	元/人	92.98	98.61	88.42
(10)奶类	元/人	168.77	222.37	125.36
(11)干鲜瓜果类	元/人	353.94	487.34	245.88
(12)糖果糕点类	元/人	82.65	88.12	78.22
(13)其他食品	元/人	97.98	201.06	14.49
2.烟酒	元/人	380.44	391.94	371.13
(1)烟草	元/人	189.93	197.21	184.03
(2)酒类	元/人	190.51	194.73	187.10
3.饮料	元/人	64.45	90.36	43.46
4.饮食服务	元/人	401.46	636.59	211.00
(1)食堂用餐	元/人	25.67	37.13	16.38
(2)其他在外饮食	元/人	371.49	599.24	187.01
(3)食品加工服务费	元/人	5.65	3.22	7.61
(二)衣着	元/人	1243.39	1792.00	799.00
1.衣类	元/人	945.50	1348.11	619.38
2.鞋类	元/人	296.99	441.89	179.62
(三)居住	元/人	2692.65	3792.19	1802.00
1.租赁房房租	元/人	92.89	187.78	16.03
2.住房维修及管理	元/人	452.13	501.65	412.01
3.水电燃料及其他	元/人	1030.62	1351.75	770.49
4.自有住房折算租金	元/人	1117.02	1751.01	603.47

12-9 续表

指　　标	单位	全体居民	城镇常住居民	农村牧区常住居民
(四)生活用品及服务	元/人	963.39	1312.00	681.00
1.家具及室内装饰品	元/人	226.40	273.91	187.92
2.家用器具	元/人	224.74	305.46	159.36
3.家用纺织品	元/人	112.36	173.10	63.15
4.家庭日用杂品	元/人	235.49	302.47	181.24
5.个人用品	元/人	129.96	206.05	68.32
6.家庭服务	元/人	34.44	51.02	21.01
#家政服务	元/人	20.62	32.42	11.06
(五)交通通信	元/人	2219.44	2657.00	1865.00
1.交通	元/人	1421.62	1652.00	1235.00
(1)交通工具	元/人	631.95	793.01	501.49
(2)交通费	元/人	173.30	199.42	152.14
(3)交通工具用燃料	元/人	389.40	386.05	392.12
(4)交通工具使用及维修	元/人	227.06	273.74	189.25
#车辆保险支出	元/人	55.38	74.63	39.79
2.通信	元/人	797.83	1005.00	630.01
(1)通信工具	元/人	273.75	350.55	211.54
(2)通信服务	元/人	524.08	654.45	418.47
(六)教育文化娱乐	元/人	1913.42	2188.00	1691.00
1.教育	元/人	1395.59	1521.00	1294.00
(1)学前教育	元/人	86.79	96.67	78.78
(2)小学教育	元/人	119.93	132.99	109.35
(3)初中教育	元/人	151.28	127.48	170.55
(4)高中教育	元/人	241.31	188.70	283.92
(5)中专职高教育	元/人	33.10	24.38	40.16
(6)大专及以上教育	元/人	701.52	887.33	551.00
(7)成人教育	元/人	60.05	63.40	57.33
2.文化娱乐	元/人	517.83	667.00	397.00
(1)文娱耐用消费品	元/人	142.73	149.80	137.01
(2)其他文娱用品	元/人	165.31	173.01	159.08
(3)文化娱乐服务	元/人	209.90	344.20	101.11
(七)医疗保健	元/人	1551.63	1745.00	1395.00
1.医疗器具及药品	元/人	645.65	791.54	527.48
2.医疗服务	元/人	905.98	953.46	867.52
(1)门诊总费用	元/人	260.55	332.15	202.55
(2)住院总费用	元/人	645.43	621.31	664.97
(八)其他用品和服务	元/人	344.78	484.00	232.00
1.其他用品	元/人	222.91	286.11	171.72
2.其他服务	元/人	121.86	197.89	60.28

12-10　居民家庭购买商品及服务情况

指　　标	单位	全体居民	城镇常住居民	农村牧区常住居民
一、购买生活消费品及服务	元/人	15777.07	19559.37	12713.31
(一)食品烟酒	元/人	4014.18	5110.47	3126.16
1.食品	元/人	2750.02	3358.03	2257.52
(1)谷物	元/人	511.43	483.64	533.94
①小麦	公斤/人	1.11	0.09	1.94
金额	元/人	2.96	0.25	5.16
②面粉	公斤/人	30.75	24.52	35.79
金额	元/人	122.93	101.30	140.45
③稻谷	公斤/人	0.52	0.18	0.80
金额	元/人	2.16	0.39	3.59
④大米	公斤/人	46.57	40.62	51.39
金额	元/人	225.84	200.30	246.52
⑤玉米	公斤/人	1.18	1.90	0.59
金额	元/人	3.63	5.81	1.87
⑥小米	公斤/人	1.84	2.59	1.24
金额	元/人	14.11	19.94	9.38
⑦其他谷物	公斤/人	2.01	1.26	2.61
金额	元/人	11.65	7.51	15.00
⑧面粉制品	公斤/人	19.17	22.26	16.67
金额	元/人	100.77	117.71	87.05
⑨其他谷物制品	公斤/人	3.78	3.93	3.65
金额	元/人	27.39	30.43	24.92
(2)薯类	公斤/人	13.41	15.41	11.79
金额	元/人	42.03	50.32	35.32
①红薯	公斤/人	2.48	3.45	1.70
金额	元/人	7.91	11.32	5.14
②马铃薯	公斤/人	9.43	10.31	8.71
金额	元/人	20.69	24.33	17.75
③其他薯类及制品	公斤/人	1.51	1.66	1.38
金额	元/人	13.43	14.67	12.42

12-10　续表 1

指　　标	单位	全体居民	城镇常住居民	农村牧区常住居民
(3)豆类	公斤/人	12.14	9.91	13.95
金额	元/人	52.14	42.44	60.00
①大豆	公斤/人	2.68	0.43	4.50
金额	元/人	11.24	2.25	18.53
②其他豆类及制品	公斤/人	9.46	9.48	9.45
金额	元/人	40.78	39.92	41.47
(4)食用油	公斤/人	6.88	7.11	6.69
金额	元/人	84.37	90.65	79.29
①食用植物油	公斤/人	6.56	6.86	6.32
金额	元/人	80.56	87.89	74.62
②食用动物油	公斤/人	0.31	0.24	0.38
金额	元/人	3.82	2.76	4.67
(5)蔬菜和食用菌	公斤/人	98.86	114.98	85.81
金额	元/人	282.53	366.93	214.17
①鲜菜	公斤/人	95.46	110.13	83.58
金额	元/人	255.97	328.58	197.15
②干菜及菜制品	公斤/人	1.96	2.71	1.36
金额	元/人	9.69	13.60	6.53
③鲜菌	公斤/人	1.27	1.93	0.74
金额	元/人	9.64	14.52	5.69
④干菌及制品	公斤/人	0.16	0.21	0.12
金额	元/人	7.23	10.23	4.80
(6)肉类	公斤/人	22.11	26.42	18.61
金额	元/人	597.73	769.44	458.64
①猪肉	公斤/人	14.81	16.17	13.71
金额	元/人	315.49	359.24	280.05
②牛肉	公斤/人	2.00	2.86	1.30
金额	元/人	97.10	137.48	64.39
③羊肉	公斤/人	2.18	3.12	1.42
金额	元/人	104.72	151.94	66.47
④其他肉类及制品	公斤/人	3.12	4.28	2.18
金额	元/人	80.43	120.79	47.73

12-10 续表2

指　　标	单位	全体居民	城镇常住居民	农村牧区常住居民
(7)禽类	公斤/人	5.51	6.88	4.40
金额	元/人	108.83	145.93	78.77
①鸡	公斤/人	3.71	4.47	3.09
金额	元/人	68.90	89.53	52.19
②鸭	公斤/人	0.08	0.11	0.06
金额	元/人	1.40	2.07	0.85
③鹅	公斤/人	0.04	0.04	0.04
金额	元/人	0.95	0.90	0.99
④其他禽类及制品	公斤/人	1.68	2.26	1.21
金额	元/人	37.58	53.43	24.74
(8)水产品	公斤/人	6.66	8.05	5.53
金额	元/人	111.80	152.99	78.44
①鱼类	公斤/人	5.49	6.21	4.91
金额	元/人	79.46	97.98	64.46
②虾类	公斤/人	0.34	0.56	0.17
金额	元/人	14.21	23.17	6.96
③蟹类	公斤/人	0.10	0.19	0.03
金额	元/人	6.58	13.43	1.04
④贝类	公斤/人	0.09	0.18	0.02
金额	元/人	1.57	3.16	0.28
⑤藻类	公斤/人	0.25	0.35	0.17
金额	元/人	2.49	3.56	1.63
⑥其他水产品及制品	公斤/人	0.37	0.55	0.23
金额	元/人	7.47	11.68	4.06
(9)蛋类	公斤/人	11.52	14.20	9.34
金额	元/人	96.58	118.52	78.81
①鲜蛋	公斤/人	11.32	13.85	9.27
金额	元/人	94.54	115.10	77.88
②蛋制品	公斤/人	0.16	0.26	0.07
金额	元/人	2.04	3.42	0.93

12-10 续表3

指 标	单位	全体居民	城镇常住居民	农村牧区常住居民
(10)奶类	公斤/人	18.46	22.65	15.06
金额	元/人	208.47	271.14	157.71
①鲜奶	公斤/人	13.94	16.08	12.21
金额	元/人	106.42	122.90	93.07
②酸奶	公斤/人	3.12	4.94	1.65
金额	元/人	29.69	46.99	15.67
③奶粉	公斤/人	0.44	0.56	0.35
金额	元/人	47.77	73.82	26.67
④其他奶制品	公斤/人	0.94	1.07	0.84
金额	元/人	24.60	27.43	22.30
(11)干鲜瓜果类	公斤/人	75.18	91.68	61.81
金额	元/人	408.06	560.39	284.67
①鲜瓜果	公斤/人	69.13	84.38	56.78
金额	元/人	328.94	455.76	226.21
②瓜果制品	公斤/人	1.93	2.63	1.36
金额	元/人	20.53	28.95	13.71
③坚果类	公斤/人	4.12	4.67	3.67
金额	元/人	58.59	75.68	44.75
(12)糖果糕点类	公斤/人	6.95	7.55	6.47
金额	元/人	96.92	120.48	77.84
①食糖	公斤/人	1.20	1.07	1.31
金额	元/人	8.42	7.35	9.28
②糖果	公斤/人	0.60	0.70	0.51
金额	元/人	11.04	13.73	8.86
③糕点	公斤/人	4.84	5.32	4.45
金额	元/人	72.22	91.64	56.49
④其他糖果糕点	公斤/人	0.31	0.46	0.19
金额	元/人	5.25	7.77	3.21
(13)其他食品	元/人	149.13	185.18	119.92
①调味品	元/人	74.76	80.61	70.03
②其他食品	元/人	74.36	104.57	49.89
2.饮料	元/人	86.39	108.39	68.57
①茶叶	公斤/人	0.18	0.17	0.19
金额	元/人	14.65	18.56	11.48
②咖啡	元/人	0.73	1.47	0.13
③其他固体饮料	元/人	8.35	9.31	7.58
④瓶装饮用水	元/人	10.77	13.33	8.69
⑤果汁饮料	元/人	9.63	11.92	7.77
⑥其他液体饮料	元/人	42.26	53.81	32.91

12-10 续表4

指　　标	单位	全体居民	城镇常住居民	农村牧区常住居民
3.烟酒	元/人	440.25	395.57	476.44
(1)烟草	元/人	246.22	205.30	279.36
①卷烟	盒/人	27.02	18.64	33.80
金额	元/人	244.82	204.90	277.16
②烟丝、烟叶	公斤/人	0.07	0.03	0.10
金额	元/人	1.39	0.40	2.20
(2)酒类	元/人	194.03	190.27	197.08
①啤酒	公斤/人	15.74	11.62	19.07
金额	元/人	74.37	58.92	86.88
②白酒	公斤/人	5.48	3.83	6.82
金额	元/人	113.89	121.45	107.77
③果酒	公斤/人	0.09	0.15	0.05
金额	元/人	4.89	8.91	1.63
④其他酒	元/人	0.89	0.99	0.80
4.饮食服务	元/人	743.04	1248.47	333.63
(1)食堂用餐	元/人	46.02	53.35	40.08
(2)其他在外饮食	元/人	691.29	1193.35	284.60
(3)食品加工服务费	元/人	5.74	1.77	8.95
(二)衣着	元/人	1322.59	2007.01	768.19
1.衣类	元/人	1060.85	1629.80	599.98
(1)服装	元/人	1012.27	1568.51	561.70
(2)服装材料	元/人	4.16	2.82	5.25
(3)其他衣类及配件	元/人	40.87	53.23	30.85
(4)衣类加工服务费	元/人	3.55	5.25	2.18
2.鞋类	元/人	261.74	377.21	168.21
(1)鞋	双/人	2.77	3.03	2.56
金额	元/人	260.23	375.08	167.19
(2)鞋类配件及加工服务费	元/人	1.52	2.13	1.02

12-10 续表5

指　　标	单位	全体居民	城镇常住居民	农村牧区常住居民
(三)居住	元/人	1731.14	1994.90	1517.48
1.租赁房房租	元/人	85.36	143.15	38.54
(1)租赁公房房租	元/人	4.01	6.79	1.76
(2)租赁私房房租	元/人	81.34	136.36	36.78
2.住房维修及管理	元/人	699.10	704.99	694.33
(1)住房装潢	元/人	345.16	406.63	295.37
(2)住房维修	元/人	275.06	162.05	366.60
(3)物业管理费	元/人	61.18	127.25	7.67
(4)其他	元/人	17.70	9.07	24.69
3.水电燃料及其他	元/人	907.73	1096.75	754.62
(1)水	吨/人	22.82	27.88	18.72
金额	元/人	47.77	70.22	29.58
(2)电	度/人	503.63	527.00	484.70
金额	元/人	260.55	273.63	249.96
(3)燃料	元/人	363.46	240.96	462.68
①柴	公担/人	0.05	0.01	0.09
金额	元/人	1.15	0.22	1.91
②草	公担/人	0.02		0.03
金额	元/人	0.29		0.53
③煤炭	公斤/人	507.83	228.34	734.22
金额	元/人	287.60	132.81	412.99
④沼气	立方米/人	0.02		0.04
金额	元/人	0.11		0.19
⑤管道天然气	立方米/人	2.25	4.64	0.32
金额	元/人	9.88	20.75	1.08
⑥管道煤气	立方米/人	0.93	1.70	0.31
金额	元/人	4.59	8.95	1.05
⑦管道液化石油气	立方米/人	0.41	0.84	0.07
金额	元/人	2.21	4.55	0.32
⑧罐装液化石油气	公斤/人	8.83	9.91	7.96
金额	元/人	54.21	68.27	42.82
⑨汽油(生活燃料)	升/人	0.21	0.41	0.04
金额	元/人	1.47	2.89	0.32
⑩柴油(生活燃料)	升/人	0.24	0.37	0.13
金额	元/人	1.57	2.40	0.90
⑪其他油(生活燃料)	升/人	0.05		0.08
金额	元/人	0.29		0.53
⑫其他生活燃料	元/人	0.08	0.12	0.04

12-10 续表6

指　　标	单位	全体居民	城镇常住居民	农村牧区常住居民
(4)取暖费	元/人	215.30	458.81	18.05
(5)其他	元/人	37.23	53.13	24.35
(四)生活用品及服务	元/人	923.43	1342.65	583.85
1.家具及室内装饰品	元/人	176.26	273.58	97.42
(1)家具	元/人	146.76	226.35	82.29
(2)家具材料	元/人	13.32	22.86	5.59
(3)室内装饰品	元/人	16.17	24.37	9.53
2.家用器具	元/人	184.82	257.98	125.55
(1)耐用消费品	元/人	147.02	209.07	96.76
①洗衣机	台/人	0.01	0.02	0.01
金额	元/人	23.95	39.49	11.36
②电冰箱(柜)	台/人	0.02	0.02	0.02
金额	元/人	33.40	32.69	33.98
③空调器	台/人	0.01	0.01	
金额	元/人	19.27	35.88	5.81
④吸尘器	台/人	0.01	0.01	
金额	元/人	1.39	3.00	0.09
⑤抽油烟机	台/人		0.01	
金额	元/人	5.21	8.92	2.20
⑥微波炉	台/人			
金额	元/人	1.41	2.10	0.85
⑦非太阳能热水器	台/人	0.01	0.01	
金额	元/人	8.96	14.94	4.12
⑧太阳能热水器	台/人			
金额	元/人	2.91	4.95	1.25
⑨燃气炉具	套/人	0.03	0.02	0.03
金额	元/人	12.63	15.17	10.57
⑩太阳能炉具	套/人			
金额	元/人	0.25		0.45
⑪洗碗机	台/人			
金额	元/人	0.38	0.86	
⑫消毒碗柜	台/人			
金额	元/人			
⑬其他	元/人	47.17	73.18	26.10
(2)小家电	元/人	37.79	48.91	28.79

12-10 续表 7

指　　标	单位	全体居民	城镇常住居民	农村牧区常住居民
3.家用纺织品	元/人	89.68	132.71	54.83
(1)床上用品	元/人	60.83	94.09	33.88
(2)窗帘门帘	元/人	20.55	24.10	17.68
(3)其他家用纺织品	元/人	8.30	14.52	3.27
4.家庭日用杂品	元/人	224.80	260.25	196.09
(1)洗涤及卫生用品	元/人	47.82	60.18	37.80
(2)厨具、餐具、茶具	元/人	35.29	48.57	24.53
(3)家用手工工具	元/人	7.15	5.12	8.80
(4)其他	元/人	134.54	146.37	124.95
5.个人用品	元/人	205.68	342.95	94.49
(1)化妆品	元/人	142.10	248.12	56.22
(2)其他个人用品	元/人	63.58	94.83	38.27
6.家庭服务	元/人	42.19	75.18	15.47
(1)家政服务	元/人	23.86	50.64	2.17
(2)家庭设备修理费	元/人	18.33	24.55	13.30
(五)交通通信	元/人	2852.55	3399.17	2409.77
1.交通	元/人	2229.51	2662.47	1878.80
(1)交通工具	元/人	1023.70	1247.59	842.35
①汽车	辆/人	0.01	0.01	0.01
金额	元/人	919.68	1178.23	710.25
②摩托车	辆/人			0.01
金额	元/人	29.95	8.85	47.04
③自行车	辆/人	0.01	0.01	0.01
金额	元/人	4.61	7.03	2.65
④电动自行车	辆/人	0.02	0.02	0.02
金额	元/人	54.39	48.54	59.13
⑤其他交通工具	元/人	15.07	4.94	23.28
(2)交通费	元/人	252.29	311.37	204.43
①飞机	元/人	41.27	79.89	9.98
②火车	元/人	50.79	81.52	25.90
③长途汽车	元/人	44.15	43.55	44.64
④市内公共交通	元/人	18.93	18.94	18.93
⑤出租汽车费	元/人	93.01	83.10	101.04
⑥其他交通费	元/人	4.13	4.37	3.94

12-10 续表8

指 标	单位	全体居民	城镇常住居民	农村牧区常住居民
(3)交通工具用燃料	元/人	659.14	760.83	576.76
①汽油	升/人	0.21	0.41	0.04
金额	元/人	580.68	726.27	462.74
②柴油	升/人	0.24	0.37	0.13
金额	元/人	61.26	15.68	98.18
③其他燃料和润滑剂	元/人	17.20	18.88	15.84
(4)交通工具使用及维修	元/人	294.39	342.68	255.27
①交通工具零配件和维修	元/人	219.39	241.52	201.47
②停车费	元/人	1.57	3.23	0.22
③车辆使用税费(含过桥过路费)	元/人	49.14	69.63	32.55
④其他	元/人	24.44	28.31	21.30
2.通信	元/人	623.04	736.70	530.97
(1)通信工具	元/人	219.96	274.72	175.61
①电话机	部/人			
金额	元/人	0.23	0.44	0.06
②移动电话机	部/人	0.13	0.14	0.12
金额	元/人	210.33	261.24	169.10
③其他通信工具及零配件	元/人	9.40	13.04	6.45
(2)通信服务	元/人	403.07	461.97	355.36
①固定电话费	元/人	6.07	6.35	5.85
②移动电话费	元/人	301.62	348.76	263.44
③上网费	元/人	87.87	97.14	80.37
④邮费	元/人	4.09	5.78	2.73
⑤其他通信服务费	元/人	3.40	3.94	2.97
(六)教育文化娱乐	元/人	2180.15	2548.55	1881.74
1.教育	元/人	1681.56	1787.38	1595.85
(1)学前教育	元/人	174.66	286.22	84.30
①教育用品	元/人	4.81	6.74	3.25
②学杂费	元/人	102.20	169.45	47.73
③培训费	元/人	26.98	56.32	3.22
④赞助费	元/人			
⑤一揽子教育服务(含食宿)	元/人	37.20	47.56	28.80
⑥其他费用	元/人	3.48	6.15	1.31

12-10 续表 9

指　标	单位	全体居民	城镇常住居民	农村牧区常住居民
(2)小学教育	元/人	151.27	200.82	111.14
①教育用品	元/人	24.04	32.29	17.36
②学杂费	元/人	24.99	31.61	19.62
③培训费	元/人	59.31	112.71	16.06
④赞助费	元/人	0.94	2.11	
⑤一揽子教育服务(含食宿)	元/人	35.23	13.69	52.67
⑥其他费用	元/人	6.95	8.84	5.42
(3)初中教育	元/人	176.47	214.56	145.62
①教育用品	元/人	27.17	30.39	24.56
②学杂费	元/人	69.08	91.12	51.23
③培训费	元/人	34.46	62.42	11.81
④赞助费	元/人	0.66	1.25	0.19
⑤一揽子教育服务(含食宿)	元/人	41.67	24.80	55.34
⑥其他费用	元/人	3.43	4.58	2.50
(4)高中教育	元/人	256.42	169.69	326.68
①教育用品	元/人	13.42	11.94	14.61
②学杂费	元/人	26.54	20.99	31.03
③培训费	元/人	39.51	52.66	28.85
④赞助费	元/人	6.12	5.72	6.44
⑤一揽子教育服务(含食宿)	元/人	160.33	68.37	234.82
⑥其他费用	元/人	10.52	10.02	10.93
(5)中专职高教育	元/人	22.47	14.88	28.62
①教育用品	元/人	0.07	0.16	
②学杂费	元/人	6.02	3.65	7.94
③培训费	元/人			
④一揽子教育服务(含食宿)	元/人	9.35	6.45	11.69
⑤其他费用	元/人	7.03	4.62	8.99
(6)大专及以上教育	元/人	813.64	817.02	810.90
①教育用品	元/人	5.12	5.66	4.68
②学杂费	元/人	245.26	282.00	215.50
③培训费	元/人	21.66	40.67	6.27
④一揽子教育服务(含食宿)	元/人	525.90	474.60	567.45
⑤其他费用	元/人	15.69	14.09	16.99
(7)成人教育	元/人	86.62	84.19	88.58
①教育用品	元/人	5.80	1.71	9.12
②培训费	元/人	62.37	59.35	64.82
③其他费用	元/人	18.44	23.13	14.64

12-10 续表10

指　　标	单位	全体居民	城镇常住居民	农村牧区常住居民
2.文化娱乐	元/人	498.59	761.17	285.89
(1)文娱耐用消费品	元/人	93.56	139.68	56.21
①组合音响	台/人			
金额	元/人	0.88	1.97	
②彩色电视机	台/人	0.01	0.01	0.01
金额	元/人	22.71	27.60	18.75
③影碟机	台/人			
金额	元/人			
④摄像机	台/人			
金额	元/人			
⑤照相机	台/人			
金额	元/人	1.50	3.35	
⑥家用台式电脑	台/人			
金额	元/人	5.18	8.51	2.49
⑦家用笔记本电脑	台/人		0.01	
金额	元/人	24.69	40.92	11.55
⑧中高档乐器	元/人	15.18	33.93	
⑨健身器材	元/人	0.96	2.10	0.04
⑩其他文娱耐用消费品	元/人	14.56	11.31	17.19
⑪文娱耐用消费品的零配件及维修	元/人	8.12	10.52	6.18
(2)其他文娱用品	元/人	228.10	284.94	182.05
①书、报、杂志及音像制品	元/人	27.25	50.32	8.57
②文具纸张	元/人	26.08	37.43	16.88
③体育户外用品	元/人	8.11	14.39	3.02
④游戏用品和玩具	元/人	33.22	57.17	13.82
⑤园艺花卉及有关产品	元/人	19.95	18.83	20.85
⑥宠物及有关产品	元/人	7.47	13.61	2.49
⑦其他文娱用品及维修	元/人	106.02	93.19	116.41
(3)文化娱乐服务	元/人	176.93	336.56	47.62
①团体旅游	元/人	91.10	180.22	18.91
②景点门票	元/人	25.51	52.01	4.04
③体育健身活动	元/人	8.92	15.21	3.83
④电影、话剧、演出票	元/人	7.54	15.64	0.97
⑤有线电视费	元/人	19.58	29.45	11.59
⑥其他文化娱乐服务	元/人	24.27	44.02	8.28

12-10 续表11

指　　标	单位	全体居民	城镇常住居民	农村牧区常住居民
（七）医疗保健	元/人	2398.27	2623.32	2215.97
1.医疗器具及药品	元/人	809.54	952.81	693.48
（1）药品	元/人	741.22	834.38	665.76
（2）滋补保健品	元/人	56.14	104.14	17.26
（3）医疗卫生器具	元/人	7.24	6.15	8.13
（4）保健器具	元/人	4.93	8.13	2.34
2.医疗服务	元/人	1588.74	1670.52	1522.49
（1）门诊医疗总费用	元/人	539.47	639.84	458.17
（2）住院医疗总费用	元/人	1049.27	1030.68	1064.32
（八）其他用品和服务	元/人	371.62	583.30	200.15
1.其他用品	元/人	189.65	296.79	103.19
（1）首饰及手表	元/人	111.00	190.54	46.82
（2）其他杂项用品	元/人	77.31	103.25	56.37
2.其他服务	元/人	181.61	286.50	96.96
（1）旅馆住宿费	元/人	39.23	74.19	11.01
（2）美容美发洗浴	元/人	78.02	135.98	31.25
（3）其他杂项服务	元/人	64.36	76.34	54.70
二、购买生产资料、服务及固定资产				
（一）购买农林牧渔业生产资料	元/人	6241.43	2207.88	9496.42
1.农业	元/人	3112.48	560.82	5171.62
（1）农业用种子、种苗	元/人	404.61	78.71	667.60
①小麦	公斤/人	0.59	0.27	0.85
金额	元/人	1.30	0.75	1.74
②稻谷	公斤/人	0.16	0.01	0.28
金额	元/人	1.66	0.20	2.84
③玉米	公斤/人	8.53	1.29	14.38
金额	元/人	204.06	44.43	332.87
④其他种子	公斤/人	5.22	0.34	9.16
金额	元/人	142.13	9.79	248.92
⑤其他种苗	元/人	55.47	23.53	81.24

12-10 续表12

指　标	单位	全体居民	城镇常住居民	农村牧区常住居民
(2)农业用役畜饲料	元/人	15.42	16.17	14.82
(3)农业用其他生产资料	公斤/人	1350.70	267.41	2228.20
①化肥	元/人	291.58	47.30	489.46
金额	公斤/人	830.97	159.63	1374.77
②微量元素肥	元/人	7.32	6.17	8.26
③饼肥	公斤/人	0.40	0.13	0.61
金额	元/人	0.42	0.18	0.61
④农药	公斤/人	91.67	23.75	146.68
⑤薄膜	元/人	8.96	1.24	15.21
金额	公斤/人	120.83	16.36	205.46
⑥汽油	升/人	1.55	0.12	2.70
金额	元/人	9.47	0.77	16.52
⑦柴油	升/人	20.13	2.34	34.54
金额	元/人	115.96	13.38	199.06
⑧铁木农具	元/人	9.28	1.36	15.70
⑨其他	元/人	164.78	45.81	261.14
(4)农业用其他生产费用	元/人	1338.04	198.64	2260.99
①农业生产经营雇工	个/人	2.35	0.57	3.79
金额	元/人	364.52	43.69	624.40
②承包耕地使用权费用	元/人	368.40	62.33	616.32
③借、贷款利息	元/人	20.41	6.49	31.69
④排灌费	元/人	68.90	7.80	118.40
⑤机耕机收费	元/人	367.55	60.28	616.44
⑥农业生产用电	度/人	47.51	8.25	79.31
金额	元/人	27.69	4.38	46.57
⑦其他费用	元/人	120.57	13.67	207.17

12-10 续表13

指　　标	单位	全体居民	城镇常住居民	农村牧区常住居民
2.林业	元/人	49.86	4.26	86.79
(1)林业用种子、种苗	元/人	1.58	1.02	2.03
①树种	公斤/人	0.02		0.03
金额	元/人	0.04		0.07
②树苗	株/人	1.02	0.49	1.45
金额	元/人	1.54	1.02	1.96
(2)林业用役畜饲料	元/人	0.98		1.78
(3)林业用其他生产资料	元/人	16.28	3.24	26.84
①化肥	公斤/人	0.75	0.02	1.35
金额	元/人	1.63	0.07	2.90
②微量元素肥	元/人			
③饼肥	公斤/人			
金额	元/人			
④农药	元/人	1.32	0.55	1.95
⑤薄膜	公斤/人	0.04	0.05	0.04
金额	元/人	0.93	1.47	0.49
⑥汽油	升/人			
金额	元/人			
⑦柴油	升/人	0.11	0.08	0.13
金额	元/人	0.61	0.45	0.74
⑧铁木农具	元/人	0.29	0.64	0.01
⑨其他	元/人	11.49	0.06	20.75
(4)林业用其他生产费用	元/人	31.02		56.14
①林业生产经营雇工	个/人	0.02		0.04
金额	元/人	30.98		56.07
②承包林地使用权费用	元/人			
③借、贷款利息	元/人			
④林业生产用电	度/人	0.08		0.14
金额	元/人	0.04		0.07
⑤其他费用	元/人			

12-10 续表 14

指 标	单位	全体居民	城镇常住居民	农村牧区常住居民
3.牧业	元/人	3073.40	1642.46	4232.50
(1)幼畜、种蛋	元/人	887.60	537.38	1171.29
①仔、幼畜	头/人	0.31	0.03	0.53
金额	元/人	114.89	25.14	187.59
②育肥周转畜	头/人	0.17	0.09	0.24
金额	元/人	747.15	498.14	948.85
③仔、幼小动物	只/人	0.03	0.01	0.04
金额	元/人	7.84	1.47	13.00
④仔、幼禽	只/人	3.01	3.51	2.61
金额	元/人	17.72	12.63	21.85
⑤种蛋	公斤/人			
金额	元/人			
(2)牧业用役畜饲料	元/人	1646.65	875.20	2271.55
①小麦	元/人	4.46	0.30	7.83
金额	公斤/人	13.37	0.78	23.57
②稻谷	元/人	0.77		1.40
金额	公斤/人	3.19	0.01	5.77
③玉米	元/人	313.89	213.44	395.26
金额	公斤/人	576.55	402.79	717.30
④其他饲料	元/人	460.09	162.71	700.98
金额	公斤/人	1053.53	471.61	1524.90
(3)牧业用其他生产资料	元/人	106.10	37.50	161.67
①兽药	元/人	63.02	21.90	96.32
②汽油	升/人	0.16	0.01	0.28
金额	元/人	1.11	0.08	1.94
③柴油	升/人	2.39	0.20	4.16
金额	元/人	14.84	1.10	25.97
④铁木农具	元/人	1.77	0.08	3.14
⑤其他	元/人	25.36	14.34	34.29
(4)牧业用其他生产费用	元/人	433.05	192.39	627.99
①牧业生产经营雇工	个/人	0.65	0.17	1.03
金额	元/人	103.92	14.95	175.98
②承包牧草地使用权费用	元/人	85.81	10.62	146.72
③借、贷款利息	元/人	46.79	3.18	82.12
④畜、禽防疫费	元/人	14.85	1.05	26.03
⑤牧业生产用电	度/人	8.48	3.63	12.41
金额	元/人	4.19	1.62	6.28
⑤其他费用	元/人	177.46	160.96	190.83

12-10 续表15

指　　标	单位	全体居民	城镇常住居民	农村牧区常住居民
(二)购建农业生产性固定资产	元/人	1294.78	480.68	1954.23
1.购买或建造农业生产性用房	元/人	205.27	57.17	325.23
(1)建筑生产用建筑物材料	元/人	128.84	52.38	190.77
(2)建筑农业生产用房雇工	元/人	65.24	3.89	114.93
(3)购买农业生产用房	元/人	7.62		13.79
(4)其他	元/人	3.21	0.09	5.74
2.购买役畜	头/人	0.01		0.01
金额	元/人	43.28	11.36	69.13
3.购买产品畜	头/人	0.02	0.01	0.03
金额	元/人	182.86	165.56	196.88
4.购买或建造农业设施	元/人	279.82	24.56	486.59
(1)大棚、温室	元/人	231.76		419.49
(2)自备井	元/人	14.04	2.92	23.05
(3)喷灌设施	元/人	18.06	7.31	26.77
(4)其他	元/人	15.96	14.33	17.28
5.购买农业机械	元/人	583.58	222.03	876.44
(1)大中型农用拖拉机	台/人			
金额	元/人	191.28		346.22
(2)小型(手扶)农用拖拉机	台/人			
金额	元/人	31.57	23.70	37.95
(3)农用排灌动力机械	台/人			
金额	元/人	3.62		6.55
(4)插秧机	台/人			
金额	元/人	3.47		6.28
(5)收割机	台/人			
金额	元/人	167.64	182.14	155.90
(6)脱粒机	台/人			
金额	元/人	1.24		2.25
(7)其他	元/人	184.76	16.19	321.30

12-11 居民家庭农产品出售及农业服务提供情况

指　　标	单位	全体居民	城镇常住居民	农村牧区常住居民
一、出售农林牧渔业产品	元/人	10854.58	4062.98	17002.26
(一)农业产品	公斤/人	201.12	58.14	330.54
金额	元/人	5157.08	1072.77	8854.15
1.谷物	公斤/人	1394.21	306.14	2379.12
金额	元/人	2820.51	546.25	4879.14
①小麦	公斤/人	3.54	1.12	5.73
金额	元/人	8.14	3.47	12.37
②稻谷	公斤/人	16.06	0.42	30.22
金额	元/人	46.32	0.81	87.52
③玉米	公斤/人	1004.69	229.83	1706.09
金额	元/人	1658.56	367.86	2826.88
④高粱	公斤/人	163.59	52.95	263.74
金额	元/人	315.00	88.26	520.25
⑤谷子	公斤/人	179.21	20.28	323.07
金额	元/人	712.70	79.82	1285.57
⑥青稞	公斤/人			
金额	元/人			
⑦其他谷物	公斤/人	27.12	1.53	50.28
金额	元/人	79.79	6.03	146.55
2.薯类	公斤/人	0.75		1.42
金额	元/人	3.81		7.25
①红薯	公斤/人	0.06		0.12
金额	元/人	0.31		0.60
②马铃薯	公斤/人	0.69		1.31
金额	元/人	3.49		6.65
③其他薯类	公斤/人			
金额	元/人			
3.豆类	公斤/人	34.55	3.95	62.24
金额	元/人	220.99	27.72	395.94
①大豆	公斤/人	7.49	0.35	13.95
金额	元/人	33.97	2.28	62.65
②其他豆类	公斤/人	27.06	3.61	48.29
金额	元/人	187.03	25.44	333.29

12-11 续表1

指　　标	单位	全体居民	城镇常住居民	农村牧区常住居民
4.棉花(籽棉)	公斤/人			
金额	元/人			
5.油料	公斤/人	81.12	4.61	150.37
金额	元/人	540.00	29.18	1002.39
①花生	公斤/人			
金额	元/人			
②芝麻	公斤/人			
金额	元/人			
③油菜籽	公斤/人			
金额	元/人			
④葵花籽	公斤/人	81.11	4.60	150.37
金额	元/人	539.94	29.06	1002.39
⑤其他油料	公斤/人		0.01	
金额	元/人	0.06	0.12	
6.麻类	公斤/人			
金额	元/人			
7.糖料	公斤/人	728.72	51.14	1342.05
金额	元/人	379.25	27.61	697.55
①甘蔗	公斤/人			
金额	元/人			
②甜菜	公斤/人	775.96	51.14	1432.05
金额	元/人	379.25	27.61	697.55
③其他糖料	公斤/人			
金额	元/人			
8.烟草	公斤/人	1.29		2.46
金额	元/人	29.41		56.04

12-11 续表2

指　　标	单位	全体居民	城镇常住居民	农村牧区常住居民
9.蔬菜及食用菌	公斤/人	492.12	162.81	790.21
金额	元/人	927.02	432.52	1374.64
①露地蔬菜	公斤/人	235.12	31.59	419.35
金额	元/人	210.11	59.76	346.20
②大棚蔬菜	公斤/人	257.00	131.22	370.86
金额	元/人	716.86	372.75	1028.34
③干菜	公斤/人			
金额	元/人			
④鲜菌(人工种植)	公斤/人			
金额	元/人	0.05		0.10
⑤干菌(人工种植)	公斤/人			
金额	元/人			
10.花卉、园艺、花草种				
金额	元/人			
①盆栽花	盆/人			
金额	元/人			
②鲜切花、切叶、切枝	枝/人			
金额	元/人			
③园艺产品	任选			
金额	元/人			
④花草种	任选			
金额	元/人			
11.出售水果	公斤/人	0.77		1.46
金额	元/人	3.58	0.02	6.80
①苹果	公斤/人	0.04		0.08
金额	元/人	0.35	0.30	0.40
②梨	公斤/人			
金额	元/人			
③桃、杏、李等	公斤/人	0.41		0.78
金额	元/人	1.62	0.02	3.07
④柑桔类	公斤/人			
金额	元/人			
⑤葡萄	公斤/人	0.02		0.04
金额	元/人	0.14		0.26
⑥香蕉	公斤/人			
金额	元/人			
⑦菠萝	公斤/人			
金额	元/人			
⑧荔枝、龙眼、芒果等南方水果	公斤/人			
金额	元/人			
⑨其他水果	公斤/人	0.30		0.57
金额	元/人	1.62		3.08

12-11 续表3

指　　标	单位	全体居民	城镇常住居民	农村牧区常住居民
12.出售果用瓜	公斤/人	160.43	2.53	303.35
金额	元/人	90.45	3.36	169.29
①西瓜	公斤/人	159.92	2.03	302.84
金额	元/人	88.14	1.22	166.82
②哈密瓜	公斤/人			
金额	元/人			
③白兰瓜	公斤/人			
金额	元/人			
④其他果用瓜	公斤/人	0.50	0.50	0.50
金额	元/人	2.31	2.14	2.47
13.出售干制水果及水果籽	公斤/人	0.30	0.18	0.41
金额	元/人	2.62	1.81	3.36
①干枣	公斤/人			
金额	元/人			
②葡萄干	公斤/人			
金额	元/人			
③杏仁	公斤/人	0.20	0.18	0.22
金额	元/人	1.97	1.81	2.12
④其他干制水果及水果籽	公斤/人	0.10		0.19
金额	元/人	0.65		1.24
14.出售食用坚果	公斤/人	0.67	0.02	1.26
金额	元/人	1.24	0.20	2.18
①核桃	公斤/人			
金额	元/人			
②板栗	公斤/人			
金额	元/人			
③腰果	公斤/人			
金额	元/人			
④椰子	公斤/人			
金额	元/人			
⑤其他食用坚果	公斤/人	0.67	0.02	1.26
金额	元/人	1.24	0.20	2.18

12-11 续表4

指　　标	单位	全体居民	城镇常住居民	农村牧区常住居民
15.饮料原料	公斤/人			
金额	元/人	0.01	0.02	
①茶叶	公斤/人			
金额	元/人	0.01	0.02	
②其他饮料原料	公斤/人			
金额	元/人			
16.香料原料	公斤/人			
金额	元/人			
17.中草药材(种植)	公斤/人	2.66		5.07
金额	元/人	28.40		54.11
①枸杞	公斤/人			
金额	元/人			
②其他中草药材	公斤/人	2.66		5.07
金额	元/人	28.40		54.11
18.其他作物	公斤/人			
金额	元/人	19.08	2.56	34.04
①青饲料	公斤/人	5.59		10.65
金额	元/人	3.08		5.86
②牧草	公斤/人	5.91	0.20	11.07
金额	元/人	3.17	0.12	5.93
③其他饲料作物	公斤/人	3.38		6.43
金额	元/人	1.34		2.55
④绿肥	公斤/人			
金额	元/人			
⑤酱用西红柿	公斤/人	0.56		1.07
金额	元/人	0.78		1.49
⑥打瓜	公斤/人	17.86		34.03
金额	元/人	7.62		14.52
⑦其他作物	公斤/人	2.17	0.41	3.77
金额	元/人	3.10	2.44	3.70

12-11 续表5

指　　标	单位	全体居民	城镇常住居民	农村牧区常住居民
19.农作物副产品	公斤/人	40.54	1.37	75.99
金额	元/人	40.10	0.88	75.60
①作物茎、秆、根	公斤/人	35.71	1.37	66.80
金额	元/人	34.67	0.88	65.25
②其他农作物副产品	公斤/人	4.83		9.20
金额	元/人	5.43		10.34
20.初加工农产品	公斤/人			
金额	元/人	50.61	0.66	95.82
①自酿酒	公斤/人			
金额	元/人			
②其他初加工农产品	公斤/人	13.82	0.15	26.19
金额	元/人	50.61	0.66	95.82
(二)林业产品		0.85	1.06	0.65
金额	元/人	44.83	26.20	61.69
1.林木种苗	任选			
金额	元			
2.木材	立方米/人	0.03	0.04	0.02
金额	元/人	14.29	22.79	6.59
3.竹材	根/人			
金额	元/人			
4.人工林产品				
金额	元/人	0.54		1.02
①油茶籽	公斤/人			
金额	元/人			
②油桐籽	公斤/人			
金额	元/人			
③橡胶	公斤/人			
金额	元/人			
④其他树脂树胶	公斤/人			
金额	元/人			
⑤其他人工林林产品	公斤/人	0.19		0.37
金额	元/人	0.54		1.02
5.采集的野生植物和果实	公斤/人			
金额	元/人	28.96	0.41	54.80
①柴	公担/人			
金额	元/人			
②草	公担/人	0.04		0.08
金额	元/人	1.04		1.99
③野生菌	公斤/人	2.36	0.03	4.47
金额	元/人	16.68	0.41	31.40
④野果	公斤/人	1.74		3.32
金额	元/人	2.76		5.26
⑤中药材(野生)	公斤/人	0.25		0.48
金额	元/人	1.73		3.30

12-11 续表6

指　　标	单位	全体居民	城镇常住居民	农村牧区常住居民
⑥野菜	公斤			
金额	元			
⑦虫草	公斤			
金额	元			
⑧其他野生植物和果实	公斤	4.33		8.25
金额	元	6.36		12.12
6.林业副产品	任选			
金额	元			
(三)牧业产品	公斤	59.44	49.27	68.65
金额	元	5652.67	2964.01	8086.42
1.家畜				
金额	元	3223.33	1522.35	4763.04
重量	公斤	144.28	84.36	198.51
①肉猪	头	0.81	1.06	0.58
金额	元	1197.78	1059.79	1322.69
重量	公斤	71.13	67.05	74.82
②自宰猪(含下水)	公斤	0.80	0.50	1.07
金额	元	19.73	13.60	25.28
③肉牛	头	0.11	0.02	0.19
金额	元	1183.81	233.00	2044.48
重量	公斤	38.94	7.30	67.58
④自宰牛(含下水)	公斤	0.09		0.18
金额	元	3.06		5.83
⑤菜羊	只	0.65	0.14	1.11
金额	元	654.71	162.23	1100.50
重量	公斤	26.59	7.06	44.26
⑥自宰羊(含下水)	公斤			
金额	元	0.14		0.27
⑦其他家畜	只	0.03	0.01	0.04
金额	元	137.54	53.74	213.40
重量	公斤	5.52	2.36	8.38
⑧其他自宰家畜(含下水)	公斤	1.17		2.22
金额	元	26.56		50.60

12-11 续表 7

指　　标	单位	全体居民	城镇常住居民	农村牧区常住居民
2.家禽				
金额	元/人	96.02	84.20	106.72
重量	公斤/人	7.39	5.62	9.00
①鸡	只/人	2.52	1.33	3.60
金额	元/人	94.57	84.20	103.96
重量	公斤/人	7.33	5.62	8.88
②鸭	只/人			
金额	元/人			
重量	公斤/人			
③鹅	只/人			
金额	元/人	0.11		0.20
重量	公斤/人	0.01		0.01
④其他家禽	只/人			
金额	元/人	1.34		2.56
重量	公斤/人	0.06		0.11
3.蛋类	公斤/人	48.27	45.41	50.86
金额	元/人	389.13	370.37	406.11
①鸡蛋	公斤/人	48.15	45.31	50.73
金额	元/人	387.97	369.55	404.65
②鸭蛋	公斤/人	0.05	0.02	0.07
金额	元/人	0.54	0.49	0.58
③种蛋	公斤/人			
金额	元/人			
④其他禽蛋	公斤/人	0.07	0.08	0.06
金额	元/人	0.61	0.32	0.87
4.畜皮	张/人	0.01		0.02
金额	元/人			
①猪皮	张/人			
金额	元/人			
②牛皮	张/人			
金额	元/人			
③羊皮	张/人			
金额	元/人			
④其他皮	张/人			
金额	元/人			

12-11 续表 8

指　　标	单位	全体居民	城镇常住居民	农村牧区常住居民
5.毛、绒	公斤/人	1.16	0.31	1.92
金额	元/人	142.07	25.27	247.80
①羊毛	公斤/人			
金额	元/人			
②羊绒	公斤/人			
金额	元/人			
③兔毛、绒	公斤/人			
金额	元/人			
④其他毛绒	公斤/人			
金额	元/人			
6.奶类	公斤/人			
金额	元/人	0.01		0.01
①牛奶	公斤/人			
金额	元/人			
②羊奶	公斤/人			
金额	元/人			
③其他	公斤/人			
金额	元/人			
7.仔、幼、育肥畜禽				
金额	元/人	1775.94	961.81	2512.88
①仔猪	只/人	0.05	0.02	0.08
金额	元/人	29.14	14.12	42.73
②架子猪	只/人	0.04		0.08
金额	元/人	2.56	1.34	3.66
③羊羔	只/人	1.32	0.08	2.44
金额	元/人	256.22	51.54	441.50
④育肥周转羊	只/人	0.71	0.31	1.07
金额	元/人	564.98	272.13	830.07
⑤牛犊	只/人	0.04	0.03	0.05
金额	元/人	260.43	146.43	363.62
⑥育肥周转牛	只/人	0.07	0.05	0.08
金额	元/人	657.05	471.35	825.14
⑦仔、幼禽	只/人			
金额	元/人			
⑧其他幼畜、小动物	只/人	0.01		0.01
金额	元/人	5.57	4.91	6.16

12-11 续表9

指　　标	单位	全体居民	城镇常住居民	农村牧区常住居民
8.其他牧业产品				
金额	元/人	23.56		44.88
①蚕茧	公斤/人			
金额	元/人			
②蜂蜜、蜂蜡	公斤/人			
金额	元/人			
③麝香、鹿茸	克/人			
金额	元/人			
④酥油	公斤/人			
金额	元/人			
⑤其他动物油	公斤/人			
金额	元/人	0.02		0.04
⑥其他牧业产品	任选	1.28		2.44
金额	元/人	23.54		44.85
9.其他饲养动物				
金额	元/人	1.47		2.81
①兔子	只/人	0.02		0.04
金额	元/人	0.61		1.16
②蛙类	公斤/人			
金额	元/人			
③鸟类	只/人			
金额	元/人			
④毛皮类动物	只/人			
金额	元/人	0.87		1.65
⑤宠物类动物	只/人			
金额	元/人			
⑥其他	任选	0.07		0.13
金额	元/人	1.00		1.90
10.狩猎和捕捉野生动物				
金额	元/人			
①野兔、野鸡等小动物	任选			
金额	元/人			
②其他野生动物	任选			
金额	元/人			
11.牧业副产品	任选	0.29		0.56
金额	元/人	0.80		1.52

12-11 续表 10

指 标	单位	全体居民	城镇常住居民	农村牧区常住居民
(四)渔业产品	元/人			
金额	元/人			
1.养殖产品	公斤/人			
金额	元/人			
①养殖鱼	公斤/人			
金额	元/人			
②养殖虾	公斤/人			
金额	元/人			
③养殖蟹	公斤/人			
金额	元/人			
④养殖贝类	公斤/人			
金额	元/人			
⑤其他养殖产品	公斤/人			
金额	元/人			
2.捕捞产品	公斤/人			
金额	元/人			
①捕捞鱼	公斤/人			
金额	元/人			
②捕捞虾	公斤/人			
金额	元/人			
③捕捞蟹	公斤/人			
金额	元/人			
④捕捞贝类	公斤/人			
金额	元/人			
⑤其他捕捞产品	公斤/人			
金额	元/人			
3.水产养殖种苗	任选			
金额	元/人			
4.渔业副产品	任选			
金额	元/人			
二、提供农林牧渔业服务	元/人	397.73	320.94	467.23
(一)农业服务收入	元/人	367.84	293.71	434.94
1.提供机耕机收服务	元/人	280.66	270.56	289.81
2.提供灌溉服务	元/人	556.90		1061.00
3.农产品初加工服务	元/人	0.07		0.14
4.其他农业服务	元/人	81.53	23.15	134.37
(二)林业服务收入	元/人			
1.林产品初级加工服务	元/人			
2.其他林业服务	元/人			
(三)牧业服务收入	元/人	29.89	27.24	32.29
1.提供兽医服务	元/人	2.59	3.90	1.40
2.其他牧业服务	元/人	27.30	23.34	30.89
(四)渔业服务收入	元/人			

12-12　居民家庭实物收入情况

指　　标	单位	全体居民	城镇常住居民	农村牧区常住居民
实物收支部分(不含自产自用)	元/人	968.94	1426.10	368.97
一、从单位得到的实物产品和服务	元/人	11.03	13.17	8.23
(一)实物产品	元/人	9.24	11.71	5.99
1.食品	元/人	8.09	10.60	4.79
(1)谷物、薯类及豆类	元/人	3.60	4.74	2.12
(2)食用油	元/人	0.94	1.42	0.31
(3)蔬菜及制品	元/人	0.11	0.03	0.20
(4)肉、禽、蛋、奶及制品	元/人	1.43	2.37	0.20
(5)水产品及制品	元/人	0.27	0.41	0.09
(6)糖、烟、酒、饮料类	元/人	0.98	0.74	1.29
(7)干鲜瓜果类	元/人	0.51	0.70	0.26
(8)其他类食品	元/人	0.25	0.20	0.33
2.衣着	元/人	0.09		0.21
3.居住	元/人			
4.家庭设备和日用品	元/人	0.75	0.67	0.87
5.交通、通信工具及用品	元/人	0.01		0.01
6.教育文化娱乐用品	元/人			
7.医疗保健用品	元/人	0.01		0.03
8.其他用品	元/人	0.29	0.44	0.09
(二)服务折价	元/人	1.80	1.46	2.24
1.免费或低价提供的工作餐	元/人	1.39	0.75	2.24
2.免费或低价提供的住宿	元/人			
3.单位缴纳的水电费、取暖费、物业费等	元/人	0.35	0.61	
4.免费或低价提供的交通和通信服务	元/人			
5.单位缴纳的教育入学赞助费	元/人			
6.免费或低价提供的旅游服务	元/人			
7.其他服务	元/人	0.06	0.11	

12-12 续表

指　标	单位	全体居民	城镇常住居民	农村牧区常住居民
二、从政府和组织得到的实物产品和服务	元/人	11.56	6.32	18.44
(一)实物产品	元/人	4.56	6.32	2.26
1.食品	元/人	0.26	0.10	0.47
(1)谷物、薯类及豆类	元/人	0.21		0.47
(2)食用油	元/人	0.06	0.10	
(3)蔬菜及制品	元/人			
(4)肉、禽、蛋、奶及制品	元/人			
(5)水产品及制品	元/人			
(6)糖、烟、酒、饮料类	元/人			
(7)干鲜瓜果类	元/人			
(8)其他类食品	元/人			
2.衣着	元/人			
3.居住	元/人	3.92	6.09	1.07
4.家庭设备和日用品	元/人	0.26	0.05	0.53
5.交通、通信工具及用品	元/人			
6.教育文化娱乐用品	元/人			
7.医疗保健用品	元/人	0.07		0.16
8.其他用品	元/人	0.06	0.08	0.03
(二)生活服务折价	元/人	3.78		8.73
1.免费或低价提供的住宿	元/人			
2.其他生活服务	元/人	3.78		8.73
(三)用于生产的实物产品折价	元/人			
(四)生产服务折价	元/人	3.22		7.46
三、虚拟房租	元/人			
1.自有住房折算净租金(成本法)	元/人	578.20	1018.77	
2.自有住房折算净租金(月租金法)	元/人	1940.93	3419.86	
3.自有住房折算租金(消费支出)	元/人	1832.10	2455.58	1013.85
四、报销医疗费	元/人	368.15	387.85	342.30

12-13 居民家庭农产品自产自用情况

指　　标	单位	全体居民	城镇常住居民	农村牧区常住居民
农产品自产自用	元/人	968.87	299.93	1846.78
一、农业产品	元/人	852.02	276.18	1607.74
(一)谷物	元/人	769.38	234.07	1471.91
(二)薯类	元/人	3.17		7.34
(三)豆类	元/人	-8.31	5.06	-25.84
(四)棉花	元/人			
(五)麻类	元/人			
(六)油料	元/人	60.12	29.94	99.74
(七)糖料	元/人			
(八)烟草	元/人			
(九)蔬菜及食用菌	元/人	11.58	3.16	22.63
(十)水果	元/人	0.20	0.03	0.43
(十一)果用瓜	元/人	0.01		0.02
(十二)干制水果及水果籽	元/人			
(十三)坚果	元/人			
(十四)饮料原料	元/人			
(十五)香料原料	元/人			
(十六)中草药	元/人			
(十七)初加工农产品	元/人	0.18		0.41
(十八)其他农产品	元/人	15.68	3.93	31.09
二、林业产品	元/人	5.36	0.75	11.42
(一)人工林产品	元/人			
(二)采集林产品	元/人	0.07		0.17
(三)其他林产品	元/人	5.29	0.75	11.25
三、牧业产品	元/人	111.32	23.00	227.21
(一)家畜	元/人	91.86	19.13	187.30
(二)家禽	元/人	7.26	1.83	14.38
(三)蛋类	元/人	7.33	2.04	14.26
(四)奶类	元/人	4.59		10.62
(五)其他牧业产品	元/人	0.28		0.65
(六)其他动物	元/人			
(七)狩猎和捕捉野生动物	元/人			
四、渔业产品	元/人	0.18		0.40
(一)养殖产品	元/人	0.18		0.40
(二)捕捞产品	元/人			
(三)其他渔业产品	元/人			

12-14 居民家庭食品消费量

指　　标	单位	全体居民	城镇常住居民	农村牧区常住居民
一、粮食消费量	公斤/人	166.45	145.08	194.50
(一)谷物消费量	公斤/人	151.75	131.98	177.70
1.小麦	公斤/人	67.40	62.84	73.38
2.稻谷	公斤/人	65.97	58.83	75.33
3.玉米	公斤/人	8.80	2.45	17.14
4.其他谷物	公斤/人	9.58	7.85	11.85
(二)薯类消费量	公斤/人	2.87	3.10	2.56
1.红薯	公斤/人	0.55	0.69	0.36
2.马铃薯	公斤/人	2.01	2.08	1.93
3.其他薯类	公斤/人	0.31	0.33	0.28
(三)豆类消费量	公斤/人	11.84	10.00	14.24
1.大豆	公斤/人	2.31	0.43	4.78
2.其他豆类	公斤/人	9.52	9.57	9.46
二、油脂类消费量	公斤/人	7.02	7.16	6.84
(一)植物油	公斤/人	6.71	6.92	6.44
(二)动物油	公斤/人	0.31	0.24	0.40
三、蔬菜及菜制品消费量	公斤/人	113.54	118.97	106.41
(一)鲜菜	公斤/人	109.82	114.12	104.18
(二)干菜及菜制品	公斤/人	2.13	2.71	1.37
(三)鲜菌	公斤/人	1.42	1.92	0.75
(四)干菌及菌制品	公斤/人	0.17	0.21	0.12
四、肉类	公斤/人	28.02	27.42	28.80
(一)猪肉	公斤/人	18.92	16.94	21.51
(二)牛肉	公斤/人	2.47	2.82	2.02
(三)羊肉	公斤/人	3.24	3.35	3.09
(四)其他肉类及制品	公斤/人	3.39	4.31	2.19
五、禽类	公斤/人	6.61	7.09	5.98
(一)鸡	公斤/人	4.66	4.67	4.64
(二)鸭	公斤/人	0.10	0.11	0.08
(三)鹅	公斤/人	0.04	0.04	0.04
(四)其他禽类及制品	公斤/人	1.81	2.27	1.21

12-14 续表

指　　标	单位	全体居民	城镇常住居民	农村牧区常住居民
六、水产品	公斤/人	6.94	8.01	5.54
(一)鱼类	公斤/人	5.63	6.17	4.92
(二)虾、贝、蟹类	公斤/人	0.63	0.94	0.22
(三)藻类	公斤/人	0.27	0.35	0.17
(四)其他	公斤/人	0.42	0.55	0.23
七、蛋类及蛋制品	公斤/人	13.21	14.51	11.49
(一)鲜蛋	公斤/人	13.03	14.26	11.42
(二)蛋制品	公斤/人	0.18	0.26	0.07
八、奶和奶制品	公斤/人	20.70	22.60	18.21
(一)鲜奶	公斤/人	15.73	16.01	15.36
(二)酸奶	公斤/人	3.52	4.95	1.65
(三)奶粉	公斤/人	0.47	0.56	0.35
(四)其他奶制品	公斤/人	0.97	1.07	0.84
九、干鲜瓜果类	公斤/人	78.98	91.92	61.99
(一)鲜瓜果	公斤/人	72.67	84.65	56.96
(二)瓜果制品	公斤/人	2.08	2.63	1.36
(三)坚果类	公斤/人	4.23	4.65	3.67
十、糖果糕点类	公斤/人	7.10	7.58	6.47
(一)食糖	公斤/人	1.17	1.07	1.31
(二)糖果	公斤/人	0.61	0.69	0.51
(三)糕点	公斤/人	4.97	5.35	4.46
(四)其他糖果糕点	公斤/人	0.35	0.47	0.19
十一、饮料	公斤/人	0.18	0.17	0.19
(一)茶叶	公斤/人	0.18	0.17	0.19
十二、烟叶消费量	公斤/人	25.43	19.00	33.87
十三、酒	公斤/人	19.95	15.38	25.94
(一)白酒	公斤/人	5.08	3.75	6.82
(二)啤酒	公斤/人	14.76	11.48	19.07
(三)果酒	公斤/人	0.11	0.15	0.05

12-15 居民家庭固定资产投资及拥有情况

指　　标	单位	全体居民	城镇常住居民	农村牧区常住居民
一、农业生产投资情况				
(一)主要农业生产性固定资产数量				
1.生产性用房及建筑物	平方米/户	17.91	5.83	33.77
2.大中型农用拖拉机	台/百户	0.01		0.02
3.小型农用拖拉机	台/百户	0.06	0.02	0.11
4.农用排灌动力机械	台/百户			
5.插秧机	台/百户			
6.收割机	台/百户			0.01
7.脱粒机	台/百户			0.01
8.役畜	头/百户	0.79	0.21	1.54
9.产品畜	头/百户	0.04	0.01	0.07
10.其他农业机械	台/百户	0.04	0.01	0.07
(二)期末农业生产性固定资产原价				
1.农业固定资产原价	元/人	3914.92	1382.88	7237.93
①生产性用房及建筑物	元/人	975.61	117.94	2101.20
②役畜	元/人	154.00	36.12	308.71
③农业设施	元/人	928.91	612.50	1344.17
④农业机械	元/人	1743.79	613.37	3227.32
2.林业固定资产原价	元/人	0.69		1.60
①生产性用房及建筑物	元/人	0.69		1.60
②机械设备	元/人			
3.牧业固定资产原价	元/人	4518.18	2372.74	7333.82
①生产性用房及建筑物	元/人	1618.37	1336.60	1988.16
②产品畜	元/人	2698.06	1035.33	4880.21
4.渔业固定资产原价	元/人			
5.农林牧渔服务业固定资产原价	元/人	1110.31	1359.29	783.54
(三)期内农业生产性固定资产投资及资金来源				
1.期内自建农业生产性用房				
①期内自建农业生产性用房建筑面积	平方米/人	2.53	0.19	5.60
②期内自建农业生产性用房价值	元/人	363.81	36.38	793.53
2.期内固定资产投资总额	元/人	1521.16	357.55	3048.26
①来自银行、信用社贷款	元/人	183.53	44.07	366.55
②来自亲友借款	元/人	59.29	13.80	118.99
③来自自筹资金	元/人	1106.72	260.31	2217.53
④来自其他资金	元/人	171.62	39.37	345.19

12-15 续表

指　　标	单位	全体居民	城镇常住居民	农村牧区常住居民
二、非农业生产投资情况				
(一)非农产业固定资产数量				
1.出租住房	平方米/人			
2.出租商用建筑物	平方米/人			
(二)期末非农产业固定资产原价				
1.采矿业	元/人			
2.制造业	元/人	651.85	499.19	852.20
3.电力、热力、燃气及水生产和供应业	元/人	80.62	142.05	
4.建筑业	元/人	139.70	246.14	
5.批发和零售业	元/人	1472.67	1751.66	1106.52
6.交通运输、仓储和邮政业	元/人	882.76	1338.27	284.95
7.住宿和餐饮业	元/人	357.99	630.77	
8.房地产业	元/人			
9.租赁和商务服务业	元/人	46.07	81.17	
10.居民服务、修理和其他服务业	元/人	365.61	562.82	106.79
11.其他行业	元/人	12.49	4.96	22.37
(三)期内非农产业固定资产投资及资金来源				
1.期内非农产业固定资产投资总额	元/人	779.08	856.90	676.96
2.期内非农产业固定资产投资构成				
①生产性用房及建筑物	元/人	283.24	295.74	266.84
②机械设备	元/人	189.39	69.90	346.21
③其他	元/人	306.45	491.26	63.91
3.期内非农产业固定资产投资资金来源				
①银行、信用社贷款	元/人	232.64	137.99	356.86
②亲友借款	元/人	2.42	4.26	
③自筹资金	元/人	545.18	716.68	320.11
④其他资金	元/人	1.38	2.44	

12-16 居民家庭土地经营和主要农产品产量情况

指　　标	单位	全体居民	城镇常住居民	农村牧区常住居民
一、家庭实际经营土地情况				
(一)期初实际经营土地面积	亩/人	25.35	3.57	53.93
1.耕地面积	亩/人	6.24	1.30	12.72
#有效灌溉面积	亩/人	3.73	0.88	7.46
2.林地面积	亩/人	0.97	0.18	2.01
3.园地面积	亩/人	0.12	0.01	0.28
4.牧草地面积	亩/人	18.02	2.10	38.92
5.养殖水面面积	亩/人			
(二)期末实际经营土地面积	亩/人	14.45	2.41	24.90
1.耕地面积	亩/人	6.24	1.30	12.72
其中:有效灌溉面积	亩/人	3.73	0.88	7.46
2.林地面积	亩/人	0.97	0.18	2.01
3.园地面积	亩/人	0.12	0.01	0.28
4.牧草地面积	亩/人	18.02	2.10	38.92
5.养殖水面面积	亩/人			
二、期内土地种植情况				
(一)期内主要粮食播种面积	亩/人	3.16	0.87	6.17
1.小麦播种面积	亩/人	0.10		0.23
2.水稻播种面积	亩/人	0.03		0.07
3.玉米播种面积	亩/人	2.84	0.79	5.53
4.大豆播种面积	亩/人	0.19	0.08	0.35
5.薯类播种面积	亩/人			
(二)期内主要经济作物播种面积	亩/人	0.79	0.11	1.67
1.棉花播种面积	亩/人			
2.油料作物播种面积	亩/人	0.41	0.05	0.89
3.糖料作物播种面积	亩/人	0.18	0.02	0.38
4.蔬菜播种面积	亩/人	0.15	0.04	0.28
#设施蔬菜播种面积	亩/人	0.03	0.01	0.06
5.水果播种面积	亩/人	0.05		0.12
#设施水果播种面积	亩/人			
(三)农业生产技术应用情况	亩/人			
1.机耕面积	亩/人	5.37	1.12	10.94
2.机播面积	亩/人	5.17	1.13	10.47
3.机收面积	亩/人	3.47	0.91	6.83
4.机电灌溉面积	亩/人	3.44	0.83	6.86

12-16 续表

指　　标	单位	全体居民	城镇常住居民	农村牧区常住居民
三、主要农产品产量				
(一)谷物产量	公斤/人	1806.95	479.86	3548.61
面积	亩/人	3.93	0.84	7.98
1.小麦产量	公斤/人	11.19		25.87
面积	亩/人	0.10		0.23
2.稻谷产量	公斤/人	15.61		36.09
面积	亩/人	0.03		0.07
3.玉米产量	公斤/人	1480.07	417.08	2875.13
面积	亩/人	2.84	0.79	5.53
4.高粱产量	公斤/人	125.55	34.89	244.54
面积	亩/人	0.27	0.07	0.54
5.谷子产量	公斤/人	140.74	23.76	294.25
面积	亩/人	0.58	0.08	1.23
6.青稞产量	公斤/人			
面积	亩/人			
7.其他谷物产量	公斤/人	33.79	4.12	72.73
面积	亩/人	0.24	0.04	0.50
(二)薯类产量	公斤/人	0.63		1.47
面积	亩/人			
1.红薯产量	公斤/人	0.47		1.08
面积	亩/人			
2.马铃薯产量	公斤/人	0.17		0.39
面积	亩/人			
3.其他薯类产量	公斤/人			
面积	亩/人			
(三)豆类产量	公斤/人	35.55	7.54	72.30
面积	亩/人	0.19	0.08	0.35
1.大豆产量	公斤/人	14.92	4.29	28.87
面积	亩/人	0.21	0.08	0.39
2.其他豆类产量	公斤/人	20.63	3.25	43.44
面积	亩/人	0.28	0.05	0.58
(四)棉花产量	公斤/人			
面积	亩/人			
(五)油料产量	公斤/人	84.34	13.21	177.69
面积	亩/人	0.41	0.05	0.89
1.花生产量	公斤/人			
面积	亩/人			
2.芝麻产量	公斤/人			
面积	亩/人			
3.油菜籽产量	公斤/人			
面积	亩/人			
4.葵花籽产量	公斤/人	84.34	13.21	177.69
面积	亩/人	0.41	0.05	0.87
5.其他油料产量	公斤/人			
面积	亩/人			

13 财　政

资料整理：苏　雅　勾晓婵

13-1 历年财政收支总额及指数

年份	绝对值(万元)				指数(以上年为100)			
	财政总收入	地方财政收入	上划中央税收	一般公共预算支出	财政总收入	地方财政收入	上划中央税收	一般公共预算支出
1949	329	329		148				
1952	1031	1031		628	219.4	219.4		182.0
1957	2755	2755		2360	101.6	101.6		97.0
1962	3036	3036		3596	106.8	106.8		68.7
1965	3352	3352		3905	92.4	92.4		97.6
1970	4770	4770		8757	118.4	118.4		133.2
1975	3238	3238		11186	89.9	89.9		95.2
1978	6394	6394		18696	295.9	295.9		139.1
1979	5118	5118		17694	80.0	80.0		94.6
1980	8326	8326		17144	162.7	162.7		96.9
1981	9211	9211		15899	110.6	110.6		92.7
1982	11325	11325		20392	123.0	123.0		128.3
1983	9190	9190		22332	81.1	81.1		109.5
1984	9538	9538		29914	103.8	103.8		134.0
1985	10515	10515		30729	110.2	110.2		102.7
1986	15519	15519		40189	147.6	147.6		130.8
1987	17038	17038		45102	109.8	109.8		112.2
1988	23958	23958		50725	140.6	140.6		112.5
1989	30106	30106		58136	125.7	125.7		55.5
1990	35698	35698		65212	118.6	118.6		231.8
1991	39044	39044		69867	109.4	109.4		107.1
1992	40441	40441		74089	103.6	103.6		106.0
1993	52563	23800	28763	83993	130.0	58.9		113.4
1994	71267	36622	34645	93929	135.6	15.9	120.4	111.8
1995	80957	46074	34883	101147	113.6	125.8	100.7	107.7
1996	99758	61117	38641	127091	123.2	132.6	110.8	125.6
1997	118763	78168	40595	151559	119.1	127.9	105.1	119.3
1998	128403	85245	43158	171939	108.1	109.1	106.3	113.4
1999	133847	90619	43228	190175	104.2	106.3	100.2	110.6
2000	127324	84013	43311	216378	95.1	92.7	100.2	113.8
2001	131107	87416	43691	287795	103.0	104.1	100.9	133.0
2002	141936	85445	59491	378696	108.3	97.7	129.3	131.6
2003	178642	110292	68350	471181	125.9	129.1	121.0	124.4
2004	241960	157991	83969	593420	135.4	143.2	122.8	125.9
2005	315195	199850	115345	732826	130.3	126.5	137.4	123.5
2006	442578	245933	169638	905492	131.8	123.1	147.1	123.6
2007	632434	571634	249252	1177493	142.9	158.6	146.9	142.8
2008	770314	724086	305462	1525347	121.8	126.7	122.6	129.5
2009	1076216	822780	304480	1870653	139.7	113.6	99.7	122.6
2010	1461153	1005117	362945	2197851	135.8	122.2	119.2	117.5
2011	1837620	1206160	481644	2721978	125.8	120.0	132.7	123.8
2012	1988487	1393666	534219	3256223	108.2	115.5	110.9	119.6
2013	2242246	1491777	466427	3477996	112.8	107.0	87.3	106.8
2014	2128742	1462872	380044	3604389	94.9	98.1	81.5	103.6
2015	1814977	1572780	420886	4150346	85.3	107.5	110.8	115.1
2016	2222466	1737776	487399	4388482	122.5	110.5	115.8	105.7
2017	2609515	1841128	636527	4625060	117.4	105.9	130.6	105.4
2018	2992840	1953158	653510	5376819	114.6	106.1	102.7	116.3
2019	3231278	1977493	651900	5452234	108.0	101.2	99.8	101.4

注:财政总收入口径为一般公共预算收入+政府性基金收入+上划税收。

2006 年以后地方财政收入和地方财政支出为新口径数据。

13-2 财政收入与财政支出

单位:万元

	2018 年	2019 年
一、地方财政总收入	1953158	1977493
(一)一般公共预算收入	1082357	1103985
1.税收收入小计	789225	824488
增值税	257648	256407
营业税	2269	
企业所得税	84757	92040
个人所得税	37275	24926
资源税	34487	38173
城建税	50645	48691
房产税	44151	40548
城镇土地使用税	54938	42570
土地增值税	63193	119575
耕地占用税	35342	28508
契税	80725	86584
其他税收收入	43795	46466
2.非税收入小计	293132	279497
国有资本经营收入	20416	20256
国有资源(资产)有偿使用收入	67790	68955
行政事业性收费收入	70125	77055
罚没收入	54841	44011
专项收入	40156	48489
其他收入	39802	20731
(二)上划中央税收入	653510	651900
(三)上划自治区收入	217291	221608
二、政府性基金收入	1039682	1253785
三、一般公共预算支出	5376819	5452234
一般公共服务	380064	405370
国防	9602	6470
公共安全	174722	172020
教育	914509	934271
科学技术	20525	17697
文化体育与传媒	102097	114036
社会保障和就业	854673	880175
医疗卫生	460349	443064
环境保护	133477	119295
城乡社区事务	330086	441474
农林水事务	1029928	1052995
交通运输	435868	373697
工业商业金融等事务	33998	17881
其他支出	503517	473789
四、政府性基金支出	1025295	1345211

14 金融和保险

资料整理：苏　雅　勾晓婵

14-1 历年金融机构人民币存贷款余额及指数

年份	绝对值(万元)			指数(以上年为100)		
	年末各项存款余额	其中:城乡居民储蓄存款余额	年末各项贷款余额	年末各项存款余额	其中:城乡居民储蓄存款余额	年末各项贷款余额
1949	8		13			
1952	413	27	1291	248.8		346.1
1957	1217	367	5226	93.3	91.1	89.4
1962	4688	1200	16122	84.2	76.9	99.9
1965	5201	996	12304	96.0	82.0	95.3
1970	8851	956	30300	140.3	90.9	128.7
1975	15611	2343	44805	125.8	114.5	115.8
1978	15666	3430	56040	102.8	119.6	104.3
1979	19989	4860	59180	127.6	141.7	105.6
1980	22586	6406	69828	113.0	131.8	118.0
1981	28293	8914	76806	125.3	139.2	110.0
1982	39356	13679	89155	139.1	153.5	116.1
1983	45271	18944	96363	115.0	138.5	108.4
1984	46950	24545	111665	103.7	129.6	115.6
1985	61687	32388	135835	131.4	132.0	121.6
1986	83159	43352	159967	134.8	133.9	117.8
1987	98443	58788	188307	118.4	135.6	117.7
1988	115784	80146	209036	117.6	136.3	111.0
1989	135511	100693	240414	117.0	125.6	115.0
1990	173077	133805	303439	127.7	132.9	126.2
1991	213127	167414	351492	123.1	125.1	115.8
1992	252543	208389	421820	118.5	124.5	120.0
1993	284361	263423	558532	112.6	126.4	132.4
1994	402590	373825	770494	141.6	141.9	137.9
1995	459205	482633	910774	114.1	129.1	118.2
1996	586622	609181	1095550	127.7	126.2	120.3
1997	723939	763391	1365186	123.4	125.3	124.6
1998	827128	893534	1500198	114.3	117.0	109.9
1999	969434	1014963	1489352	117.2	113.6	99.3
2000	1055336	1100101	1477088	108.9	108.4	99.2
2001	1202329	1212616	1183630	113.9	110.2	80.1
2002	1792507	1383343	1667269	149.1	114.1	140.9
2003	1633290	1609567	1322753	79.3	116.3	79.3
2004	1928958	1869511	1471340	118.1	116.1	111.2
2005	2457406	2255336	1410809	127.4	120.6	95.9
2006	2658101	2587171	1668642	115.1	114.7	118.3
2007	3533440	3052098	2037811	132.9	117.9	122.1
2008	5841052	3707004	3126919	165.3	121.5	153.4
2009	7204197	4447220	3955279	123.3	119.9	126.5
2010	8794197	5367138	4659314	122.1	120.7	117.8
2011	10370002	6483350	5651495	117.3	120.8	123.0
2012	11586221	7670230	7117500	111.7	118.3	125.9
2013	12676421	8616253	8607198	109.4	112.3	120.9
2014	13664721	9317957	10480711	107.8	108.1	121.8
2015	14947718	9678745	11631370	109.4	103.9	111.0
2016	18425687	11691892	13814954	123.3	111.4	118.8
2017	21619131	12774324	16538742	117.3	109.3	119.7
2018	23103796	14748740	18685423	106.8	115.5	113.0
2019	24215065	17256647	20081119	104.8	117.0	107.5

注:2011年以前口径为银行存贷款余额。

14-2　金融机构存贷款情况

单位:万元

	金融机构年末余额	比年初增减
资金来源	**24240862**	**1021332**
一、各项存款	24215065	1106102
(一)境内存款	24214487	1106455
1.住户存款	17256647	2502786
(1)活期存款	7000234	570898
(2)定期及其他存款	10256413	1931888
2.非金融企业存款	3609113	-755914
(1)活期存款	2745059	-581417
(2)定期及其他存款	864054	-174498
3.广义政府存款	3336645	-641853
(1)财政性存款	242072	-43641
(2)机关团体存款	3094574	-598212
4.非银行业金融机构存款	12081	1436
(二)境外存款	578	-353
二、各项贷款	20081119	1292875
(一)境内贷款	20081027	1292824
1.住户贷款	11207846	1342623
(1)短期贷款	4945089	480761
消费贷款	1094249	131212
经营贷款	3850840	349550
(2)中长期贷款	6262757	861861
消费贷款	5039061	923131
经营贷款	1223696	-61270
2.非金融企业及机关团体贷款	8873181	-49799
(1)短期贷款	1970803	-156644
(2)中长期贷款	6803545	104919
(3)票据融资	85434	-3386
(4)各项垫款	13399	5312
(二)境外贷款	92	51
资金运用	**24240862**	**1021332**

14-3 保险费收入和赔款支出情况

单位:万元

	2018 年	2019 年	2019 年比 2018 年增长%
保费收入	**890211.75**	**991688.66**	**11.40**
1.财产险	291918.39	322528.17	10.49
财产保险	72645.83	38863.16	-46.50
机动车辆保险	182267.03	190618.66	4.58
货物运输保险	408.45	335.01	-17.98
人身意外险	7647.79	9447.12	23.53
其他险	28949.29	83264.22	187.62
2.人寿险	598293.36	669160.49	11.84
人寿保险	367579.47	288480.55	-21.52
意外险	13196.83	12903.79	-2.22
健康险	81080.32	122445.43	51.02
分红险	136436.74	245330.72	79.81
赔款支出	**269758.10**	**284606.08**	**5.50**
1.财产险	166177.01	181850.89	9.43
财产保险	37054.72	50050.05	35.07
机动车辆保险	93624.26	98469.43	5.18
货物运输保险	123.87	100.14	-19.16
人身意外险	2419.44	3199.75	32.25
其他险	32954.72	41269.64	25.23
2.人寿险(含给付)	103581.09	102755.19	-0.80
人寿保险	29262.84	46509.39	58.94
意外险	12821.52	8715.78	-32.02
健康险	29869.08	28120.61	-5.85
分红险	31627.65	19409.42	-38.63

15 文化、教育、科技和广播电视

资料整理：杨　蒙　史欣彤

15-1 文化事业基本情况

	单位	2010年	2011年	2012年	2013年	2014年	2015年	2016年	2017年	2018年	2019年
一、文化艺术事业机构情况											
文化艺术事业机构数	个	194	206	217	225	390	272	288	292	301	272
1.艺术事业机构数	个	10	10	10	10	10	10	10	10	10	10
其中:艺术表演团体	个	10	10	10	10	10	10	10	10	10	10
2.群众文化事业机构数	个	170	195	207	213	215	217	230	233	238	262
其中:文化艺术馆(站)	个	147	166	177	184	186	188	200	201	199	201
其中:文物、博物馆(站、所)	个	15	15	15	15	15	15	16	18	25	32
其中:图书馆	个	14	14	14	14	14	14	14	14	14	14
3.其它机构数	个	1	1	1	2	2	2	3	3	2	15
二、文化艺术事业人员情况											
文化艺术事业人员数	人	1405	1198	1277	1272	1719	1979	2063	2129	2234	1548
1.艺术事业人员数	人	380	364	400	381	374	359	341	353	345	346
其中:艺术表演团体	人	380	364	400	381	374	359	341	353	345	346
2.群众文化事业人员数	人	837	828	877	878	888	895	946	982	1045	1202
其中:文化艺术馆(站)	人	411	428	448	450	460	455	484	492	515	526
其中:文物、博物馆(站、所)	人	238	219	241	251	248	260	274	305	356	358
其中:图书馆	人	188	181	181	177	180	180	188	185	174	166
3.其它人员数	人	6	6	7	13	13	12	16	16	13	152
三、艺术表演团体演出情况											
演出场次	场	980	2283	2236	1880	2015	1618	1629	1511	1629	1519
其中:到农村演出	场	746	1114	1219	1263	1245	1067	1098	974	1211	1145
观众人数	万人次	11.00	201.60	123.00	155.30	148.85	138.18	136.46	94.20	111.66	108.18
四、博物馆、文物机构业务活动情况											
博物馆数	个	10	10	10	10	15	15	15	15	12	12
藏品	件	50882	50080	55212	55820	42269	45328	123054	152006	262119	390211
其中:一级品	件	488	503	507	542	551	579	580	625	966	940
陈列展览	个	10	82	47	36	36	43	58	57	85	99
参观人数	万人次	14.00	93.50	135.00	99.70	57.75	119.90	131.95	134.10	168.15	207.15
五、公共图书馆业务活动情况											
公共图书馆数	个	14.00	14.00	14.00	14.00	14.00	14.00	14.00	14.00	14.00	14.00
公共图书馆图书藏量	万册	106.00	112.20	117.30	161.30	179.00	183.10	188.93	171.08	178.09	186.67
书架总长度	万米	2.10	2.30	2.30	2.70	2.84	2.85	2.93	2.94	2.99	2.99
发放借书证数	万个	2.10	1.70	2.56	3.10	3.29	2.08	5.30	13.48	13.76	15.03
图书流通人次	万人次	2.00	23.60	39.50	39.90	42.77	44.10	47.61	80.41	108.20	119.54
书刊外借册次	万人次	17.00	18.90	20.10	21.70	18.43	28.20	30.10	52.91	59.44	66.29
公用房屋建筑面积	万平方米	1.30	1.70	2.00	2.50	2.70	2.70	2.70	3.02	2.93	2.93
其中:书库	万平方米	0.20	0.50	0.80	0.50	0.57	0.52	0.56	0.49	0.42	0.43
阅览室坐席	万个	0.20	0.10	0.20	0.20	0.20	0.60	0.67	0.29	0.28	0.29

15-2 教育事业基本情况

	2018 年	2019 年
一、各级各类学校数(所)	1552	1569
1.普通高等学校	4	4
2.高中阶段学校	78	73
(1)中等职业学校	39	34
(2)普通高中	39	39
3.义务教育	488	498
(1)普通初中	104	104
(2)小学	384	394
4.幼儿园	972	984
5.特殊教育学校	10	10
二、各类学校教职工人数(人)	64838	66725
1.普通高等学校	2764	2797
2.高中阶段学校	12193	12467
(1)中等职业学校	3185	3287
(2)普通高中	9008	9180
3.义务教育	37560	38503
(1)普通初中	13851	14211
(2)小学	23709	24292
4.幼儿园	11894	12518
5.特殊教育学校	427	440
三、各类学校专任教师数(人)	47142	48394
1.普通高等学校	1913	1868
2.高中阶段学校	9401	9341
(1)中等职业学校	2441	2454
(2)普通高中	6960	6887
3.义务教育	28512	29697
(1)普通初中	10141	10474
(2)小学	18371	19223
4.幼儿园	6941	7101
5.特殊教育学校	375	387

15-2 续表

	2018 年	2019 年
四、在校学生数(人)	629062	630608
1.普通高等学校	23088	23652
2.高中阶段学校	109362	108674
(1)中等职业学校	29903	30702
(2)普通高中	79459	77972
3.义务教育	377600	380524
(1)普通初中	129360	128500
(2)小学	248240	252024
4.幼儿园	117719	116420
5.特殊教育学校	1293	1338
五、招生数(人)	172317	167326
1.普通高等学校	7185	7664
2.高中阶段学校	34386	38719
(1)中等职业学校	9216	12782
(2)普通高中	25170	25937
3.义务教育	88729	83404
(1)普通初中	43977	40135
(2)小学	44752	43269
4.幼儿园	41762	37302
5.特殊教育学校	255	237
六、毕业生数(人)	169346	167522
1.普通高等学校	6501	6807
2.高中阶段学校	38928	37581
(1)中等职业学校	10351	10264
(2)普通高中	25877	27317
3.义务教育	80276	80932
(1)普通初中	36641	41035
(2)小学	43635	39897
4.幼儿园	43484	42018
5.特殊教育学校	157	184

15-3 科技事业基本情况

	单 位	2018 年	2019 年
一、科技奖励情况			
1.国家级科技奖项	项		
2.自治区科技进步奖			
一等奖	项	1	
二等奖	项		
三等奖	项	1	
3.自治区自然科学奖			
一等奖	项		
二等奖	项		
三等奖	项		
二、各类科技开发情况			
1.机构数	个	8	8
(1)市直研究所	个	6	6
自然科学	个	6	6
社会科学	个		
(2)县属研究所	个	2	2
(3)民营技贸	个		
2.人员数	人	418	405
(1)市直研究所	人	394	391
(2)县属研究所	人	24	14
(3)民营技贸	人		
三、技术贸易情况			
合同数	项	69	261
合同金额	万元	10096	17323
#技术交易额	万元	8280	16889
四、应用技术研究与开发	万元	1060	1207
五、专利情况			
有效发明专利数	项	333	379
专利申请量	项	1421	1588
发明	项	286	359
实用新型	项	961	1078
外观设计	项	174	151
专利授权量	项	776	936
发明	项	72	53
实用新型	项	609	740
外观设计	项	95	143

注:国家级科技奖项包括:国家最高科学技术奖、国家自然科学奖、国家技术发明奖、国家科学技术进步奖、中华人民共和国国际科学技术合作奖。

15-4 广播电视事业发展情况

	单　位	2018 年	2019 年
一、广播、电视人口覆盖情况			
广播电视台	座	10	10
中短波发射台	座	1	1
调频电视转播台	座	68	66
(一)广播			
1.发射机功率	千瓦	85.42	86.42
2.广播人口覆盖率	%	99.42	99.42
中央台第一套节目	%	99.42	99.42
省台第一套节目	%	99.42	99.42
市台节目	%	99.42	99.42
县台节目	%	62.50	62.51
(二)电视			
1.发射机功率	千瓦	96.76	100.76
2.电视人口覆盖率	%	99.20	99.20
中央台电视节目	%	99.20	99.20
省台一套节目	%	99.10	99.10
市台节目	%	99.10	99.10
县台节目	%	64.63	64.64
二、节目制作及播出情况			
(一)广播			
1.节目制作	小时	34370	33343
#新闻资讯类	小时	3947	4190
专题服务类	小时	13461	13500
综艺类	小时	8122	8344
影视剧类	小时	1202	1095
广告类	小时	4720	3599
其他类	小时	2918	2614
2.节目播出	小时	73756	74482
#新闻资讯类	小时	12375	12749
专题服务类	小时	17251	18243
综艺类	小时	16379	16959
广播剧类	小时	6525	4901
广告类	小时	4965	5237
其中:公益广告	小时	672	574
其他类	小时	16261	16391
(二)电视			
1.节目制作	小时	10207	10105
#新闻资讯类	小时	3924	4046
专题服务类	小时	2074	2089
综艺益智类	小时	2002	1926
影视剧类	小时	0	20
广告类	小时	1608	1418
其他类	小时	599	606
2.节目播出	小时	64933	66030
#新闻资讯类	小时	11932	14066
专题服务类	小时	7459	7745
综艺益智类	小时	9094	9272
影视剧类	小时	28804	27136
广告类	小时	5242	5146
其他类	小时	2401	2665

16 体育、卫生和民政

资料整理：杨　蒙　史欣彤

16-1 体育事业基本情况

	单 位	2018 年	2019 年
一、体委系统职工人数	人	194	217
1.专职教练员	人	119	118
2.专职文化教师	人	58	28
3.科技人员	人	1	1
4.医务人员	人	1	2
5.管理人员	人	11	11
6.其他	人		3
二、等级运动员、裁判员发展情况			
1.等级运动员当年发展数	人	115	62
2.等级裁判员当年发展数	人	191	
三、体育场馆情况			
(一)体育场地面积	万平方米	614.32	638.19
(二)体育场地数	个	8470	9596
按场地属性分			
1.室内运动场	个	6226	7549
2.室外运动场	个	2244	2047
按场地用途分			
1.基础大项场地	个	431	452
# 田径场地	个	404	424
# 游泳场地	个	27	28
2.球类运动场地	个	5321	5741
# 足球场地	个	436	474
# 篮球场地	个	2323	2642
# 排球场地	个	531	538
# 乒乓球场地	个	1544	1590
# 羽毛球场地	个	103	113
3.冰雪运动场地	个	2	2
# 滑冰场地	个	1	1
# 滑雪场地	个	1	1
4.体育健身场地	个	2728	2843
# 健身房	个	151	199
# 全民健身路径	个	2554	2621
# 健身步道	个	23	23

16-2 卫生机构、床位、卫生人员数

机构分类	机构个数	床位数	人员数(人)											
			合计	卫生技术人员								其他技术人员	管理人员	工勤技能人员
				小计	执业(助理)医师		注册护士	药师(士)	技师(士)		其他			
						执业医师				检验师		见习医师			
总　　计	4754	31110	41648	32734	13662	11015	12659	1986	1704	1083	2723	623	1514	1590	1449
一、医院	106	23693	23870	20488	7147	6721	9837	1030	1133	699	1341	490	1048	1315	1019
二、基层医疗卫生机构	4581	6553	14987	9906	5629	3511	2211	883	318	178	865	91	260	161	299
社区卫生服务中心(站)	109	846	1422	1289	594	461	453	117	55	33	70	15	57	41	35
卫生院	239	5691	4669	4179	2140	1470	912	342	251	136	534	62	166	101	223
村卫生室	3067	0	6021	1660	1494	330	166	0	0	0	0	0	0	0	0
门诊部	8	16	94	88	38	30	38	4	6	3	2	0	2	2	2
诊所.卫生所.医务室	1158	0	2781	2690	1363	1220	642	420	6	6	259	14	35	17	39
三、专业公共卫生机构	55	864	2677	2248	851	759	583	72	244	200	498	42	203	102	124
疾病预防控制中心	13	0	650	550	285	243	31	7	78	69	149	9	45	16	39
专科疾病防治院(所、站)	5	30	87	75	44	43	19	3	6	3	3	0	3	7	2
结核病防治所(站、中心)	4	0	47	41	25	25	11	2	2	1	1	0	1	4	1
职业病防治所(站、中心)	1	30	40	34	19	18	8	1	4	2	2	0	2	3	1
健康教育所(站、中心)	9	0	61	39	15	13	5	8	2	2	9	1	10	8	4
妇幼保健院(所、站)	13	834	1400	1193	487	444	471	53	120	88	62	32	120	45	42
急救中心(站)	1	0	59	34	11	10	23	0	0	0	0	0	4	0	21
采供血机构	1	0	111	92	9	6	34	1	38	38	10	0	11	0	8
卫生监督所(中心)	13	0	309	265	0	0	0	0	0	0	265	0	10	26	8
四、其他卫生机构	12	0	114	92	35	24	28	1	9	6	19	0	3	12	7
医学科学研究机构	1	0	0	0	0	0	0	0	0	0	0	0	0	0	0
医学在职培训机构	1	0	5	3	0	0	1	1	1	1	0	0	1	1	0
其他	10	0	109	89	35	24	27	0	8	5	19	0	2	11	7

注:本表人员合计中包括乡村医生 4104 人和卫生员 257 人;不含乡镇卫生院在村卫生室工作的执业(助理)医师、注册护士数。

16-3 计划生育基本情况

	单位	2010 年	2011 年	2012 年	2013 年	2014 年	2015 年	2016 年	2017 年	2018 年	2019 年
育龄妇女人数	万人	123.71	123.14	125.16	119.03	116.77	111.92	109.74	108.16	105.77	103.71
生育旺盛期人数	万人	34.69	34.39	32.66	31.29	31.08	33.80	32.66	30.57	28.56	26.07
23 岁生育峰值人数	万人	3.88	3.41	4.70	3.40	2.40	2.74	2.55	2.36	2.49	2.30
20 岁进入婚龄人数	万人	3.39	2.40	2.68	2.94	2.90	2.49	2.30	2.23	2.03	1.82
已婚育龄妇女人数	万人	95.56	92.31	91.65	86.29	85.04	82.20	81.16	80.58	76.51	73.39
1.按地区分											
市区	人	141731	147364	155206	152213	196045	158267	164008	171569	171371	139802
城关镇	人	162650	157968	161020	181037	169239	183309	183897	184016	177833	224708
农村	人	650203	718738	600246	529628	485124	480472	463741	450195	415878	369352
2.按民族分											
汉族	人	730777	704470	697026	661284	649113	624946	614687	608679	575854	549599
少数民族	人	223807	218676	219446	201594	201295	197102	196959	197101	189228	184263
当年初婚人数	人	21449	20718	19568	17518	16745	11109	11872	9277	9188	11804
计划生育率	%	94.97	94.81	94.85	93.92	93.99	93.05	97.18	98.31	98.24	98.80
一孩率	%	62.16	64.54	62.52	60.64	59.32	54.07	50.28	41.64	42.16	43.15
二孩率	%	34.91	31.74	35.24	36.91	38.13	43.08	45.26	52.78	51.80	50.59
多孩率	%	2.93	2.72	2.24	2.44	2.54	2.85	4.46	5.58	6.04	6.27
独生子女领证率	%	13.27	12.23	10.96	10.45	9.18	7.58	6.57	5.59	4.75	3.63
出生婴儿性别比		123.44	119.53	116.75	113.33	112.60	109.31	107.18	105.29	106.30	106.34
一孩		103.19	103.69	101.39	101.75	101.90	102.39	104.81	102.94	104.27	107.84
二孩		163.75	153.23	142.64	128.64	126.28	115.16	107.12	104.21	104.61	101.83
多孩		215.97	223.08	192.68	183.15	161.41	142.96	138.87	137.56	140.02	137.27
已采取各种节育措施人数	人	884464	849926	839553	780899	766058	743255	728707	722066	680541	692247
节育率	%	92.56	92.07	91.61	90.50	90.08	90.42	89.78	89.61	88.95	94.33
当年落实四术例数	例	51176	41747	49803	45137	40254	33849	21011	15527	10319	25335
结扎数	例	3402	3013	2824	1848	1174	949	616	575	342	330
放环数	例	44380	35124	40188	37845	32990	28535	17018	13737	9088	11736
人工流引产数	例	3041	3380	6539	5342	6059	4349	3372	1207	877	13119
皮下埋植数	例	353	230	252	102	31	16	5	8	12	150
人流比		1:0.07	1:0.09	1:0.15	1:0.14	1:0.14	1:0.12	1:0.09	1:0.03	1:0.09	1:0.42

16-4　民政事业基本情况

	单　位	2018 年	2019 年
一、社会服务情况			
(一)提供住宿的社会工作机构数	个	188	165
养老服务机构	个	176	154
养老服务机构工作人员	人	480	
养老服务机构床位数	张	14709	14966
养老服务机构收养救助人数	人	8619	
儿童福利机构	个	1	1
儿童福利机构工作人员	人	106	106
儿童福利机构床位数	张	300	300
儿童福利机构收养救助人数	人	82	81
(二)不提供住宿的社会工作机构和设施总数	个	618	622
社区服务机构和设施数	个	609	616
二、社会救助情况			
城市居民最低生活保障人数	人	32301	27863
城市居民最低生活保障家庭数	户	20399	17993
农村牧区居民最低生活保障人数	万人	33	34
农村牧区居民最低生活保障家庭数	户	222249	229093
临时救济人次数	人次	35809	18442
三、社区服务情况			
社区服务机构	个	963	1721
#社区服务中心	个		910
#社区服务站	个		811
社区从业人员	人	2342	2532
社区服务志愿者组织	个	656	704
社区服务志愿者人数	人	56767	59113
城镇便民利民服务网点	个	218	216
四、社会组织管理情况			
社团	个	900	901
民办非企业	个	1467	1607
基金会	个	9	11

17 城市建设和环境保护

资料整理：杨　蒙　史欣彤

17-1 城市建设基本情况

	单　位	全　市	市辖区
一、土地使用情况			
建成区面积	平方公里	252.94	114.18
城市建设用地面积	平方公里	236.97	103.29
本年征用土地面积	平方公里	4.70	2.24
二、用水情况			
年末供水管道长度	公里	2667.79	991.87
年末排水管道长度	公里	1759.00	813.00
全年供水总量	万吨	11202.92	7067.00
生活用水	万吨	5668.78	3200.00
生产用水	万吨	2287.40	1921.10
用水人口	万人	189.70	91.24
人均日生活用水量	升	111.52	118.82
三、液化石油气使用情况			
全年供气总量	吨	30791.40	17798.00
用气人口	万人	163.01	69.91
四、集中供热情况			
供热能力			
蒸汽	吨/小时	715.00	180.00
热水	兆瓦	6943.00	3701.00
供热总量			
蒸汽	万吉焦	507.00	153.00
热水	万吉焦	5533.00	3421.00
管道长度			
一级管网	公里	1634.00	473.00
二级管网	公里	2837.00	1950.00
供热面积	万平方米	9550.00	5548.00

17-1 续表

	单　位	全　市	市辖区
五、市政工程情况			
年末实有城市道路长度	公里	1930.44	904.93
年末实有城市道路面积	万平方米	5516.32	2491.41
城市下水道总长度	公里	693.00	221.00
城市污水日处理能力	万吨	63.00	36.50
城市桥梁	座	127	44
城市路灯	盏	65959	39228
六、园林绿化情况			
绿化覆盖面积	公顷	9507.01	4532.65
绿地面积	公顷	8735.23	4243.58
公园面积	公顷	2118.78	827.48
公园绿地面积	公顷	3272.10	1817.16
公园个数	个	96	29
七、公共卫生情况			
实际清扫面积	万平方米	5166.00	2438.00
生活垃圾清运量	万吨	90.10	49.70
环卫机械总数	辆	865	554
公共厕所	座	770	304
八、城市设施水平			
供水普及率	%	98.60	99.29
人均道路面积	平方米	12.73	17.75
人均公园绿地面积	平方米	16.34	18.68

旗县区篇

资料整理：陈　璐　勾晓婵　刘海冉　钱映昕　王亚娟　徐　可
陆洪波　赵海波　陈海蛟　孙　颖　姚泓宇　朱晓强
李　旭　赵光耀　史欣彤

1 总户数、总人口

	总户数（户）	总人口（人）				
			#男性	#城镇人口	#汉族	#蒙古族
全　　市	**1929800**	**4599241**	**2357064**	**1424659**	**3434353**	**978213**
市区小计	506536	1275470	646662	642511	936457	244169
红山区	149168	350761	173309	271212	254339	64074
元宝山区	112461	315826	159340	160080	258622	43608
松山区	244907	608883	314013	211219	423496	136487
阿鲁科尔沁旗	139715	292579	148052	61139	162474	122535
巴林左旗	150188	339623	172634	71633	199786	127556
巴林右旗	89353	182062	91911	59963	88931	89583
林西县	110049	229865	116072	82419	212593	11999
克什克腾旗	112793	247505	125574	57329	207167	34272
翁牛特旗	203949	476141	246531	112432	392517	76602
喀喇沁旗	145406	345582	179215	112279	159876	156609
宁城县	220691	605554	316538	152300	516586	78130
敖汉旗	251120	604860	313875	72654	557966	36758

注：人口各表数据均根据公安年报数据整理。全市常住人口数为433.09万人。

2 人口自然变动情况

	出生人数（人）	死亡人数（人）	出生率（‰）	死亡率（‰）	自然增长率（‰）
全　　市	**37398**	**20619**	**8.13**	**4.48**	**3.65**
市区小计	11957	4988	9.37	3.91	5.46
红山区	3036	998	8.66	2.85	5.81
元宝山区	2116	1977	6.70	6.26	0.44
松山区	6805	2013	11.18	3.31	7.87
阿鲁科尔沁旗	1972	922	6.74	3.15	3.59
巴林左旗	2254	1453	6.64	4.28	2.36
巴林右旗	1507	981	8.28	5.39	2.89
林西县	1547	797	6.73	3.47	3.26
克什克腾旗	2030	1370	8.20	5.54	2.66
翁牛特旗	3768	2590	7.91	5.44	2.47
喀喇沁旗	2731	1470	7.90	4.25	3.65
宁城县	4886	2698	8.07	4.46	3.61
敖汉旗	4746	3350	7.85	5.54	2.31

3 地区生产总值

（按当年价格计算）　　单位：万元

	地区生产总值	第一产业	第二产业	工　业	建筑业	第三产业	人均地区生产总值
全　　市	**17083805**	**3237504**	**5082242**	**3424200**	**1658042**	**8764059**	**39488**
红山区	2917629	79566	1041597	757542	284055	1796466	63084
元宝山区	1646055	205373	779770	628383	151388	660912	49004
松山区	2705154	486796	611883	273362	338521	1606475	44813
阿鲁科尔沁旗	924421	213617	220090	115264	104826	490714	34714
巴林左旗	1195407	253952	360945	252529	108416	580510	37526
巴林右旗	579254	130667	136514	71734	64780	312072	33386
林西县	786032	144147	246389	156814	89575	395496	39410
克什克腾旗	1196962	207073	573502	474923	98579	416387	59684
翁牛特旗	1377781	477023	276073	161010	115064	624685	32855
喀喇沁旗	831150	150968	261025	172015	89011	419157	29962
宁城县	1521649	409296	329997	238164	91833	782355	28363
敖汉旗	1402308	479023	244413	122460	121954	678871	26325

4 地区生产总值指数

（按可比价格计算，以上年为100）

	地区生产总值	第一产业	第二产业	工　业	建筑业	第三产业	人均地区生产总值
全　　市	**105.1**	**102.4**	**106.7**	**105.6**	**109.0**	**105.2**	**104.9**
红山区	104.8	101.9	109.3	107.9	113.6	102.5	104.7
元宝山区	104.0	102.5	103.3	101.5	111.6	105.4	103.9
松山区	105.0	102.1	102.0	108.2	97.3	107.3	104.8
阿鲁科尔沁旗	105.6	102.4	106.9	105.0	109.2	106.5	105.4
巴林左旗	106.0	102.4	108.8	108.1	110.5	106.0	105.9
巴林右旗	104.3	102.6	107.8	109.5	106.1	103.6	104.1
林西县	105.2	102.6	106.4	104.9	109.0	105.5	105.0
克什克腾旗	104.7	102.6	105.1	102.8	117.1	105.3	104.5
翁牛特旗	104.9	102.5	107.5	103.9	113.5	105.8	104.7
喀喇沁旗	105.5	102.3	109.4	108.9	110.4	104.4	105.3
宁城县	105.0	102.2	109.6	107.3	116.1	104.7	104.8
敖汉旗	105.6	102.3	111.5	107.3	116.3	105.9	105.3

5 农村牧区基层组织情况

单位：个

	乡镇个数	乡(苏木)	镇	村委会个数
全　　市	**126**	**44**	**82**	**2057**
红　山　区	2		2	27
元 宝 山 区	6	1	5	66
松　山　区	14	5	9	244
阿鲁科尔沁旗	13	7	6	245
巴 林 左 旗	11	4	7	166
巴 林 右 旗	8	4	4	162
林　西　县	8	2	6	103
克 什 克 腾 旗	12	6	6	124
翁 牛 特 旗	14	6	8	229
喀 喇 沁 旗	8	2	6	161
宁　城　县	15	2	13	302
敖　汉　旗	15	5	10	228

6 乡村户数、人口及从业人员

单位：户、人

	乡村户数	乡村人口数	乡村从业人员数
全　　市	**1154004**	**3310299**	**1813725**
红　山　区	32597	91815	35864
元 宝 山 区	48131	172195	89296
松　山　区	147731	447443	250360
阿鲁科尔沁旗	99278	241116	141615
巴 林 左 旗	89219	268664	138678
巴 林 右 旗	38068	88514	50204
林　西　县	71785	175815	93837
克 什 克 腾 旗	64675	145470	76137
翁 牛 特 旗	139785	400056	221349
喀 喇 沁 旗	87378	223375	132197
宁　城　县	160993	520845	272693
敖　汉　旗	174364	534991	311495

7 主要农作物播种面积

单位:公顷

	总面积	粮食作物	经济作物	饲料作物
全　　市	**1417563**	**1104707**	**312856**	**134933**
红　山　区	15817	13657	2160	
元 宝 山 区	26925	23396	3529	5
松　山　区	160003	129010	30993	735
阿鲁科尔沁旗	228409	141766	86643	772446
巴 林 左 旗	122874	97325	25549	20614
巴 林 右 旗	110632	79754	30878	13227
林　西　县	74337	48867	25470	6954
克 什 克 腾 旗	79305	61075	18230	11490
翁 牛 特 旗	233530	186780	46750	5776
喀 喇 沁 旗	54431	44051	10380	46
宁　城　县	110113	95877	14236	660
敖　汉　旗	201186	183149	18037	2980

8 主要农作物产量

单位:吨

	粮　　食	油　　料	甜　　菜	蔬菜及食用菌
全　　市	**6051912**	**204924**	**1790104**	**3311061**
红　山　区	54397	1155		118638
元 宝 山 区	182334	2510	44627	61497
松　山　区	816214	29513	270745	800585
阿鲁科尔沁旗	658692	25679	297669	47896
巴 林 左 旗	567381	5827	42977	42016
巴 林 右 旗	312776	42409	198313	3019
林　西　县	260131	14504	366100	185374
克 什 克 腾 旗	178385	1928	44494	148441
翁 牛 特 旗	850520	65798	394746	378900
喀 喇 沁 旗	368971	2776	10818	363111
宁　城　县	815735	1324	10023	1104001
敖　汉　旗	986375	11502	109593	57583

9　畜禽产品产量

	出栏肉猪（头）	出栏肉牛（头）	出栏肉羊（只）	出栏肉禽（万只）	肉类总产量（吨）
全　　市	**1729132**	**756142**	**6271612**	**5921**	**511089**
红山区	14748	3159	28300	28	2910
元宝山区	159921	13559	72547	35	16742
松山区	434532	106945	559552	363	74652
阿鲁科尔沁旗	43296	87767	861920	91	35077
巴林左旗	101934	25697	620448	56	30442
巴林右旗	21994	72640	1272320	55	37192
林西县	76602	42626	266875	133	20935
克什克腾旗	37325	77076	443324	10	24118
翁牛特旗	260090	93664	657999	494	55789
喀喇沁旗	56833	44588	202315	686	29882
宁城县	224057	131468	326731	2967	110351
敖汉旗	297800	56953	959281	1002	72999

9　续表

	猪肉产量（吨）	牛肉产量（吨）	羊肉产量（吨）	禽肉产量（吨）	奶类产量（吨）	禽蛋产量（吨）
全　　市	**141512**	**112515**	**112201**	**119375**	**387983**	**357863**
红山区	1471	479	398	435	4289	2937
元宝山区	12298	2094	1514	608	30771	6297
松山区	40627	18790	8228	5510	6750	42266
阿鲁科尔沁旗	4002	12680	15838	1622	179183	3031
巴林左旗	9719	3819	10536	912	4328	3735
巴林右旗	2057	10650	22709	1388	23679	4121
林西县	6424	5514	4997	2801	7126	40147
克什克腾旗	3236	10685	8960	270	11240	1601
翁牛特旗	17684	11057	12812	10085	87125	63337
喀喇沁旗	4260	6262	3825	14793	4300	35899
宁城县	18903	23562	5312	60279	19684	41168
敖汉旗	20831	6923	17072	20672	9508	113324

10　十二月末牲畜头数

单位：头、只

	期末存栏	#牛	#马	#驴	#骡
全　　市	**11748802**	**1134272**	**103212**	**503631**	**53050**
红山区	35361	2334	249	2290	157
元宝山区	203975	21964	83	5489	126
松山区	746046	84483	2647	35934	5583
阿鲁科尔沁旗	1766267	232218	26326	33023	130
巴林左旗	1345960	56685	17031	104976	4210
巴林右旗	2111295	101439	15869	6440	173
林西县	658013	76199	10458	27307	879
克什克腾旗	1086900	174607	12477	3505	871
翁牛特旗	1431300	125671	13150	52006	14099
喀喇沁旗	339942	60223	285	9701	546
宁城县	701546	147767	688	42392	588
敖汉旗	1322197	50682	3949	180568	25688

10　续表

单位：头、只

	#奶牛	#绵羊	#寒羊	#山羊	#猪
全　　市	**75503**	**7354891**	**1029408**	**1378682**	**1219830**
红山区	1436	17500	10830	1395	11436
元宝山区	10528	62479	62479	5868	107966
松山区	2532	340302	249362	57454	219640
阿鲁科尔沁旗	26927	1257477	43426	182788	34281
巴林左旗	967	672095		394723	96240
巴林右旗	3228	1606936		361506	18683
林西县	1068	391722	14843	122403	29042
克什克腾旗	43	869620	29787	3623	21880
翁牛特旗	12003	770137	120115	220376	235231
喀喇沁旗	1822	214124	132194	3346	51715
宁城县	4175	269035	74757	14993	226083
敖汉旗	10774	883464	291615	10207	167633

11　十二月末牲畜发展情况

单位:头只、%

	纯增		总增		繁殖仔畜	
	数量	纯增率	数量	总增率	数量	繁殖率
全　　　市	**-196943**	**-1.6**	**7022195**	**58.8**	**7286159**	**111.0**
红　山　区	-8369	-19.1	42365	96.9	45427	331.7
元 宝 山 区	-30540	-13.0	155125	66.1	163644	258.0
松　山　区	-109482	-12.8	788836	92.2	802390	273.7
阿鲁科尔沁旗	14769	0.8	544164	31.1	569799	48.1
巴 林 左 旗	-75377	-5.3	738933	52.0	772412	127.7
巴 林 右 旗	-25196	-1.2	729070	34.1	740285	55.7
林　西　县	6396	1.0	328417	50.4	345487	94.4
克什克腾旗	1405	0.1	759525	70.0	791747	114.0
翁 牛 特 旗	77807	5.7	616381	45.5	635514	95.6
喀 喇 沁 旗	-4874	-1.4	219490	63.7	225919	169.5
宁　城　县	-73680	-9.5	299980	38.7	309304	110.8
敖　汉　旗	30198	2.3	1799909	139.3	1884231	200.6

11　续表

单位:头只、%

	成幼畜死亡		出栏		良种及改良种	
	数量	死亡率	数量	出栏率	数量	良改率
全　　　市	**115303**	**1.0**	**9098498**	**76.2**	**9870411**	**84.0**
红　山　区	228	0.6	47525	108.7	12711	35.9
元 宝 山 区	6203	2.8	249483	106.4	199125	97.6
松　山　区	6632	0.8	1124989	131.5	683122	91.6
阿鲁科尔沁旗	11307	0.6	1009102	57.6	1667838	94.4
巴 林 左 旗	18044	1.3	810460	57.0	1341750	99.7
巴 林 右 旗	6226	0.3	1372405	64.2	1670133	79.1
林　西　县	5773	0.9	404998	62.2	502281	76.3
克什克腾旗	21562	2.0	567750	52.3	850877	78.3
翁 牛 特 旗	9909	0.7	1043488	77.1	605717	42.3
喀 喇 沁 旗	1202	0.4	313178	90.8	339396	99.8
宁　城　县	5323	0.7	708450	91.4	700958	99.9
敖　汉　旗	22894	1.8	1446670	112.0	1296503	98.1

12 蔬菜及食用菌产量

单位:吨

	蔬菜及食用菌合计	叶菜类	白菜类	根茎类	瓜菜类	茄果类	葱蒜类	食用菌
全　　市	**3311061**	**132292**	**265129**	**239496**	**504837**	**1673767**	**91889**	**104563**
红 山 区	118638	11012	8154	1875	24091	71070	1005	
元宝山区	61497	8012	2469	1799	9275	36328	1576	735
松 山 区	800585	8423	37646	145063	9496	463068	30928	1245
阿鲁科尔沁旗	47896	1391	3214	1721	6450	25314	7053	109
巴林左旗	42016	13730	6698	235	6170	10216	1195	692
巴林右旗	3019	356	96		876	1072	180	
林 西 县	185374	7591	36726	20220	11435	48930	20398	1691
克什克腾旗	148441	12042	13419	40700	3533	24256	1300	21341
翁牛特旗	378900	40767	47933	19660	60618	108109	12509	120
喀喇沁旗	363111	8378	25226	825	7350	301927	5197	1758
宁 城 县	1104001	13955	62144	1982	361954	572154	7297	76568
敖 汉 旗	57583	6636	21405	5418	3589	11321	3251	303

13 园林水果水产生产情况

	园林水果产量（吨）	果园面积（公顷）	水产品产量（吨）
全　　市	**172115**	**26838**	**14210**
红 山 区	1490	33	200
元宝山区	2860	402	150
松 山 区	17741	1628	1300
阿鲁科尔沁旗	26735	2396	1700
巴林左旗	3809	381	900
巴林右旗	1611	203	2150
林 西 县	30317	7000	650
克什克腾旗	1166	56	2900
翁牛特旗	1817	209	2250
喀喇沁旗	22909	2726	100
宁 城 县	58550	8950	1080
敖 汉 旗	3109	2855	830

14　农业主要能源及物资消耗

	农村用电量（万千瓦时）	农用化肥使用量（吨）	农用薄膜使用量（吨）	农用柴油使用量（吨）	农药使用量（吨）
全　　市	**281357**	**296801**	**20204**	**163475**	**2389**
红 山 区	2770	5219	338	675	28
元宝山区	18153	12493	592	2366	69
松 山 区	32169	44724	4475	49380	184
阿鲁科尔沁旗	29837	21334	341	23602	419
巴林左旗	13029	21446	531	6074	174
巴林右旗	2751	5555	640	3914	33
林 西 县	14129	10480	989	11734	22
克什克腾旗	11449	8831	590	4907	101
翁牛特旗	20961	38793	1956	23559	306
喀喇沁旗	7973	18147	2077	8581	255
宁 城 县	65156	44371	2083	4368	250
敖 汉 旗	62981	65409	5594	24314	549

15　规模以上工业企业主要经济指标

单位：千元

	企业单位数（个）	亏损企业（个）	工业总产值（当年价格）
全　　市	**281**	**69**	**101432488**
红 山 区	43	6	28280360
元宝山区	40	13	26293388
松 山 区	25	7	5998938
阿鲁科尔沁旗	11	6	1838327
巴林左旗	23	8	4986931
巴林右旗	9	1	2270276
林 西 县	21	4	5055584
克什克腾旗	33	6	11236182
翁牛特旗	21	5	2590475
喀喇沁旗	15	3	2301028
宁 城 县	20	6	7365210
敖 汉 旗	20	4	3215789

15 续表1

单位:千元

	资产合计	流动资产合计	固定资产原价	负债合计	流动负债合计
全　　市	**209089589**	**76644787**	**139685355**	**141162088**	**106805071**
红　山　区	28238045	12299213	17096236	16296387	11192121
元宝山区	43532269	16369153	32922959	31384651	22292896
松　山　区	20890902	5318995	19540437	13075016	8652517
阿鲁科尔沁旗	7490616	3054673	4517408	5536355	2777205
巴林左旗	11179404	5904605	5338370	4999207	4574596
巴林右旗	9203690	3951596	7150365	6948045	3922456
林　西　县	7189086	3328691	3952505	4650777	3880626
克什克腾旗	49135128	8070932	34766681	36560015	30409038
翁牛特旗	13584113	7922388	5260517	8295978	6467854
喀喇沁旗	3213138	1674264	2257938	1637748	1569500
宁　城　县	9771707	6938201	3190627	8499717	8281300
敖　汉　旗	5661491	1812076	3691312	3278192	2784962

15 续表2

单位:千元

	非流动负债合计	所有者权益	营业收入	管理费用
全　　市	**34357017**	**67927471**	**106147496**	**4387253**
红　山　区	5104266	11941658	28498088	555325
元宝山区	9091755	12147616	28304605	1607073
松　山　区	4422499	7815885	6017308	316597
阿鲁科尔沁旗	2759150	1954260	1847906	93878
巴林左旗	424611	6180195	5303768	357325
巴林右旗	3025589	2255641	2189380	23437
林　西　县	770151	2538307	5382627	189663
克什克腾旗	6150977	12575109	11329804	605899
翁牛特旗	1828124	5288129	3978497	157921
喀喇沁旗	68248	1575389	2363231	109898
宁　城　县	218417	1271987	7513971	194610
敖　汉　旗	493230	2383295	3418311	175627

15 续表3

单位:千元

	财务费用	利润总额	本年应付职工薪酬	全部从业人员年平均人数（人）
全　　市	**2748356**	**5572671**	**8737299**	**88090**
红山区	210337	719799	1462329	20445
元宝山区	517642	952569	4027511	27525
松山区	410992	508580	395717	3710
阿鲁科尔沁旗	116526	282294	93109	1261
巴林左旗	50686	479963	409469	3982
巴林右旗	305833	67769	94897	922
林西县	176459	228318	367753	5398
克什克腾旗	573015	1218301	786289	6652
翁牛特旗	222050	260378	171448	3362
喀喇沁旗	40235	212701	142237	2299
宁城县	39525	312344	423978	7703
敖汉旗	85056	329655	362562	4831

16 建筑业企业生产及分布情况

	企业个数（个）	# 二级以上总承包	# 二级以上专业承包	建筑业总产值（千元）	签订合同额（千元）	房屋施工面积（平方米）	本年新开工面积（平方米）
全　　市	**176**	**84**	**8**	**18503065**	**35864379**	**13285305**	**7437284**
红山区	27	13	4	4076443	9755610	1808298	1056130
元宝山区	9	6	1	661228	999006	468090	257986
松山区	48	26	3	8837086	17537447	7656386	4288528
阿鲁科尔沁旗	8	3		489307	1007662	484042	390653
巴林左旗	8	3		515905	609810	242062	54432
巴林右旗	10	4		424456	546812	179725	172355
林西县	4	1		137031	164916	28388	13585
克什克腾旗	8	4		388327	543386	170000	170000
翁牛特旗	9	3		356316	521415	298320	41413
喀喇沁旗	19	9		1096788	1813367	750495	587663
宁城县	12	6		668325	1116495	575678	161505
敖汉旗	14	6		851853	1248453	623821	243034

17　建筑业企业财务情况

单位：千元

	资产总计	#流动资产合计	#固定资产原价	所有者权益合计	利润总额
全　　市	**21055788**	**17293491**	**2681376**	**7976154**	**573666**
红 山 区	4443101	3057625	494104	1953094	190074
元宝山区	1477835	1153005	417489	428457	-33416
松 山 区	8762063	8040671	655190	2545382	231911
阿鲁科尔沁旗	483157	413885	51376	324683	29807
巴林左旗	507375	424228	116775	220261	24620
巴林右旗	782897	689380	146585	242917	266
林 西 县	113511	91738	14836	76654	5511
克什克腾旗	522520	359932	106481	163695	11987
翁牛特旗	736835	660107	133369	356977	23418
喀喇沁旗	933577	730064	222256	676919	45362
宁 城 县	1013153	795551	201095	585525	21329
敖 汉 旗	1279764	877305	121820	401590	22797

17　续表

单位：千元

	主营业务收入	主营业务成本	主营业务税金及附加	营业利润	管理费用	财务费用
全　　市	**20765883**	**19130739**	**177334**	**582894**	**699892**	**179409**
红 山 区	4451682	4029920	59999	191088	154429	31570
元宝山区	684835	602495	2281	-32587	107880	8437
松 山 区	9933301	9215346	58503	239227	286172	125190
阿鲁科尔沁旗	568989	525912	2719	29807	11728	-12
巴林左旗	363729	314951	4047	24360	10588	8419
巴林右旗	607082	573666	6224	497	22478	911
林 西 县	129872	118172	2417	5975	3456	192
克什克腾旗	338549	310153	6311	11988	9844	253
翁牛特旗	667063	623193	9137	23438	11461	141
喀喇沁旗	1354898	1258210	6389	45346	43458	1397
宁 城 县	687382	638842	5589	21426	16956	1813
敖 汉 旗	978501	919879	13718	22329	21442	1098

18　房地产投资完成情况

单位:万元

	本年完成投资额	住　宅	商业营业用房	其　他
全　　市	**2066970**	**1500835**	**166155**	**339668**
红　山　区	367559	144805	58395	142368
元 宝 山 区	101780	77648	3387	20745
松　山　区	902472	737280	21793	107412
阿鲁科尔沁旗	127237	104653	14545	7457
巴 林 左 旗	92376	57670	20986	13650
巴 林 右 旗	47746	41668	1319	4420
林　西　县	48510	40959	3324	4227
克 什 克 腾 旗	2044	2029	5	10
翁 牛 特 旗	57902	45657	8995	3250
喀 喇 沁 旗	115631	100877	3099	10407
宁　城　县	124185	95114	10655	18416
敖　汉　旗	79528	52475	19652	7306

19　销售地区社会消费品零售总额

单位:万元

	社会消费品零售总额	城　镇	其中:城区	乡　村
全　　市	**6193352**	**5117914**	**3648693**	**1075438**
红　山　区	1662942	1662942	1662942	
元 宝 山 区	416683	416683	354181	
松　山　区	1262644	1262644	1262644	
阿鲁科尔沁旗	307628	218416	218416	89212
巴 林 左 旗	464910	333154		131756
巴 林 右 旗	175542	108836	76185	66706
林　西　县	182164	122050	111065	60114
克 什 克 腾 旗	216980	167623	150861	49357
翁 牛 特 旗	342579	188418		154160
喀 喇 沁 旗	314599	184481	184481	130118
宁　城　县	454891	338532		116359
敖　汉　旗	391792	297762	261435	94030

20　分行业社会消费品零售总额

单位：万元

	社会消费品零售总额	批发零售贸易业	住宿餐饮业
全　　市	**6193352**	**5456964**	**736388**
红　山　区	1662942	1396871	266071
元 宝 山 区	416683	375015	41668
松　山　区	1262644	1113227	149417
阿鲁科尔沁旗	307628	283693	23935
巴 林 左 旗	464910	424777	40133
巴 林 右 旗	175542	153871	21671
林　西　县	182164	156661	25503
克 什 克 腾 旗	216980	159332	57648
翁 牛 特 旗	342579	319357	23222
喀 喇 沁 旗	314599	283107	31491
宁　城　县	454891	404264	50627
敖　汉　旗	391792	360449	31343

21　就业人员工资总额及平均工资

	全部单位		国有单位		城镇集体单位		其他经济类型单位	
	工资总额（万元）	平均工资（元）	工资总额（万元）	平均工资（元）	工资总额（万元）	平均工资（元）	工资总额（万元）	平均工资（元）
全　　市	**2323831**	**74323**	**1430189**	**79608**	**23892**	**86284**	**869750**	**66777**
红　山　区	547750	70994	301886	86590	1737	34197	244127	58429
元 宝 山 区	378283	88601	91769	80619	380	37584	286135	91677
松　山　区	363318	77174	240556	85922	385	46398	122376	64415
阿鲁科尔沁旗	111608	72468	87278	77176	226	64571	24104	59413
巴 林 左 旗	130051	72051	91625	80141	216	40774	38210	58211
巴 林 右 旗	76829	66261	62000	69537	3458	129996	11372	47127
林　西　县	90944	69705	67197	78373	5350	114316	18397	45934
克 什 克 腾 旗	88135	65684	68955	68265	1176	71726	18004	57100
翁 牛 特 旗	139286	74270	103656	87062	9061	118443	26569	43677
喀 喇 沁 旗	114334	81129	80411	77378	93	58188	33830	91805
宁　城　县	151503	69727	121538	78084	865	60915	29099	48330
敖　汉　旗	131790	67052	113318	65833	945	56238	17527	77078

22　一般公共预算收入

单位:万元

	2009 年	2010 年	2011 年	2012 年	2013 年	2014 年	2015 年	2016 年	2017 年	2018 年	2019 年
全　　市	**458221**	**563261**	**617762**	**745577**	**911842**	**980258**	**1045777**	**1117777**	**1006776**	**1082357**	**1103985**
市　本　级	83511	106765	77189	91846	121330	156100	143286	146941	164359	92575	90005
红　山　区	73331	98572	104120	136229	181646	200117	216200	231335	217247	264926	270629
元宝山区	59121	71656	99089	114360	129138	112166	97700	128000	120000	128400	129000
松　山　区	30547	40500	56271	65505	84131	91306	120166	130267	135363	188213	218145
阿鲁科尔沁旗	11190	14840	18656	24603	30276	32500	34843	37150	27297	46501	40080
巴林左旗	21694	25417	30444	35911	42743	46538	68290	55630	52410	54003	54520
巴林右旗	20094	24910	24947	27273	36011	38748	41462	44162	29990	31000	25502
林　西　县	15250	19249	18600	24224	31283	33500	35950	38307	34189	37103	38258
克什克腾旗	44744	57832	64900	78612	70972	72000	75600	80500	53600	57200	60080
翁牛特旗	18826	21921	21976	29228	36808	39490	42020	46981	42145	48761	42227
喀喇沁旗	29855	26156	31161	35556	46915	44018	47610	47704	39157	43451	40895
宁　城　县	27660	29039	37805	45404	54788	61887	66850	71200	46500	50207	50645
敖　汉　旗	22398	26404	32604	36826	45801	51888	55800	59600	44519	40017	43999

23　一般公共预算支出

单位:万元

	2009 年	2010 年	2011 年	2012 年	2013 年	2014 年	2015 年	2016 年	2017 年	2018 年	2019 年
全　　市	**1871101**	**2197851**	**2721978**	**3256223**	**3477996**	**3604389**	**4150346**	**4388482**	**4625060**	**5376819**	**5452234**
市　本　级	342289	348134	396896	464288	553926	590038	718252	956433	892687	1210044	1184748
红　山　区	100600	132000	148000	181153	231708	260018	318238	268666	323821	352018	317984
元宝山区	118220	165428	170156	200666	210166	207866	358060	225566	216000	228600	246000
松　山　区	124840	141896	219245	283985	287466	310534	214666	349000	440766	483154	454178
阿鲁科尔沁旗	127824	149784	177649	232078	254883	243719	289848	305230	316676	350228	363090
巴林左旗	115003	150280	173213	223366	232656	240007	289197	274688	327375	345143	370758
巴林右旗	118699	117998	168985	190823	195400	201127	220621	242556	251138	290618	256601
林　西　县	98468	122776	149266	188699	206666	204560	217429	210169	246166	278258	296696
克什克腾旗	135295	156000	189800	212243	231000	241000	256000	258902	265000	302600	316088
翁牛特旗	149568	184930	250865	294813	291506	302075	324743	348196	358951	385870	421895
喀喇沁旗	127462	141189	169558	188666	207110	213577	241494	239840	255517	270754	284057
宁　城　县	162428	193258	251789	280800	292000	292000	348186	353187	345228	422227	414331
敖　汉　旗	150945	194178	256556	314643	283509	297868	353612	356049	385735	457305	525808

24 各旗县区医疗卫生机构、床位、人员数

地区	机构个数	床位数	编制人数	人员数(人)												
				合计	卫生技术人员									其他技术人员	管理人员	工勤技能人员
					小计	执业(助理)医师	执业医师	注册护士	药师(士)	技师(士)	检验师	其他	见习医师			
总计	**4754**	**31110**	**19387**	**41648**	**32734**	**13662**	**11015**	**12659**	**1986**	**1704**	**1083**	**2723**	**623**	**1514**	**1590**	**1449**
红山区	434	8717	7042	12050	10333	3736	3540	4978	475	521	360	623	209	581	590	334
元宝山区	245	2385	1157	2775	2232	927	759	851	166	115	79	173	14	80	140	155
松山区	722	2806	1201	4570	3478	1706	1382	1202	204	177	113	189	56	116	221	127
阿鲁科尔沁旗	475	2364	810	2406	1943	775	541	581	127	90	54	370	60	50	76	67
巴林左旗	228	2060	1206	1998	1514	666	509	480	114	62	45	192	69	64	103	50
巴林右旗	222	841	707	1561	1268	503	410	452	111	67	43	135	41	75	35	26
林西县	255	1277	1097	1989	1511	804	518	437	77	97	52	96	15	57	50	45
克什克腾旗	273	1482	1051	2031	1582	652	526	575	113	75	49	167	36	28	92	118
翁牛特旗	288	1223	953	2131	1459	648	508	485	86	96	59	144	10	46	62	43
喀喇沁旗	314	1243	847	1909	1355	675	469	418	100	92	46	70	15	23	67	77
宁城县	680	3139	1657	4649	3477	1346	1045	1300	238	155	102	438	83	311	92	273
敖汉旗	618	3573	1659	3579	2582	1224	808	900	175	157	81	126	15	83	62	134

25 人寿保险保费收入与赔付

单位：千元

	保费收入	赔款支出	满期给付	年金给付	死伤医给	退保金额
红山区	3146012	35432	105885	114444	123204	678422
元宝山区	494864	7508	23481	17532	46767	63140
松山区	498543	15246	21134	10673	14610	83761
阿鲁科尔沁旗	200288	4747	5465	5287	19159	14341
巴林左旗	366725	29024	13780	6231	30413	19880
巴林右旗	190164	3016	5613	4384	14949	7696
林西县	246787	5458	10825	4668	20381	19370
克什克腾旗	330835	7758	10597	14390	22845	14840
翁牛特旗	278512	5820	16093	8201	18367	52563
喀喇沁旗	185127	8230	11471	7257	28725	24346
宁城县	418770	13131	20176	18351	37289	33954
敖汉旗	334979	10460	16318	116658	21098	24242

26 财产保险保费收入

单位:千元

	保费收入(千元)	#企事业财产险	#家庭财产险	#责任险	#机动车辆险	#货物运输险	#人身意外伤害险	#其他
红山区	309566	5924	217	9977	276947	622	11966	4731
元宝山区	148721	15943	124	7471	96327	579	8334	25974
松山区	932522	23132	1034	25244	460613	15031	13180	395761
阿鲁科尔沁旗	126038	165	645	5470	51453	182	4418	65517
巴林左旗	110630	1132	458	15529	48607	120	3622	43870
巴林右旗	92765	344	521	3027	45597	188	2658	40843
林西县	70686	1466	69	4197	46363	125	3701	15353
克什克腾旗	98684	2970	193	3527	46532	242	4229	40991
翁牛特旗	181355	899	232	5816	56701	184	18903	130006
喀喇沁旗	79426	135	119	4223	45784	27	3176	25963
宁城县	143108	920	534	4811	98121	247	7702	30773
敖汉旗	151977	903	1230	5668	100002	262	12874	40777

27 财产保险赔款支出

单位:千元

	赔款支出(千元)	#企事业财产险	#家庭财产险	#责任险	#机动车辆险	#货物运输险	#人身意外伤害险	#其他
红山区	198528	3832	90	4613	159667	186	5649	24491
元宝山区	84770	5630	31	8099	51695	234	3299	15782
松山区	575932	10478	245	12883	232636	1318	5637	312731
阿鲁科尔沁旗	71223	2998	105	807	26474	35	992	39812
巴林左旗	58048	1734	212	6312	25294	4	1381	23112
巴林右旗	48916	32	232	325	21690	53	111	26474
林西县	31667	953	37	1301	17497	28	359	11492
克什克腾旗	51920	819	91	223	24117	147	988	25535
翁牛特旗	140106	41	86	4487	31081	73	467	103871
喀喇沁旗	51010		8	3115	24626	12	878	22371
宁城县	90439	1157	180	2896	60533	112	2451	23110
敖汉旗	106370	29	211	745	44063	3	1853	59466

28 各类学校数

单位:所

	中等职业学校	职业高中	普通中学	初　　中	高　　中	小　　学
全　　市	**34**	**26**	**143**	**104**	**39**	**394**
红　山　区	6	6	17	10	7	41
元 宝 山 区	4	3	10	7	3	17
松　山　区	6	4	26	19	7	53
阿鲁科尔沁旗	2	1	7	5	2	32
巴 林 左 旗	2	2	8	5	3	28
巴 林 右 旗	2	1	5	3	2	24
林　西　县	1	1	4	3	1	16
克什克腾旗	1	1	12	10	2	19
翁 牛 特 旗	3	2	12	9	3	35
喀 喇 沁 旗	1	1	9	7	2	32
宁　城　县	3	2	14	11	3	56
敖　汉　旗	3	2	19	15	4	41

29 各类学校在校生数

单位:人

	中等职业学校	职业高中	普通中学	初　　中	高　　中	小　　学
全　　市	**30702**	**23465**	**206472**	**128500**	**77972**	**252024**
红　山　区	2750	2750	21112	12498	8614	28861
元 宝 山 区	1512	1512	14815	8778	6037	15560
松　山　区	9431	3153	35696	20969	14727	42108
阿鲁科尔沁旗	1102	1102	12314	7690	4624	13758
巴 林 左 旗	2533	2533	16041	10542	5499	17177
巴 林 右 旗	0	0	7948	4566	3382	9611
林　西　县	1282	1282	8682	5659	3023	9990
克什克腾旗	581	581	7394	4348	3046	9874
翁 牛 特 旗	1987	1028	15774	9861	5913	19734
喀 喇 沁 旗	2608	2608	14984	9405	5579	17398
宁　城　县	3749	3749	26139	17443	8696	36923
敖　汉　旗	3167	3167	25573	16741	8832	31030

30 居民人均可支配收入

单位:元

	全体居民人均可支配收入	其中:城镇常住居民	其中:农村牧区常住居民
全　　市	**22826**	**34101**	**12620**
红　山　区	37623	38195	21315
元宝山区	33476	37600	21223
松　山　区	26477	36168	16555
阿鲁科尔沁旗	17743	28288	10632
巴林左旗	17658	30303	11341
巴林右旗	21303	28498	11639
林　西　县	21464	30117	10674
克什克腾旗	21403	30563	12476
翁牛特旗	18003	29853	11562
喀喇沁旗	19899	30138	12437
宁　城　县	17965	33019	12276
敖　汉　旗	17128	30335	12513

31 城乡居民人均消费支出

单位:元

	城镇常住居民	农村牧区常住居民
全　　市	**18871**	**11687**
红　山　区	24584	10147
元宝山区	22420	16152
松　山　区	25659	15123
阿鲁科尔沁旗	15757	6911
巴林左旗	20045	10703
巴林右旗	24491	25133
林　西　县	27834	16612
克什克腾旗	20224	16354
翁牛特旗	21161	12945
喀喇沁旗	16765	11430
宁　城　县	25795	12474
敖　汉　旗	22320	16162

指标解释篇

资料整理：史欣彤　董　思　王修茹　刘海冉　张艳辉　王亚娟
赵海波　孙　颖　温延博　宋雪佳

行政区划和自然资源

森林面积　指生长着乔木和竹林，郁闭度0.3以上(不包括0.3)的林地面积，即有林地面积。它是反映森林资源总面积的重要指标。森林面积包括天然林面积和人工林面积。但不包括灌木林地和疏地林面积。

森林覆盖率　通常是指森林面积占土地总面积之比，一般用百分数表示。森林面积指郁闭度0.2以上的乔木林地面积和竹林面积，国家特别规定的灌木林地面积、农田林网以及村旁、路旁、水旁、宅旁林木的覆盖面积。计算公式：

森林覆盖率(%)=森林面积/土地总面积×100%

森林蓄积量　指森林面积上生长着的林木树干材积总量。它是反映一个国家或地区森林资源总规模和水平的重要指标。

草地面积　指牧区和农区用于放牧畜或割草，植被盖度在5%以上的草原、草坡、草山等面积。包括天然和人工种植或改良的草地面积。

矿产保有储量　指控明的矿产开采部分和地下损失量后的年实有储量。它反映国家矿产资源的现状。

综　　合

国内(地区)生产总值　是按市场价格计算的国内生产总值的简称。它是一个国家(地区)所有常住单位在一定时期内生产活动的最终成果。国内生产总值有三种表现形态，即价值形态、收入形态和产品形态。从价值形态看，它是所有常住单位在一定时期内所生产的全部货物和服务价值超过同期投入的全部非固定资产货物和服务价值的差额，即所有常住单位的增加值之和；从收入形态看，它是所有常住单位在一定时期内所创造并分配给常住单位和非常住单位的初次分配收入之和；从产品形态看，它是最终使用的货物和服务减去进口货物和服务。在实际核算中，国内生产总值的三种表现形态表现为三种计算方法，即生产法、收入法和支出法。三种方法分别从不同的方面反映国内生产总值及其构成。

可比价格　指计算各种总量指标所采用的扣除了价格变动因素的价格，可进行不同时期总量指标的对比。按可比价格计算有两种方法：一种是直接用产品产量乘某一年的不变价格计算；另一种是用价格指数换算。

不变价格　指同类产品的年平均价格作为固定价格，来计算各年产品价值。按不变价格计算的产品价格消除了价格变动因素，不同时期对比可以反映生产的发展速度。

平均每年增长速度　在我国计算平均增长速度有两种方法，一种是习惯上经常使用的"水平法"，又称几何平均法，是以间隔最后一年的水平同基期水平对比来计算平均每年增长(或下降)速度。另一种是"累计法"，又称代数平均法或方程法，是以间隔期内各年水平的总和和同基期水平对比来计算平均每年增长(或下降)速度。

在一般正常情况下，两种方法计算的平均每年增长速度比较接近，但在经济发展不平衡，出现大起大落时，两种方法计算的结果差别较大。

国有企业　在国际惯例中仅指一个国家的中央政府或联邦政府投资或参与控制的企业。在中国，国有企业还包括由地方政府投资参与控制的企业。政府的意志和利益决定了国有企业的行为。国有企业作为一种生产经营组织形式同时具有营利法人和公益法人的特点。其营利性体现为追求国有资产的保值和增值。其公益性体现为国有企业的设立通常是为了实现国家调节经济的目标，起着调和国民经济各个方面发展的作用。

集体企业　指企业资产归集体所有，并按《中华人民共和国企业法人登记管理条例》规定登记注册的经济组织。是社会主义公有制经济的组成部分。包括城乡所有使用集体投资举办的企业，以及部分个人通过集资自愿放弃所有权并依法经工商行政管理机关认定为集体所有制的企业。

私营企业　是指由自然人投资设立或由自然人控股，以雇佣劳动为基础的营利性经济组织。

联营企业　指两个及两个以上相同或不同所有制性质的企业法人或事业单位法人，按自愿、平等、互利的原则，共同投资组成的经济组织。

股份有限公司　指根据《中华人民共和国企业法人登记管理条例》规定登记注册，其全部注册资本由等额股份构成并通过发行股票筹集资本，股东以其认购的股份对公司承担有限责任，公司以其全部资产对其债务承担责任的经济组织。

外商投资企业　指企业注册登记类型中的中外合资、合作经营企业、外资企业和外商投资股份有限公司之和。

港、澳、台商投资企业　指企业注册登记类型中的港、澳、台资合资、合作、独资经营企业和股份有限公司之和。

三次产业　根据《国民经济行业分类》(GB/T4754－

2017),我国的三次产业划分是:

第一产业是指农、林、牧、渔业(不含农、林、牧、渔服务业);

第二产业是指采矿业(不含开采辅助活动),制造业(不含金属制品、机械和设备修理业),电力、热力、燃气及水生产和供应业,建筑业;

第三产业即服务业,是指除第一产业、第二产业以外的其他行业。

国内(地区)支出总额 指一个国家(或地区)所有常住单位在一定时期内用于最终消费和投资,以及净出口货物和服务支出总额,它反映本期生产的国内生产总值的使用构成,这一总量就是支出法测算的国内生产总值,具体包括总消费、总投资和净出口。

总消费 指常住单位在一定时期内的货物和服务的全部最终消费支出。也就是常住单位为满足物质文化和精神上的需要,从本国经济领土或外国购买的货物和服务的消费支出(不包括非常住居民在本国经济领土内的消费支出)。总消费分居民消费和社会消费。

(1)居民消费 指常住居民在一定时期内对于货物和服务的全部最终消费。包括居民以货币直接购买的各种消费品和直接支付的房租、交通、医疗、文教等各种服务费支出;居民本期自产自用的消费品和自有住房的虚拟消费;居民以实物工资形式获得的各种生活消费品等。不包括居民用于购买房屋和生产的支出。

(2)社会消费 指政府部门的总产出扣除其销售收入后的价值。也就是指社会公共服务部门将其生产活动总成果提供给政府,由政府部门购买并提供给全社会享用的社会消费支出。

资本形成总额 指常住单位在一定时期内对固定资产和存货的投资支出合计,分为固定资产形成和存货增加两项。

(1)固定资本形成总额 指从常住单位在一定时期内购置、转入和自产自用的固定资产中,扣除已有固定资产的销售和转出后的价值。固定资产形成包括在一定时期内完成的建筑工程、安装工程和设备器具购置价值,以及新增役、种、奶、毛、娱乐用牲畜和新增经济林价值等。

(2)存货增加 指常住单位一定时期内库存实物量变动的市场价值。期初与期末差额为正值表示存货增加,负值表示存货减少具体包括本期购买的原材料、燃料和存备物资等商品库存;本期生产的产成品、半成品和在制品等产品库存。

净出口 指出口与进口的差额。出口包括常住单位向非常住单位出售或无偿转让的各种货物和服务的总值;进口包括常住单位从非常住单位购买或无偿得到各种货物和服务的总值。由于服务活动与使用同时发生,因此服务的进出口业务并不发生出入境现象,应把常住单位从国外得到的服务为进口,反之,非常住单位从我国得到的作为出口。

固定资产折旧 指一定时期内为弥补固定资产损耗而应提取的补偿价值。它反映了全部固定资产在本期生产中的资产转移价值。各类企业的固定资产折旧是指从成本费用中提取的折旧费。对不计提折旧的单位,如政府机关、事业单位、学校、医院、部队和居民住房则应进行虚拟折旧。

劳动者报酬 指劳动者为常住单位提供劳务而获得各种报酬,它反映劳动者参与增加值创造而获得的原始收入。具体包括从各种来源开支的货币工资和实物工资,即单位以工资、福利、社会保险等形式,从成本、费用和利润中为劳动者支付的各种开支,以及个体和其他劳动者通过参加社会生产活动所获得的各种劳动报酬。

生产税净额 指生产税与补贴之差,它反映政府从本期创造的增加值中所得到的原始收入份额。生产税是指政府对生产单位的生产经营活动所征收的各种税、附加和规费,具体包括销售(营业)税金及附加、增值税、管理费开支的税、应交纳的养路费、排污费和水电附加等,以及烟酒专卖上缴政府的专项收入。补贴与生产税相反,是政府对生产单位的单方面收入转移,因此视为负税处理,包括政策亏损补贴、粮食系统价格补贴、外资企业出口退税收入等。

营业盈余 指常住单位创造的增加值扣除固定资产折旧价值、支付劳动者报酬和上缴政府生产税净额后的余额,它反映企业参与增加值创造而应得到的原始收入份额。该指标相当于企业的营业利润,但要扣除利税后项目中支付的工资、福利及公益金等。

人　口

人口数 指一定时点、一定地区范围内的有生命的个人的总和。

年度统计的年末人口数是指每年12月31日24时的人口数。

城镇人口数和乡村人口数 一般是按户籍人口划分的。

镇 是指经省、自治区、直辖市批准的镇。1963年以前为常住人口在2000人以上,非农业人口占50%以上的。1964年起改为常住人口在3000人以上,非农业人口占70%以上,或常住人口在2500以上,不满3000人,非农业人口占85%以上的。1984年后又调整为,凡县级地方国家机关所在地;或总人口在20000人以下的乡、乡政府驻地非农业人口超过2000人的;或总人口在20000人以上的乡、乡政府驻地非农业人口占全乡人口10%以上:或少数民族地区、人口稀少的边远地区、山区和小型工矿区、小港口、风景旅游、边境口岸等地,非农业人口虽不足2000人,都可建镇。

出生率(又称粗出生率) 指在一定时期内(通常为一年)平均每千人所出生的人数的比率,一般用千分率表示,计算公式:

出生率=年出生人数/年平均人数×1000‰。

式中:出生人数是指活产婴儿,即胎儿脱离母体时(不管怀孕月数),有过呼吸或其他生命现象。年平均人数指年初、年底人口数的平均数,也可用年中人口数代替。

死亡率(又称粗死亡率) 指在一定时期内(通常为一年)一定地区的死亡人数与同期平均人数(或期中人数)之比,一般用千分率表示。计算公式:

死亡率=年死亡人数/年平均人数×1000‰。

人口自然增长率 指在一定时期内(通常为一年)人口自然增加数(出生人数减死亡人数)与该时期内平均人数(或期中人数)之比,一般用千分率表示。计算公式:

人口自然增长率=(本年出生人数-本年死亡人数)/年平均人数×1000‰。

或:人口自然增长率=人口出生率-人口死亡率

迁移人口 指在可区分的地域之间,改变原常住的居住地,而迁移到另外一居住地定居的人口。

就业人员和职工工资

单位就业人员 是指在各级国家机关、政党、社会团体及企业、事业单位中工作,取得工资或其他形式的劳动报酬的全部人员。包括:在岗职工、再就业的离退休人员、民办教师以及在各单位中工作的外方人员和港澳台方人员、兼职人员、借用外单位人员和第二职业者。不包括离开本单位仍保留劳动关系的职工。

职工 指在国有经济、城镇集体经济、联营经济、股份制经济、外商和港、澳、台投资经济、其他经济单位及其附属机构工作,并由其支付工资的各类人员,不包括返聘的离退休人员、民办教师、在国有经济单位工作的外方人员和港、澳、台人员(1998年以后的数据均为在岗职工数据,其他相关指标如职工工资总额,职工平均工资等指标也从1998年按此口径进行了相应调整)。

国有单位职工 指在国有经济单位及其附属机构工作,并由其支付工资的各类人员。

城镇集体单位职工 指在城镇集体经济单位及其管理部门工作,并由其支付工资的各类人员。

其他单位职工 指在联营经济、股份制经济外商投资经济、港、澳、台投资经济单位工作,并由其支付工资的各类人员。

职工工资总额 指各单位在一定时期内直接支付给本单位全部职工的劳动报酬总额。工资总额的计算原则应以直接支付给职工的全部劳动报酬为根据。各单位支付给职工的劳动报酬以及其他根据有关规定支付的工资,不论是计入成本的还是不计入成本的,不论是按国家规定列入计征奖金税项目的,还是未列入计征奖金税项目的,不论是以货币形式支付的还是以实物形式支付的,均包括在工资总额内。

奖金 指支付给职工的超额劳动报酬和增收节支的劳动报酬。

津贴和补贴 指为了补偿职工特殊或额外的劳动消耗和因其他特殊原因支付给职工的津贴,以及为了保证职工工资水平不受物价影响支付给职工的物价补贴。

职工平均工资 指企业、事业、机关单位的职工在一定时期内平均每人所得的货币工资额。它表明一定时期职工工资收入的高低程度,是反映职工工资水平的主要指标。计算公式为:

职工平均工资=报告期实际支付的全部职工工资总额/报告期全部职工平均人数

职工平均工资指数 指报告期职工平均工资与基期职工平均工资的比率,是反映不同时期职工货币工资水平变动情况的相对数。计算公式为:

职工平均工资指数=报告期职工平均工资/基期职工平均工资

职工平均实际工资 是指扣除物价变动因素后的职工平均工资。计算公式为:职工平均实际工资=报告期职工平均工资/报告期城镇居民消费价格指数。

职工平均实际工资指数 职工平均实际工资指扣除物价变动因素后的职工平均工资。职工平均实际工资指数是反映实际工资变动情况的相对数,表明职工实际工资水平提高或降低的程度。计算公式为:

职工平均实际工资指数=报告期职工平均工资指数/报告期城镇居民消费价格指数×100%

城镇登记失业人员 指有非农业户口,在一定的劳动年龄内,有劳动能力,无业而要求就业,并在当地就业服务机构进行求职登记的人员。

城镇登记失业率 指城镇登记失业人数同城镇就业人数与城镇登记失业人数之和的比。计算公式为:

城镇登记失业率=城镇登记失业人数/(城镇就业人数+城镇登记失业人数)×100%

农　　业

农林牧渔业总产值　是以货币表现的农林牧渔业的全部产品总量和对农林牧渔业生产活动进行的各种支持性服务活动的价值。它反映一定时期内农林牧渔业生产总规模和总成果，是观察农林牧渔业生产水平和发展速度，研究农林牧渔业内部比例关系、农林牧渔业与工业、农林牧渔业与国家建设、人民生活比例关系的重要指标，同时也是计算农林牧渔业生产率和农林牧渔业增加值的基础资料。农林牧渔业总产值的统计范围是辖区内各种经济组织类型、各个系统的全部农林牧渔业生产单位和非农行业单位附属的农林牧渔业生产活动单位。军委系统的农林牧渔业生产（除军马外）也应包括在内，但不包括农业科学试验机构进行的农业生产。

粮食作物　指一般用作人类主食，种植在耕地或非耕地上的农作物。根据我国产品目录分类标准，粮食包括谷物、豆类、薯类。

粮食作物播种面积　指农业生产经营者应在日历年度内收获的粮食作物在全部土地（耕地或非耕地）上的播种或移植面积。凡是本年内收获的作物，无论是本年还是上年播种，都算为当年播种面积，但不包括本年播种，下年收获的作物面积。移植的作物面积按移植后的面积计算，不计算移植前的秧田面积。如果因灾害等原因，应该收获却未能收获，也要按原播种面积计算，新补或改种，并在本年收获的，也要按复种作物计算面积。间种、混种的作物面积按比例折算各个作物的面积，如果完全混合、同步生长、收获的作物，按混合面积平均分配。复种、套种的作物，按次数计算面积，每种一次计算一次。再生稻、再生高粱等，因其没有经过播种或移植，不计入播种面积。

粮食作物产量　指农业生产经营者日历年度内生产的全部粮食作物数量。其中，谷物产量按脱粒后的原粮计算，豆类按去豆荚后的干豆计算，薯类按鲜薯重量统计上报，国家统一按 5∶1 折算粮食产量。

经济作物　指除粮食作物之外，种植在耕地或非耕地上的农作物。包括油料、棉花、生麻、糖料、烟叶、中草药材、蔬菜、瓜果等。

经济作物播种面积　指农业生产经营者应在日历年度内收获的经济作物在全部土地（耕地或非耕地）上的播种或移植面积。凡是本年内收获的经济作物，无论是本年还是上年播种，都算为本年播种面积，但不包括本年播种，下年收获的作物面积。移植的作物面积按移植后的面积计算，不计算移植前在育苗田、棚等的面积。多年生作物，即播种后可连续生长多年的缩根性草本植物，如有些麻类、中药等作物的播种面积，按本年新增面积加往年的连续累计面积计算。如果因灾害等原因，应该收获却未能收获，也要按原播种面积计算，新补或改种，并在本年收获的，要按复种作物计算面积。间种、混种的作物面积按比例折算各个作物的面积，如果完全混合、同步生长、收获的作物，按混合面积平均分配。复种、套种的作物，按次数计算面积，每种一次计算一次。再生烟等，因其没有经过播种或移植，不计入播种面积。莲藕等水生蔬菜类生长在湖泊、水塘等水域的面积占比重较大，不仅难以统计，而且因非耕地面积过大对统计口径产生影响，因此在湖泊、水塘等水域的莲藕等水生蔬菜无论是野生还是人工种植均不计算面积，只计算其在耕地上种植的面积。

经济作物产量　指除粮食外，各经济作物在日历年度内生产的数量。经济作物产量按作物计算，不计算总产量。

园林水果产量　指农业生产经营者日历年度内在专业性果园、林地及零星种植果树（藤）上生产的水果产量。包括苹果、梨、柑橘类、热带及亚热带水果和其它园林水果如桃、葡萄、红枣等，不包括采集的野生水果。按实收的鲜果计算产量。经脱水、晾干等处理的干果，如干枣、葡萄干、柿饼、桔饼等一律折合成鲜果计算。

果园面积　指成片种植的果园面积，包括原有的、垦复的和本年新植定株的面积，以及调查时虽已荒芜，但只要稍加开垦、修整和培育后就能恢复生产的面积，不论树龄大小，也不论当年有无得到收益，都要包括在内。果园面积中，不包括培育幼苗的苗圃面积。零星种植的桑树、果树株数，不必折算面积。

乡村户数　指长期（一年以上）居住在乡镇（不包括城关镇）行政管理区域内的住户，还包括居住在城关镇所辖行政村范围内的农村住户。户口不在本地而在本地居住一年及以上的住户，也包括在本地农村住户内；有本地户口，但举家外出一年以上的住户，无论是否保留承包耕地都不包括在本地农村住户范围内。不包括乡村地区内的国有经济的机关、团体、学校、企业、事业单位的集体户。

乡村人口　指乡村地区常住居民户数中的常住人口数，即经常在家或在家居住 6 个月以上，而且经济和生活与本户连成一体的人口。外出从业人员在外居住时间虽然在 6 个月以上，但收入主要带回家中，经济与本户连为一体，仍视为家庭常住人口；在家居住，生活和本户连成一体的国家职工、退休人员也为家庭常住人口。但是现役军人、中专及以上（走读生除外）的在校学生、以及常年在外（不包括探亲、看病等）且已有稳定的职业与居住场所的外出从业人员，不应当作家庭常住人口。

乡村劳动力资源数 指乡村人口中劳动年龄以上(16周岁)能够参加生产经营活动的人员。

乡村从业人员 指乡村人口中16岁以上实际参加生产经营活动并取得实物或货币收入的人员，既包括劳动年龄内经常参加劳动的人员，也包括超过劳动年龄但经常参加劳动的人员。但不包括户口在家的在外学生、现役军人和丧失劳动能力的人,也不包括待业人员和家务劳动者。从业人员按从事主业时间最长(时间相同按收入)分为农业从业人员、工业从业人员、建筑业从业人员、交运仓储及邮政从业人员、信息传输、计算机服务和软件业从业人员、批发与零售业从业人员、住宿和餐饮业从业人员、其他行业从业人员。

农用化肥施用量(折纯) 指本年内实际用于农业生产的化肥数量,包括氮肥、磷肥、钾肥和复合肥。化肥施用量要求按折纯量计算数量。折纯量是指把氮肥、磷肥、钾肥分别按含氮、含五氧化二磷、含氧化钾的百分之百成份进行折算后的数量。复合肥指含有两种或两种以上营养元素的化肥，按其所含主要成分折算。具体公式为:某种化肥折纯量=该种化肥实际施用量×折纯率(某种化肥有效成份含量的百分比),具体折纯率以化肥包装标识为准,也可参考农业农村部官网发布的《化肥折纯量参考计算表》。

期初实有头数 指本调查期初饲养各类牲畜的总数量。

期末实有头数 指本调查期末饲养各类牲畜的总数量。

工 业

工业 指从事自然资源的开采，对采掘品和农产品进行加工和再加工的物质生产部门。具体包括:(1)对自然资源的开采,如采矿、晒盐等(但不包括禽兽捕猎和水产捕捞);(2)对农副产品的加工、再加工,如粮油加工、食品加工、缫丝、纺织、制革等;(3)对采掘品的加工、再加工,如炼铁、炼钢、化工生产、石油加工、机器制造、木材加工等,以及电力、燃气及水的生产和供应等;(4)对工业品的修理、翻新,如机器设备的修理等。

工业统计调查单位为工业法人单位。

工业法人单位指从事工业生产经营活动的法人单位。工业法人单位应同时具备以下条件：①依法成立，有自己的名称、组织机构和场所,能够独立承担民事责任;②独立拥有(或授权)使用资产,承担负债,有权与其他单位签订合同;③具有包括资产负债表在内的账户,或者能够根据需要编制账户。

登记注册类型 企业法人的登记注册类型，依据在市场监管部门登记注册的类型填写。机关、事业单位和社会团体及其他组织的登记注册类型,依据主要经费来源和管理方式,根据实际情况,比照《关于划分企业登记注册类型的规定》确定。市场监管部门对企业(单位)登记注册的类型分为以下几种：

1.国有企业:指企业全部资产归国家所有,并按《中华人民共和国企业法人登记管理条例》规定登记注册的非公司制的经济组织。不包括有限责任公司中的国有独资公司。

2.集体企业:指企业资产归集体所有,并按《中华人民共和国企业法人登记管理条例》规定登记注册的经济组织。

3.股份合作企业:指以合作制为基础,由企业职工共同出资入股,吸收一定比例的社会资产投资组建,实行自主经营,自负盈亏,共同劳动,民主管理,按劳分配与按股分红相结合的一种集体经济组织。

4.联营企业:指两个及两个以上相同或不同所有制性质的企业法人或事业单位法人,按自愿、平等、互利的原则,共同投资组成的经济组织。联营企业包括国有联营企业、集体联营企业、国有与集体联营企业和其他联营企业。

国有联营企业:指所有联营单位均为国有。

集体联营企业:指所有联营单位均为集体。

国有与集体联营企业:指联营单位既有国有也有集体。

其他联营企业：指上述三种联营企业之外的其他联营形式的企业。

5.有限责任公司:指根据《中华人民共和国公司登记管理条例》规定登记注册,由两个以上,五十个以下的股东共同出资,每个股东以其所认缴的出资额对公司承担有限责任,公司以其全部资产对其债务承担责任的经济组织。有限责任公司包括国有独资公司以及其他有限责任公司。

国有独资公司：指国家授权的投资机构或者国家授权的部门单独投资设立的有限责任公司。

其他有限责任公司：指国有独资公司以外的其他有限责任公司。

6.股份有限公司:指根据《中华人民共和国公司登记管理条例》规定登记注册,其全部注册资本由等额股份构成并通过发行股票筹集资本，股东以其认购的股份对公司承担有限责任,公司以其全部资产对其债务承担责任的经济组织。

7.私营企业:指由自然人投资设立或由自然人控股,以雇佣劳动为基础的营利性经济组织。包括按照《公司法》、《合伙企业法》以及《个人独资企业法》规定登记注册的私营独资企业、私营合伙企业、私营有限责任公司、私营股份有限公司和个人独资企业。

私营独资企业:由一名自然人投资经营,以雇佣劳动为基础,投资者对企业债务承担无限责任的企业。

私营合伙企业:由两个以上自然人按照协议共同投资、共同经营、共负盈亏，以雇佣劳动为基础，对债务承担无限责任的企业。

私营有限责任公司：由两个以上自然人投资或由单个自然人控股的有限责任公司。

私营股份有限公司：由五个以上自然人投资，或由单个自然人控股的股份有限公司。

个人独资企业：由一个自然人投资，财产为投资人个人所有，投资人以其个人财产对企业债务承担无限责任的经营实体。个人独资企业填表时归入私营独资企业。

8.其他内资企业：指上述第(1)条至第(7)条之外的其他内资经济组织。

9.与港澳台商合资经营企业：指港澳台地区投资者与内地的企业依照《中华人民共和国中外合资经营企业法》及有关法律的规定，按合同规定的比例投资设立，分享利润和分担风险的企业。

10.与港澳台商合作经营企业：指港澳台地区投资者与内地企业依照《中华人民共和国中外合作经营企业法》及有关法律的规定，依照合作合同的约定进行投资或提供条件设立，分配利润、分担风险和亏损的企业。

11.港澳台商独资经营企业：指依照《中华人民共和国外资企业法》及有关法律的规定，在内地由港澳台地区投资者全额投资设立的企业。

12.港澳台商投资股份有限公司：指根据国家有关规定，经商务部(原外经贸部)批准设立，并且其中港、澳、台商的股本占公司注册资本的比例达25%以上的股份有限公司。凡其中港、澳、台商的股本占公司注册资本的比例小于25%的，属于内资中的股份有限公司。

13.其他港、澳、台商投资企业：指在中国境内参照《外国企业或个人在中国境内设立合伙企业管理办法》和《外商投资合伙企业登记管理规定》，依法设立的港、澳、台商投资合伙企业等。

14.中外合资经营企业：指外国企业或外国人与中国内地企业依照《中华人民共和国中外合资经营企业法》及有关法律的规定，按合同规定的比例投资设立，分享利润和分担风险的企业。

15.中外合作经营企业：指外国企业或外国人与中国内地企业依照《中华人民共和国中外合作经营企业法》及有关法律的规定，依照合作合同的约定进行投资或提供条件设立，分配利润、分担风险和亏损的企业。

16.外资企业：指依照《中华人民共和国外资企业法》及有关法律的规定，在中国内地由外国投资者全额投资设立的企业。

17.外商投资股份有限公司：指根据国家有关规定，经商务部(原外经贸部)批准设立，并且其中外资的股本占公司注册资本的比例达25%以上的股份有限公司。凡其中外资股本占公司注册资本的比例小于25%的，属于内资中的股份有限公司。

18.其他外商投资企业：指在中国境内依照《外国企业或个人在中国境内设立合伙企业管理办法》和《外商投资合伙企业登记管理规定》，依法设立的外商投资合伙企业等。

企业控股情况 根据企业实收资本中某种经济成分的出资人的实际投资情况，或出资人对企业资产的实际控制、支配程度进行分类。具体分为国有控股、集体控股、私人控股、港澳台商控股、外商控股和其他六类。本项限企业法人填写。

1.国有控股：包括：(1)在企业的全部实收资本中，国有经济成分的出资人拥有的实收资本(股本)所占企业全部实收资本(股本)的比例大于50%的国有绝对控股。(2)在企业的全部实收资本中，国有经济成分的出资人拥有的实收资本（股本)所占比例虽未大于50%，但相对大于其他任何一方经济成分的出资人所占比例的国有相对控股；或者虽不大于其他经济成分，但根据协议规定拥有企业实际控制权的国有协议控股。

投资双方各占50%，且未明确由谁绝对控股的企业，若其中一方为国有经济成分的，一律按国有控股处理。

2.集体控股：包括：(1)在企业的全部实收资本中，集体经济成分的出资人拥有的实收资本(股本)所占企业全部实收资本(股本)的比例大于50%的集体绝对控股。(2)在企业的全部实收资本中，集体经济成分的出资人拥有的实收资本（股本)所占比例虽未大于50%，但相对大于其他任何一方经济成分的出资人所占比例的集体相对控股；或者虽不大于其他经济成分，但根据协议规定拥有企业实际控制权的集体协议控股。

3.私人控股：包括：(1)在企业的全部实收资本中，私人经济成分的出资人拥有的实收资本(股本)所占企业全部实收资本(股本)的比例大于50%的私人绝对控股。(2)在企业的全部实收资本中，私人经济成分的出资人拥有的实收资本（股本)所占比例虽未大于50%，但相对大于其他任何一方经济成分的出资人所占比例的私人相对控股；或者虽不大于其他经济成分，但根据协议规定拥有企业实际控制权的私人协议控股。

4.港澳台商控股：包括：(1)在企业的全部实收资本中，港澳台商经济成分的出资人拥有的实收资本(股本)所占企业全部实收资本（股本）的比例大于50%的港澳台商绝对控股。(2)在企业的全部实收资本中，港澳台商经济成分的出资人拥有的实收资本(股本)所占比例虽未大于50%，但相对大于其他任何一方经济成分的出资人所占比例的港澳台商相对控股；或者虽不大于其他经济成分，但根据协议规定拥有企业实际控制权的港澳台商协议控股。

5.外商控股：包括：(1)在企业的全部实收资本中，外商经济成分的出资人拥有的实收资本（股本）所占企业全部实收资本（股本）的比例大于50%的外商绝对控股。(2)在企业的全部实收资本中，外商经济成分的出资人拥有的实收资本（股本）所占比例虽未大于50%，但相对大于其他任何一方经济成分的出资人所占比例的外商相对控股；或者虽不大于其他经济成分，但根据协议规定拥有企业实际控制权的外商协议控股。

9.其他：除上述五类以外的企业控股情况。

工业总产值（当年价格） 指工业企业在报告期内生产的以货币形式表现的工业最终产品和提供工业劳务活动的总价值量。

(1)工业总产值计算应遵循的原则

①工业生产的原则。即凡是企业在报告期内生产的最终产品和提供的劳务，均应包括在内。其中的最终产品，不管是否在报告期内销售，只要是报告期内生产的，就应包括在内。凡不是工业生产的产品，均不得计入工业总产值。

②最终产品的原则。即企业生产的成品价值必须是本企业生产的，经检验合格不需再进行任何加工的最终产品。企业对外销售的半成品也应视为最终产品计入工业总产值。而在本企业内各车间转移的半成品和在制品只能计算其期末期初差额价值。

③"工厂法"原则。即以法人工业企业作为一个整体计算工业总产值，是其报告期内生产的最终产品和提供劳务的总价值量。

工业销售产值（当年价格） 指以货币形式表现的，工业企业在报告期内销售的本企业生产的工业产品或提供工业性劳务价值的总价值量。

出口交货值 指工业企业自营（委托）出口（包括销往香港、澳门、台湾地区）或交给外贸部门出口的产品价值，以及外商来样、来料加工、来件装配和补偿贸易等生产的产品价值。

产品产量 指工业企业在报告期内生产的并符合产品质量要求的实物数量，包括商品量和自用量两部分。

资产总计 指企业过去的交易或者事项形成的、由企业拥有或者控制的、预期会给企业带来经济利益的资源。包括企业拥有的土地、办公楼、厂房、机器、运输工具、存货等实物资产和现金、存款、应收账款和预付账款等金融资产。资产一般按流动性（资产的变现或耗用时间长短）分为流动资产和非流动资产。其中流动资产可分为货币资金、交易性金融资产、应收票据、应收账款、预付款项、其他应收款、存货等；非流动资产可分为长期股权投资、固定资产、无形资产及其他非流动资产等。

流动资产合计 资产满足以下条件之一应归为流动资产：(1)预计在一个正常营业周期中变现、出售或耗用，主要包括存货、应收账款等；(2)主要为交易目的而持有；(3)预计在资产负债表日起一年内（含一年）变现；(4)自资产负债表日起一年内，交换其他资产或清偿负债的能力不受限制的现金或现金等价物。包括货币资金、应收票据、应收账款、存货等项目。

应收账款 指资产负债表日以摊余成本计量的、企业因销售商品、提供服务等经营活动应收取的款项。

存货 指企业在日常活动中持有以备出售的产成品或商品、处在生产过程中的在产品、在生产过程或提供劳务过程中耗用的材料或物料等，通常包括原材料、在产品、半成品、产成品、商品以及周转材料等。

产成品 指企业已经完成全部生产过程并验收入库，可以按照合同规定的条件送交订货单位，或者可以作为商品对外销售的产品。

长期股权投资 通常指企业长期持有，不准备随时出售，作为被投资企业的股东，按所持股份比例享有被投资企业权益并承担相应责任的投资。

固定资产原价 指固定资产的成本，包括企业在购置、自行建造、安装、改建、扩建、技术改造某项固定资产时所发生的全部支出总额。

房屋和构筑物 指产权属于本企业的所有房屋和构筑物，包括办公楼、仓库、宿舍等。

机器设备 指为生产商品、提供劳务、出租或经营管理持有的各种机器、设备。

累计折旧 指企业在报告期末提取的历年固定资产折旧累计数。包括房屋、建筑物和机器设备等的折旧费。

本年折旧 指企业在报告期内提取的固定资产折旧合计数。

固定资产净额 指固定资产原价减去累计折旧、固定资产减值准备后的金额。

在建工程 指企业用于新建、改建、扩建，或技术改造、设备更新和大修理工程等尚未完工的工程支出。

无形资产 指调查单位拥有或者控制的没有实物形态的可辨认非货币性资产，无形资产通常包括专利权、非专利技术、商标权、著作权、特许权、土地使用权等。

土地使用权 指国家准许某企业在一定期间内对国有土地享有开发、利用、经营的权利。

负债合计 指企业过去的交易或者事项形成的，预期会导致经济利益流出企业的现时义务。包括银行贷款、借款、应付账款、应付职工工资、应付职工福利费、应交税金等企业负有偿还责任的债务。

流动负债合计 负债满足下列条件之一的应归为流动负债：(1)预计在一个正常营业周期中清偿；(2)主要为交易目的而持有；(3)自资产负债表日起一年内到期应予清偿；(4)企业

无权自主地将清偿推迟至资产负债表日后一年以上。包括短期借款、应付票据、应付账款、应付职工薪酬、应交税费等项目。

应付账款 指企业因购买材料、商品和接受劳务供应等经营活动应支付的款项。

所有者权益合计 指企业资产扣除负债后由所有者享有的剩余权益。公司的所有者权益又称股东权益。包括实收资本、资本公积、盈余公积、未分配利润等。

实收资本 指企业各投资者实际投入的资本(或股本)总额,包括货币、实物、无形资产等各种形式的投入。实收资本按投资主体可分为国家资本、集体资本、法人资本、个人资本、港澳台资本和外商资本。

国家资本 指有权代表国家投资的政府部门或机构、直属事业单位对企业形成的资本金。

集体资本 指由本企业职工等自然人集体投资或各种机构对企业进行扶持形成的集体性质的资本金。

法人资本 指其他法人单位以其依法可支配的资产投入企业形成的资本金。

个人资本 指自然人实际投入企业的资本金。

港澳台资本 指我国香港、澳门和台湾地区投资者实际投入企业的资本金。

外商资本 指外国投资者实际投入企业的资本金。

营业收入 指企业从事销售商品、提供劳务和让渡资产使用权等生产经营活动形成的经济利益流入。包括“主营业务收入”和“其他业务收入”。

营业成本 指企业从事销售商品、提供劳务和让渡资产使用权等生产经营活动发生的实际成本。“营业成本”应当与“营业收入”进行配比。包括“主营业务成本”和“其他业务成本”。

税金及附加 指企业因从事生产经营活动按税法规定应缴纳的消费税、城市维护建设税、资源税、环境保护税、教育费附加及房产税、土地使用税、车船使用税、印花税等相关税费。

销售费用 指企业在销售商品和材料、提供劳务的过程中发生的各种费用,包括保险费、包装费、展览费和广告费、商品维修费、预计产品质量保证损失、运输费、装卸费等以及为销售本企业商品而专设的销售机构(含销售网点、售后服务网点等)的职工薪酬、业务费、折旧费等经营费用。建筑业企业销售费用指企业从事施工生产活动过程中发生的各项费用,包括应由企业负担的运输费、装卸费、包装费、保险费、维修费、展览费、差旅费、广告费和其他经费。房地产企业销售费用指企业在从事主要经营业务过程中所发生的各项销售费用,包括转让、销售、结算和出租开发产品等。

管理费用 指企业为组织和管理企业生产经营所发生的费用,包括企业在筹建期间内发生的开办费、董事会和行政管理部门在企业经营管理中发生的,或者应当由企业统一负担的公司经费等。

研发费用 指企业在新知识、新技术、新产品、新工艺等的研究与开发过程中发生的费用化支出,以及计入“管理费用”会计科目的企业自行开发无形资产的摊销。费用化支出主要包括研发活动的人工费用、直接投入费用、用于研发活动的仪器、设备的折旧费、用于研发活动的软件、专利权、非专利技术的摊销费用、新产品设计费、新工艺规程制定费以及其他研发活动相关费用。

财务费用 指企业为筹集生产经营所需资金等而发生的筹资费用,包括企业生产经营期间发生的利息支出(减利息收入)、汇兑损失(减汇兑收益)以及相关的手续费等。

利息费用 指企业为筹集生产经营所需资金等而发生的应予费用化的利息支出。包括短期借款利息、长期借款利息、应付票据利息、票据贴现利息、应付债券利息、长期应付引进国外设备款利息等。

利息收入 指企业按照相关会计准则确认的应冲减财务费用的利息金额。包括非金融企业存款业务所确认的利息等。

资产减值损失 指企业计提各项资产减值准备所形成的损失。

信用减值损失 指企业计提的各项金融工具减值准备所形成的预期信用损失。

净敞口套期收益 指净敞口套期下被套期项目累计公允价值变动转入当期损益的金额或现金流量套期储备转入当期损益的金额。

公允价值变动收益 指企业的交易性金融资产、交易性金融负债,以及采用公允价值模式计量的投资性房地产、衍生工具、套期保值业务等公允价值变动形成的应计入当期损益的利得或损失。

资产处置收益 指企业出售划分为持有待售的非流动资产(金融工具、长期股权投资和投资性房地产除外)或处置组时确认的处置利得或损失,以及处置未划分为持有待售的固定资产、在建工程、生产性生物资产及无形资产而产生的处置利得或损失。债务重组中因处置非流动资产产生的利得或损失和非货币性资产交换产生的利得或损失也包括在本项目内。

投资收益 指企业确认的投资收益或投资损失,反映企业以各种方式对外投资所取得的收益。

其他收益 指计入其他收益的政府补助,以及其他与日常活动相关且计入其他收益的项目。

营业利润 指企业从事生产经营活动所取得的利润。

营业外收入 指企业发生的除营业利润以外的收益,主要包括与企业日常活动无关的政府补助、盘盈利得、捐赠利得等。

营业外支出 指企业发生的除营业利润以外的支出，主要包括公益性捐赠支出、非常损失、盘亏损失、非流动资产毁损报废损失等。

利润总额 指企业在一定会计期间的经营成果，是生产经营过程中各种收入扣除各种耗费后的盈余，反映企业在报告期内实现的盈亏总额。

所得税费用 所得税费用由两部分组成：当期所得税和递延所得税。当期所得税是指企业按照税法规定计算确定的针对当期发生的交易和事项，应交纳给税务部门的所得税金额，即应交所得税。递延所得税是指按照所得税准则规定应予确认的递延所得税资产和递延所得税负债应有的金额相对于原已确认金额之间的差异。

应付职工薪酬 指企业为获得职工提供的服务或解除劳动关系而给予的各种形式的报酬或补偿。包括职工工资、奖金、津贴和补贴，职工福利费，医疗保险费、养老保险费、失业保险费、工伤保险费和生育保险费等社会保险费，住房公积金，工会经费和职工教育经费，带薪缺勤，利润分享计划，非货币性福利，辞退福利和其他为获得职工提供的服务而给予的报酬或补偿。

平均用工人数 指报告期企业平均实际拥有的、参与本企业生产经营活动的人员数。具体计算方法参见指标解释从业人员及工资总额中从业人员平均人数的计算。

建 筑 业

签订合同额 指建筑业企业在报告期直接同建设单位签订的各种国内工程合同的总价款和以前年度同建设单位签订的各种国内工程合同的未完工程跨入本年度继续施工工程合同的总价款余额。

建筑业总产值 指以货币表现的建筑业企业在一定时期内生产的建筑业产品和服务的总和。建筑业总产值包括建筑工程产值、安装工程产值和其他产值三部分内容。

竣工产值 一般是以单位工程为对象，当该工程按照设计所规定的工程内容全部完成，达到了设计规定的交工条件，经有关部门检查验收鉴定合格的单位工程价值，即为竣工产值。

房屋建筑面积 指房屋全部平面面积的总和。它从房屋的外墙线算起，包括可供使用的有效面积和墙柱等结构占用面积。多层房屋按各层(包括地下室)面积总合计算。旧房加层或改造，只计算增加的建筑面积；旧房拆除重建，计算其全部面积；临时房屋不计算建筑面积。

房屋施工面积 指报告期内施工的全部房屋建筑面积。包括本期新开工的房屋建筑面积、上期跨入本期继续施工的房屋建筑面积、上期停缓建在本期恢复施工的房屋建筑面积、本期竣工的房屋建筑面积以及本期施工后又停缓建的房屋建筑面积。多层建筑应填各层建筑面积之和。

房屋竣工面积 指报告期内房屋建筑按照设计要求已全部完工，达到住人和使用条件，经验收鉴定合格或达到竣工验收标准，可正式移交使用的各栋房屋建筑面积的总和。

房屋竣工价值 指报告期内按规定已经上报竣工的房屋本身的建造价值。一般按房屋设计和预算规定的内容计算。包括竣工房屋本身的基础、结构、屋面、装修以及水、电、卫等附属工程的建筑价值；也包括作为房屋建筑组成部分而列入房屋建筑工程预算内的设备(如电梯、通风设备等)的购置和安装费用。不包括厂房内的工艺设备、工艺管线的购置和安装，工艺设备基础的建造；室外的水、暖、电、卫、道路工程、挡土墙等环境工程的费用；办公和生活用家具的购置等费用；购置土地的费用；迁移补偿费和场地平整的费用及城市建设配套投资。

年末自有施工机械设备净值 指自有施工机械设备经过使用、磨损后实际存在的价值，即原值减去折旧后的净额。

年末自有施工机械设备总台数 指自有的直接用于工程施工的各种机械设备的台数。但不包括附属辅助生产机械设备、运输机械设备、生产试验机械设备的台数。

年末自有施工机械设备总功率 指自有的直接用于工程施工的各种机械设备年末总功率，按设定能力或查定能力计算。包括施工机械本身的动力和为该机械服务的单独动力设备，如电动机等。但不包括附属辅助生产机械设备、运输机械设备、生产试验机械设备的功率。计量单位用千瓦，动力换算可按 1 马力=0.735 千瓦折合成千瓦数。电焊机、变压器、锅炉不计算动力。

主要建筑材料消耗量 指报告期内实际耗用于建筑产品生产过程中的全部材料数量，包括建设工程直接耗用的材料，现场临时设施，预制建筑构件，非标准设备制造等所耗用的材料。它是编制和检查材料消耗计划，核算单位产品材料消耗水平，考核消耗定额和反映节约情况的依据。

企业总产值 指建筑业企业在报告期内全部经济活动的最终成果的货币表现。在企业总产值中除包括建筑业总产值外，还包括建筑业企业从事其他经济活动所创造的价值(如工业产值、交通运输产值、商业服务业产值、其他产值收入和劳务收入等)。

从事建筑业活动的平均人数 指建筑业企业(或单位)报告期实际拥有的、与建筑施工活动有关的人员的平均人数，包括参加本企业(或单位)建筑施工活动的非本企业(或单位)人员，但不包括企业内部社会服务性机构的人员以及由本企业支付工资但所从事的工作与本企业生产基本无关的人员。

建筑业企业期末人数　指报告期末最后一日24时在本单位工作并取得劳动报酬或收入的期末实有人员数。期末从业人员包括在各单位工作的外方人员和港澳台方人员、兼职人员、再就业的离退休人员、借用的外单位人员和第二职业者，企业下属产业活动单位期末人员，还包括分包给一些非独立核算的零散的建筑业包工队(组)等。但不包括离开本单位仍保留劳动关系的职工，如：下岗、内退、停薪留职等人员；建筑业整建制使用的人员。

运输和邮电

公路线路里程　指报告期末公路的实际长度。统计范围：包括城间、城乡间、乡(村)间能行驶汽车的公共道路，公路通过城镇街道的里程，公路桥梁长度、隧道长度、渡口宽度。不包括城市街道里程，断头路里程，农(林)业生产用道路里程，工(矿)企业等内部道路里程。统计原则：按已竣工验收或交付使用的实际里程计算；两条或多条公路共同经由同一路段的重复里程，只计算一次。

货(客)运量　指在一定时期内，各种运输工具实际运送的货物重量(旅客数量)。货运按吨计算，客运按人计算。货物不论运输距离长短、货物类别，均按实际重量统计。旅客不论行程远近或票价多少，均按一人一次客运量统计；半价票、儿童票也按一人统计。

货(客)运周转量　指在一定时期内，由各种运输工具运送的货物(旅客)数量与其相应运输距离的乘积之总和。该指标可以反映运输业生产的总成果，也是编制和检查运输生产计划，计算运输效率、劳动生产率以及核算运输单位成本的主要基础资料。计算货物周转量通常按发出站与到达站之间的最短距离，也就是计费距离计算。计算公式为：

货(客)运周转量=∑(货物(旅客)运输量×运输距离)

邮政业务总量　指邮政部门为社会提供服务产品总数量的货币表现。

城市电话用户　指按行政区划属于中央直辖市、省辖市、地级市、县级市的市区、市郊区及县城区范围内的电话用户数。包括分布在农村地区但以县团级以上建制的独立工矿区、林区、驻军的电话用户。

农村电话用户　指按行政区划属于城市范围以外的乡(镇)、村电话用户。

住宅电话用户　指私人付费或安装在居民住宅并按照私人或住宅电话用户登记注册和收费的各类电话用户。

移动电话用户　指在电信运营企业营业网点办理开户登记手续，通过移动电话交换机进入移动电话网，占用移动电话号码的各类电话用户。包括各类签约用户、智能网预付费用户、无线上网卡用户。

国内贸易

社会消费品零售总额　指企业(单位、个体户)通过交易直接售给个人、社会集团非生产、非经营用的实物商品金额，以及提供餐饮服务所取得的收入金额。个人包括城乡居民和入境人员，社会集团包括机关、社会团体、部队、学校、企事业单位、居委会或村委会等。

商品零售包括：(1)售给城乡居民和入境外国人、华侨、港澳台同胞的各类生活消费品；(2)售给行政事业单位、社会团体、军队和武警等机构的商品，以及以零售方式售给各类企业的商品。具体包括：用于非生产和社会交往的办公用品，如通讯设备、计算器具和设备、电讯网络设备、文印设备、音像视听器材和设备、纸张、本册、文具及装订文印材料、家具、日用电器、针纺织品、清洁卫生用品、文体用品、奖品、纪念品、礼品等；供内部人员乘坐的交通工具和燃料；用于办公设施修缮的各类配件、材料、工具等；用于取暖和防暑降温的设备、燃料、材料及食品等；专用于教学的用品和设备；非专用的劳动保护用品；不对外营业的内部食堂用的餐具、炊具、设备、清洁卫生工具和食品、燃料等；军队、武警用于其人员生活的衣着品和个人用品；其他各类非生产性设备和用品。

商品零售不包括：(1)售给城乡居民已确知是用于生产、经营的商品；(2)售给各类农业生产者的生产资料类商品，如农机、农药化肥、农膜、种子饲料等商品；(3)售给企业单位生产用具及生产上专用的劳动保护用品；(4)专用于科研的用品和设备；(5)售给医疗机构的中、西药品、中药材和医疗设备器材；(6)以投资为目的的商品，如黄金、收藏品等。

商品购进额　指从本企业以外的单位和个人购进(包括从国外直接进口)作为转卖或加工后转卖的商品金额(含增值税)。本指标反映批发和零售业从国内外市场上购进商品的总价。

商品购进包括：(1)从工农业生产者、批发和零售业、住宿和餐饮业、出版社或报社的出版发行部门和其他服务业等企事业单位和个体经营户购进的商品；(2)从机关、社会团体购进的商品；(3)从海关、市场管理部门购进的缉私和没收的商品；(4)从居民收购的废旧商品等。

不包括：(1)企业为本单位自身经营用，不是作为转卖而购进的商品，如材料物资、包装物、低值易耗品、办公用品等；(2)未通过买卖行为而收入的商品，如接受其他部门移交的商品、借入的商品、收入代其他单位保管的商品、其他单位赠送的样品、加工回收的成品等；(3)经本单位介绍，由买卖双方直接结算，本单位只收取手续费的业务；(4)销售退回和买方拒付货款的商品；(5)商品溢余；(6)期货交易商品。

商品销售额 指对本单位以外的单位和个人出售的商品金额(包括售给本单位消费用的商品，含增值税)，在批发和零售业中，本指标反映在国内市场上销售商品以及出口商品的总价。

商品销售包括：(1) 售给个人和社会集团消费用的商品；(2)售给农业、工业、建筑业、服务业等国民经济各行业用于生产、经营用的商品，包括售予批发和零售业作为转卖或加工后转卖的商品；(3)对国(境)外直接出口的商品。

商品销售不包括：(1)未通过买卖行为付出的商品，如因机构变动移交给其他企业单位的商品、借出的商品、归还受其他单位委托代保管的商品、付出的加工原料和赠送给其他单位的样品等；(2)促销返券所销售的、不计入营业收入的商品；(3)经本单位介绍，由买卖双方直接结算，本单位只收取手续费的业务；(4)未发生所有权转移的商品预付卡销售，如加油卡；(5)汽车维修、电话卡销售等服务性经济活动；(6)购货退回的商品；(7)商品损耗和损失；(8)出售本单位自用的废旧物资；(9)期货交易商品；(10)自来水供应企业、电力企业、天然气供应企业提供的水、电、气。

期末商品库存额 对于批发和零售业法人单位和个体经营户，是指报告期末取得所有权的全部商品金额(含增值税)；对于批发和零售业产业活动单位，是指报告期末实际在库且归属法人具有所有权的全部商品金额(含增值税)。这个指标反映批发和零售业的商品库存情况，以及对市场商品供应的保证程度。

库存商品包括：(1)存放在本单位(如门市部、批发站、采购站、经营处)的仓库、货场、货柜和货架中的商品；(2)挑选、整理、包装中的商品；(3)已记入购进而尚未运到本单位的商品，即发货单或银行承兑凭证已到而货未到的商品；(4)寄放他处的商品，如因购货方拒绝付款而暂时存在购货方的商品；(5)委托其他单位代销(未作销售或调出)尚未售出的商品；(6)代其他单位购进尚未交付的商品。

库存商品不包括：(1)所有权不属于本单位的商品，如商品已作销售但买方尚未取走的商品，代替他人保管、运输、加工的商品，代其他单位销售(未做购进或调入)而未售出的商品；(2)委托外单位加工的商品(包括本单位所属加工厂和其他生产单位加工生产尚未收回成品的商品)；(3) 外贸企业代理其他单位从国外进口，尚未付给订货单位的商品；(4)代国家储备部门保管的商品。

库存商品金额可以采用进价或售价进行核算。采用进价核算的商品，应按商品进货原则(或实际采购成本)计算期末库存；采用售价核算的商品，应按商品的售价计算期末库存。购入的商品，在商品到达验收入库后计算期末库存(对已记入购进尚未运到的商品，也可计算期末库存)；对于月终尚未开出承兑商业汇票的入库商品，按应付给供货单位的价款暂估计算期末库存；年度终了，凡已转入库存和已作销售的进口商品，属于国外以离岸价格成交、有应付未付国外运保费的，应先估计期末库存，委托其他单位代销的商品包括在期末库存中；委托外单位加工的商品，在发出商品时作减少期末库存，当加工商品收回时增加期末库存(包括商品进货原价、加工费用、加工税金等)。

固定资产投资

固定资产 是指使用年限在一年以上，单位价值在规定的标准以上，并在使用过程中保持原来物质形态的资产。按照新的会计制度规定，企业使用期限在一年以上的房屋、建筑物、机器设备、器具、工具等资产应作为固定资产；不属于生产经营的物品，单位价值在2000元以上，并且使用期限超过两年的也应作为固定资产。农村和行政事业单位的固定资产标准按有关规定执行。固定资产作为劳动资料或劳动手段，有些是直接参加生产过程的，起着把劳动者的劳动传导到劳动对象上去的作用，如机器设备和生产工具等；有些在生产过程中起着辅助作用，如运输工具等；有些则作为生产的必要条件而存在，如房屋、建筑物、道路、桥梁等。

固定资产投资 是建筑和购置固定资产经济活动，即固定资产再生产活动。固定资产再生产过程包括固定资产更新(局部更新和全部更新)、改建、扩建、新建等活动。新的企业财务会计制度规定，固定资产局部更新的大修理作为日常生产活动的一部分，发生的在修理费用直接在成本费用中列支。按照现行投资管理体制及有关部门的规定，凡属于大修理、养护、维护性质的工程(如设备大修、建筑物的翻修和加固、农田水利工程和堤坊、水库的岁修、铁路大修等)都不纳入固定资产投资管理，也不作为固定资产投资统计。

固定资产投资属于实物投资的一部分，这一点区别于金融投资。固定资产的目的是建造和购置固定资产，它的承担物表现为机器、设备、建筑物等固定资产。而金融投资(如股票和债券投资)则表现为金融资产的增加。

固定资产投资是国民经济再生产活动的一个重要部分。通过固定资产投产，可以扩大社会再生产的规模，提高社会生产的技术水平，调整经济结构，改变生产力的地区分布，增强国家的经济实力，提高和改善人民的物质和文化生活水平。

固定资产投资额(又称固定资产投资完成额) 是以货币形式表现的在一定时期内建造和购置固定资产的工作量以及与此有关的费用的总称。没有形成工程实体的建筑材料，不计算投资完成额。它是反映固定资产投资规模、结构和发展速度的结合性指标，又是观察工程进度和考核投资效果的重要依据。

施工项目 是指报告期内进行过建筑安装施工活动的项目。凡是报告期内施过工的建设项目，不论施工时间长短，均作为施工项目统计。施工项目个数可以反映一定时期固定资产投资的实际规模，与同期建成投产的建设项目个数相比，可以从建设速度反映固定资产投资的效果。

根据建设项目施工活动的不同性质，施工项目又分为：在建项目、投产项目和全部停缓建项目。

新增固定资产(又称交付使用的固定资产) 是指已经完成建造和购置过程，并已交付生产或使用单位的固定资产价值。

新增固定资产是表示固定资产投资成果的价值量指标，也是反映建设进度，计算固定资产投资效果的必要数据。

新增生产能力 是指通过固定资产活动而增加的设计能力或工程效益，它是用实物形态表示的固定资产投资的成果。新增生产能力的计算是以能独立发挥生产能力或效益的单项工程(或项目)建成，经有关部门鉴定合格，正式移交投入生产，即可计算新增生产能力。

物价指数

居民消费价格指数 是反映一定时期内城乡居民所购买的生活消费品价格和服务项目价格变动趋势和程度的相对数。是综合了城市居民消费价格指数和农民消费价格指数计算取得。利用居民消费价格指数，可以观察和分析消费品的零售价格和服务价格变动对城乡居民实际生活费支出的影响程度。

零售价格指数 是反映城乡商品零售价格变动趋势的一种经济指数。零售物价的高速变动直接影响到城乡居民的生活支出和国家的财政收入，影响居民购买力和市场供平衡，影响消费与积累的比例。因此，计算零售价格指数，可以从一个侧面对上述经济活动进行观察和分析。

工业品出厂价格指数 是反映全部工业产品出厂价格总水平的变动趋势和程度的相对数。其中除包括工业企业售给商业、外贸、物资部门的产品外，还包括售给工业和其他部门的生产资料以及直接售给居民的生活消费品。通过工业生产价格指数能观察出厂价格变动对工业总产值的影响。

固定资产投资价格指数 是反映固定资产投资额价格变动趋势和程度的相对数。固定资产投资额指由建筑安装工程投资完成额、设备工器具购置投资完成额和其他费用投资完成额三部分组成的。编制固定资产投资价格指数应首先分别编制上述三部分投资的价格指数，然后采用加权算术平均法求出固定资产投资价格总指数。

编制固定资产投资价格指数可以准确地反映固定资产投资中涉及的各类商品和收费项目价格变动趋势和变动幅度，消除按现价计算的固定资产指标中的价格变动因素，真实地反映固定资产投资的规模、速度、结构和效益，为国家科学地制定、检查固定资产投资计划并提高宏观调控水平，为完善国民经济核算体系提供科学的、可靠的依据。

房屋销售价格指数 是反映一定时期房屋销售价格变动程度和趋势的相对数，它是通过百分数的形式来反映房价在不同时期的涨跌幅度。包括商品房、公有房屋和私有房屋各大类房屋的销售价格的变动情况。房屋销售价格指数的优点是“同质可比”，这种方法反映的是排除房屋质量、建筑结构、地理位置、销售结构因素影响之后，由于供求关系及成本波动等因素带来的价格变动。房屋销售价格指数的分组指标包括新建房和二手房，两个指标项下又按住宅和非住宅分组。在房屋销售价格指数的计算中，小类指数是以报告期的销售收入作为计算权数，大类指数和总指数是以上一年某地区各类房屋的销售额作为权数，采用加权算术平均法计算出来的。

人民生活

居民消费水平 居民消费指在一定时期内，用于全体居民个人物质生活和精神生活需要的物质产品的价值总和。从价值形态来看，居民消费是国民收入的主要组成部分。居民消费水平指安人口平均计算的居民消费额，表明社会主义国家对人民物质生活和精神生活需要的满足程度，它是反映一个国家或一个地区的经济发展水平和人民物质文化生活水平的综合指标。

就业人口 指从事社会劳动并取得劳动报酬或经营收入的人口。不论在国有、集体单位工作或从事个体劳动，不论有固定性职业或临时性职业都是就业人口。

负担系数 指平均每一个就业者所承担的人口数（包括就业者本人）。计算公式为：

负担系数=家庭总人口数/就业人口数

把负担系数的倒数用百分数表示就是就业面，即就业人口占家庭总人口的比重。由于退休离休人员领取一定数量的退休金或离休金，一般均可维持本人生活，因而在计算负担系数时也可以根据研究问题的需要，不将退休、离休人员作为被负担人口，即可采用下列计算公式：

负担系数=家庭人口数-离退人数/就业人口数

城镇居民家庭总收入 指被调查城镇居民家庭全部的实际现金收入，包括经常或固定得到的收入和一次性收入。不包括周转性收入，如提取银行存款、向亲友借入款、收回借出款以及其他各种暂收款。

城镇居民家庭消费性支出 指被调查的城镇居民家庭用于日常生活的全部支出。不包括罚没、丢失款和缴纳的各种税款（如个人所得税、牌照税、房产税等），也不包括个体劳动者生产经营过程中发生的各项费用。

农（牧）民家庭总收入 指农（牧）家庭年内所得到的全部实际收入。包括农（牧）民从集体统一经营得到的收入、从经济联合体得到的收入、家庭经营收入（包括承包集体生产和家庭副业收入，未扣除物耗、税收部分）和其他非借贷性收入。牧民家庭总收入中还不包括牧区内部及牧区与城市之间的周围性收入，如赠送等。

农（牧）民家庭纯收入 指农（牧）民家庭总收入中扣除费用性支出后可以直接用于进行生产和非生产性建设、改善生活的那部分收入，是反映农（牧）民实际收入水平和经济效益的主要指标。

全年纯收入=全年总收入-家庭经营费用支出-缴纳税款-生产性固定资产折旧-上交集体的承包任务-调查补贴。

人均纯收入是家庭全年纯收入除以家庭常住人口。

农（牧）民家庭总支出 指农（牧）民家庭全年用于生产、生活和再分配等方面的全部实际支出。包括家庭经营费用支出、购置生产性固定资产支出、缴纳税款、上交集体的承包任务、生活消费支出和其他非生产性支出。不包括借贷性支出。

农（牧）民家庭生活消费支出 指农（牧）民家庭年内用于物质生活和精神生活方面的实际支出，是直接反映农（牧）民生活水平、研究农（牧）民消费结构变化的基本指标。生活消费支出包括生活消费品支出和非商品支出两部分。

城镇居民家庭可支配收入 指被调查的城镇居民家庭在支付个人所得税、财产税及其他经常性转移支出后所余下的实际收入。

计算公式为：可支配收入=家庭总收入-交纳所得税-个人交纳的社会保障支出-记帐补贴

财　　政

财政收入 指国家财政参与社会产品分配所取得的收入，是国家职能的财力保证。财政收入所包括的内容几经变化，目前主要包括：

（1）各项税收：包括增值税、营业税、消费税、土地增值税、城市维护建设税、资源税、城市土地使用税、印花税、个人所得税、企业所得税、关税、农牧业税和耕地占用税等。

（2）专项收入：包括征收排污费收入、征收城市水资源费收入、教育费附加收入等。

（3）其他收入：包括基本建设贷款归还收入、基本建设收入、捐赠收入等。

（4）国有企业计划亏损补贴：这项为负收入，冲减财政收入。

财政总支出 是国家政权为行使其职能，对筹集的财政资金进行的有计划的分配使用的总称。国家财政总支出，体现政府的活动范围和方向，反映财政资金的分配关系。财政总支出主要包括基本建设支出、增拨企业流动资金、企业挖潜改造资金、新产品试制费、地质勘探费、工交商部门事业费、支援农村生产支出和各项农业事业费、文教科学卫生事业费、抚恤和社会救济费、国防费、行政管理及债务支出。

中央财政和地方财政 财政是国家为了实现其职能,凭借政治权力,对一部分社会产品进行分配和再分配的经济活动。中央财政和地方财政,是指财政体制上划分中央政府和地方政府以及地方各级政府之间财政管理权限的一项根本制度。它是经济管理体制的重要组成部分,在财政管理体制中居于主导地位。它具体规定了各级政府筹集资金、支配使用资金的权力、范围和责任,使各级政府在财政管理上有责有权。这对于正确处理中央和地方之间,以及地方各级之间的分配关系,充分发挥各级政府的积极性,更好地完成国家财政收支任务,促进社会主义建设的发展有着极其重要的意义。中央财政收入和地方收入,是指中央和地方各级负责组织征收的收入,不是按财政体制计算的收入分成数。其收入中还包括了国外借款。

预算外资金 是指不纳入国家财政预算由各地方、各部门、各企业、事业、行政单位,按国家规定范围自行筹集和使用的资金。它是国家财政预算内资金的补充财力。其收入来源,主要包括地方财政机关掌握使用的自筹资金,如工商税附加、农业税附加、城市公用事业附加等;部门、企业单位管理的专用基金,如更新改造资金、企业利润留成、企业福利基金等;事业行政单位自收自支和以收抵支未纳入预算管理的各项资金,如养路费、学杂费等。这些资金一般都有特定用途,主要是:基本建设或更新改造固定资产投资,增加流动资金,简易建筑、大修理、科技三项费用,支付养路费、城市维护费,职工福利和奖励支出,补充事业、行政经费,上交财政能源交通重点建设基金、预算外资金的使用,也要纳入计划管理的轨道,不得擅自扩大使用范围。

金融和保险

信贷资金 国家银行用于发放贷款的资金叫信贷资金。中国人民银行信贷资金的来源有各项存款、对国际金融机构负债、流通中货币、银行自有资金及当年结益等。信贷资金的运用有各项贷款、黄金占款、财政借款及国际金融机构中的资产等。

存款 企业、机关、团体或居民根据可以收回的原则,反货币资金存入银行或其他信用机构保管并取得一定利息和一种信用活动形式根据存款对象的不同可划分企业存款、财政存款、机关团体存款、基本建设存款、城镇储蓄存款、农村存款等科目。它是银行信贷资金的主要来源。

贷款 银行或其他信用机构根据必须归还的原则,按一定利率,为企业、个人等到提供资金的一种信用活动形式。我国银行贷款,分短期贷款、中长期贷款、信托类贷款和其他贷款科目。

承保额 又叫保险金额。它是保险人对被保险人负担损失补偿或约定给付的金额。它是保险合同上最高责任额,也是计算保费的依据。

保费 又叫保险费。是保险人根据保险合同的有关规定,为被保险人取得因约定危险事故发生所造成的经济损失补偿(或给付)权利,会给保险人的代价。包括财产险和人身险储金收入。

赔款 保险事故发生后经查证确属保险范围以内的保险标的损失,保险人根据保险合同的规定履行赔偿义务。给予被保险人的款项叫赔款。赔款可分为已决赔款和未决赔款两种。

城乡储蓄居民存款余额 城乡居民储蓄存款,包括城镇居民储蓄存款和农民个人储蓄存款两部分。不包括居民的手存现金和工矿企业、部队、机关团体等集团存款。储蓄存款余额,是指城乡居民存入银行和农村信用社储蓄的时点头数(存入数扣除取出数的余额),如月末、季末或年末数额。

文化、教育、科技和广播电视

文化事业机构 指从事专业文化工作和为专业文化工作服务的独立建制的单位。不包括这些单位另外举办独立核算的其他机构和各部门的业余文化组织。

艺术表演团体 指从事戏曲、音乐、舞蹈、杂技等专业艺术表演,有独立帐户,实行单独核算的团体。不包括半工半艺的业余剧团。

公共图书馆图书藏量 指公共图书馆已编目的古籍、图书、期刊和报纸的合订本、小册子、手稿、以及缩微制品、录像带、录音带、光盘等听视文献资料数量总和。

公共图书馆 是指文化部门主办的面向社会服务的图书馆,不包括教育、科研、厂矿企业等举办的图书馆以及文化馆(文化中心、群众艺术馆)、文化站内设的图书室。

艺术表演观众人数(人次) 指售票、包括场演出或民族地区免费演出的艺术表演观众人次数。不包括彩排审查和内部观测摩演出的观看人次数。

普通高等学校 指通过国家普通高等教育招生考试，招收高中毕业生为主要培养对象，实施高等学历教育的全日制大学、独立设置的学院、独立学院和高等专科学校、高等职业学校及其他机构。

普通中学 指普通初中和普通高中。

幼儿园数 指招收学龄前幼儿，对其进行保育和教育的单位数；幼儿园以游戏为基本活动形式，寓教于乐。设立幼儿园须经县级以上教育行政部门或乡(镇)人民政府审查合格，并予备案。

专任教师 指具有教师资格、专门从事教学工作的人员。

在校学生数 指具有学籍并在本学年初进行学籍注册的学生数。

幼儿园在园幼儿数 指在单独设立的幼儿园、其他学校附设的幼儿班(学前班)的幼儿数。

专利 是专利权的简称，是发明创造经审查合格后，由国务院专利行政部门申请人对该项发明创造享有的专有权。发明创造是指发明、使用新型和外观设计。

发明专利 指对产品、方法或者其改进所提出的新的技术方案。

实用新型专利 指对产品的形状、构造或者其他结合所提出的适用于实用的新的技术方案。

外观设计专利 指对产品的形状、图案或者其结合以及色彩分形状、图案相结合所作出的富有美感并适用工业应用的新设计。

制作广播节目时间 指广播电视节目制作机构全年自采、自编及合作制作、加工制作的各类广播节目。

制作新闻资讯类广播节目时间 指广播电视节目制作机构全年制作的各类新闻资讯类广播节目时间。主要有新闻、新闻信息摘编、报道、深度分析等直播节目等。

制作广告类广播节目时间 指广播电视节目制作机构全年制作的广告类广播节目时间。包括公益广告类、商业广告类节目。

制作电视节目时间 指广播电视节目制作机构全年自采、自编、自录及合作制作、加工制作的各类电视节目。包括直播电视节目。

制作新闻资讯类电视节目时间 指广播电视节目制作机构全年制作的新闻资讯类电视节目时间。包括信息推介类、深度报道类、消息类节目。

制作专题服务类电视节目时间 指广播电视节目制作机构全年制作的专题服务类电视节目时间。包括纪录片类、谈话类、少儿类、农村类、军事类、经济生活类、科教文化类、服务类节目。

制作综艺益智类电视节目时间 指广播电视节目制作机构全年制作的综艺益智类电视节目时间。包括综艺类、艺术类、文艺类及曲艺戏曲类(包括单本戏曲)节目等。

制作影视剧类电视节目时间 指广播电视节目制作机构全年制作的影视类电视节目时间。包括电视电影、电视剧、电视动画等。

制作广告类电视节目时间 指广播电视节目制作机构全年制作的广告类电视节目时间。包括工艺广告类、商业广告类节目。

体育、卫生和民政

等级运动员人数 指经考核正式批准授予等级运动员称号的人数。运动员等级分为国际级运动健将、运动健将、一级运动员、二级运动员、三级运动员、少年级运动员。

等级裁判员 指经考核正式批准授予等级裁判员称号的人数。裁判员等级分为国际裁判、国家级裁判、一级裁判、二级裁判、三级裁判。

体育场 拥有400米跑道(中心含足球场)，有固定道牙，跑道6条以上，并有固定看台的室外田径场地。以看台容纳观众人数分：甲级25000人以上，乙级15000—25000人，丙级5000—15000人，丁级5000人以下。

体育馆 指有固定看台，可供篮球、排球、羽毛球、乒乓球、体操等项目训练比赛活动用的室内运动场地。体育馆按看台容纳观众人数分为：甲级6000人以上，乙级4000-6000人，丙级2000-4000人，丁级2000人以下。

医疗卫生机构数 指从卫生（卫生计生）行政部门取得《医疗机构执业许可证》、《计划生育技术服务许可证》，或从民政、工商行政、机构编制管理部门取得法人单位登记证书，为社会提供医疗服务、公共卫生服务或从事医学科研和医学在职培训等工作的单位。医疗卫生机构包括医院、基层医疗卫生机构、专业公共卫生机构、其他医疗卫生机构。

医院数 指综合医院、中医医院、中西医结合医院、民族医院、各类专科医院和护理院，不包括专科疾病防治院、妇幼保健院和疗养院，包括医学院校附属医院。

医疗卫生机构床位数 指各级各类医疗卫生机构年底的固定实有床位(非编制床位)，包括正规床、简易床、监护床、正在消毒和修理床位、因扩建或大修而停用的床位，不包括产科新生儿床、接产室待产床、库存床、观察床、临时加床和病人家属陪侍床。

卫生技术人员数 指执业医师、执业助理医师、注册护士、药师(士)、检验技师(士)、影像技师、卫生监督员和见习医(药、护、技)师(士)等卫生专业人员。不包括从事管理工作的卫生技术人员(如院长、副院长、党委书记等)。

医生 指经卫生部门审查合格，从事医疗工作的专业人员。分为中医医生和西医。包括卫生技术人员中医师、西医师、中西医结合高级医师、中医士、西医士和其他中医。

提供住宿的社会工作机构数 包括:养老机构、精神疾病服务机构、儿童福利和救助机构以及其他提供住宿机构。

(1)养老机构包括社会福利院、农村特困人员供养机构、光荣院和养老公寓等其他养老机构。社会福利院指不以盈利为目的提供食宿的,主要收养城市中无亲属子女赡养、无生活来源、无劳动能力的孤老、孤儿和残疾人为对象的综合性社会福利事业单位。农村特困人员救助供养机构指已经在编办或者民政部门登记,为农村特困老年人等提供 24 小时集中居住和收留抚养照料服务的机构。例如,已经登记注册的 ** 农村敬老院、** 五保之家、** 托老所、** 镇养老服务中心、** 镇养老福利服务中心等。光荣院指收养照料孤老革命烈属或其他优抚对象安享晚年的机构。养老公寓等各类养老机构指除了社会福利院、农村特困人员供养机构、光荣院以外,在编办、民政或者工商部门办理了登记注册手续,为老年人提供 24 小时集中居住和照料服务的机构，例如 ** 养老中心、** 养老公寓、** 颐养院等。

(2)精神疾病服务机构指社会福利医院,社会福利医院是提供食宿的、不以盈利为目的、主要收治无亲属子女赡养、无劳动能力、无生活来源的困难人群和低保对象中的智障和精神病人等的具有医疗机构资质的专门福利机构。

(3)儿童福利和救助机构包括儿童福利机构和未成年人救助保护中心。儿童福利机构包括儿童福利院和设有儿童部的社会福利院等儿童福利机构。未成年人救助保护中心指对生活无着流浪乞讨未成年人实施救助，提供基本生活照料和教育、心理疏导、行为矫治等服务的专门机构。

(4)其他提供住宿机构包括生活无着人员救助管理站、安置农场、其他提供住宿机构。生活无着人员救助管理站指救助生活无着流浪乞讨人员的专门单位。安置农场指由民政部门管理、独立核算、企业化管理的农场(由救助类单位中的安置农场转移而来)。其他提供住宿机构指上述之外不以盈利为目的、提供食宿的、具有收留抚养性质的社会福利机构。

提供住宿的社会工作机构床位数 指提供住宿的社会工作机构报告期末床位的实际收留抚养能力。对于炕、通铺,以正常可容纳人员数量折算床位数。

不提供住宿的社会工作机构和设施总数 不提供住宿的社会工作机构和设施包括社区服务机构和设施、老年人福利和残疾人福利、儿童福利和儿童收养、民政部门直属康复辅具机构、低保服务机构、社会救助以及彩票发行机构。

城市居民最低生活保障人数 指报告期末家庭平均收入在当地规定的最低生活保障线以下的城市居民数。包括“三无”对象、失业人员和在职、下岗、退休人员等。

农村居民最低生活保障人数 指报告期末在建立农村最低生活保障制度的地区，得到当地政府或集体给予最低生活保障的农业人口数。

社区服务机构数 指报告期末设立的社区服务指导中心、社区服务中心、社区服务站、社区养老机构、社区互助型养老机构、其他社区服务机构的总数。具有面向老人及其家庭的商品递送、医疗保健、家庭保洁、日间照料、陪伴服务等为社区居家养老服务的设施和突出综合服务的职能。包括党员活动室、就业保障网络、社区卫生服务站、文化活动室、图书室、“爱心超市”、社区捐助接收站点、警务站(室)、老年活动室、未成年人文化活动场所等具有综合服务功能的机构。

社区服务中心 指在街道层面,建设以“一站式”服务为特点的社区服务中心。街道办事处及社区组织依托社区服务中心,组织开展就业服务和职业培训、社区救助、社区治安、社区卫生和计划生育、社区环境和文化、教育、体育等公共服务。特别是针对老年人、残疾人、优抚对象和其他特殊群体开展救助帮扶、护理照料、拥军优属等专项服务。配合有关部门做好劳动力资源管理、失业登记、社区保险登记与发放、低保资格认定审核、暂住登记等工作。协调和动员社会各方面力量利用辖区内闲置设施、房屋等资源开展社区公益性服务和便民利民服务。指导和组织社区做好法律法规和政策宣传工作。

社区服务站 指在社区层面，建设功能为社区居家养老服务,重点发展面向老年人及其家庭的商品递送、医疗保健、家庭保洁、日间照料、陪伴等服务的设施和综合性、多功能的社区服务站。居委会及其他各类基层社区组织,应在市、区政府和街道办事处的指导下，依托社区服务站及其他社区公共服务设施,组织居民参与文化、教育、科技、体育、卫生、环境、法律、安全等进社区活动,保障各种公共服务延伸到社区全体居民,增强社区的凝聚力、归属感和安全感。组织动员驻区单位和社区居民开展邻里互助等群众性自我服务活动。

城市建设和环境保护

建成区面积 指城市行政区内实际已成片开发建设、市政公用设施和公共设施基本具备的区域。对核心城市，它包括集中连片的部分以及分散的若干个已经成片建设起来，市政公用设施和公共设施基本具备的地区；对一城多镇来说，它包括由几个连片开发建设起来的，市政公用设施和公共设施基本具备的地区组成。因此建成区范围，一般是指建成区外轮廓线所能包括的地区，也就是这个城市实际建设用地所达到的范围。

城市现状建设用地面积 指城市内的居住用地、公共管理与公共服务设施用地、商业服务业设施用地、工业用地、物流仓储用地、道路交通设施用地、公用设施用地、绿地与广场用地。

本年征用土地面积 指报告期内国家为公共利益的需要，依法对集体所有的土地征用的面积。征用之后的土地所有权性质从集体所有转变为国有。

年末排水管道长度 指年末所有排水总管、干管、支管、检查井及链接井进出口等长度之和。计算时应按单管计算，即在同一条街道上如有两条或两条以上并排的排水管道时，应按每条排水管道的长度相加计算。

年末公共供水管道长度 指从送水泵至用户水表之间直径 75mm 以上所有公共供水管道的长度。不包括从水源地到水厂的管道、水源井之间的连络管、水厂内部的管道、用户建筑物内的管道和新安装尚未使用的管道。按单管计算，即：如在同一条街道埋设两条或两条以上管道时，应将每条管道的长度相加计算。

生活用水量 指居民日常生活与公共福利设施的用水量。包括居民、饮食店、旅馆、医院、理发店、浴池、洗衣店、游泳池、商店、学校、机关、部队等单位的用水量。

城市供热能力 指热电厂、热力公司和达到标准的集中采暖锅房向城市输送的供热源的设计能力。每小时向城市输送的蒸气、热水能力。

城市供热总量 指热电厂、热力公司和达到标准的集中采暖锅炉全年向城市输送的全部蒸气、热水量。

全年供气总量 指全年给各类用户的全部煤气量。包括工业用量、家庭用量和其他用量。

年底实有铺装道路长度 指除土路外，路面经过铺装宽度在 3.5 米以上的道路，包括高级、次高级道路和普通道路。

年末实有城市道路面积 指道路实际铺装面积和与道路相通的广场、桥梁、隧道的铺装面积（统计时，将人行道面积单独统计）。人行道面积按道路两侧面积相加计算，包括步行街和广场，不含人车混行的道路。

城市下水道总长度 指所有排水总管、干管、支管及暗渠、检查井、连接井进出口等长度之和。

城市污水日处理能力 指污水处理厂每昼夜处理污水量的设计能力。

绿化覆盖面积 指城市中的乔木、灌木、草坪等所有植被的垂直投影面积。包括公园绿地、防护绿地、生产绿地、附属绿地、其他绿地的绿化种植覆盖面积、屋顶绿化覆盖面积以及零散树木的覆盖面积，不含各类绿地中的水域面积以及没有被植被覆盖的面积（硬化道路、无屋顶绿化的建筑物等）。乔木树冠下重叠的灌木和草本植物不能重复计算。

城市桥梁 指城市范围内，修建在河道上的桥梁和道路与道路立交、道路跨越铁路的立交桥，以及人行天桥。包括永久性桥和半永久性桥，不包括临时性桥、铁路桥、涵洞。

建成区绿化覆盖率 指报告期末建成区内绿化覆盖面积与建成区面积的比率。计算公式为：

$$建成区绿化覆盖率=\frac{建成区绿化覆盖面积}{建成区面积}\times100\%$$

绿地面积 指报告期末用作园林和绿化的各种绿地面积。包括公园绿地、生产绿地、防护绿地、附属绿地和其他绿地的面积。

公园面积 指报告期末综合公园、专类公园和带状公园的全部占地总面积。即公园内的园路及铺装场地，管理建筑用地，游览、休憩、服务公用建筑用地，绿化用地及水域面积的总和。

公园绿地面积 指城市中向公众开放的、以游憩为主要功能，有一定的游憩设施和服务设施，同时兼有健全生态、美化景观、防灾减灾等综合作用的绿化用地面积的总和。

污水处理率 指污水处理量与污水排放总量的比率。计算公式为：

$$污水处理率=\frac{污水处理量}{污水排放总量}\times100\%$$

污水处理厂集中处理率 指报告期内通过污水处理厂处理的污水量与污水排放总量的比率。计算公式为：

$$污水处理厂集中处理率=\frac{污水处理厂处理的污水量}{污水排放总量}\times100\%$$

生活垃圾无害化处理率 指报告期生活垃圾无害化处理量与生活垃圾产生量比率。在统计上，由于生活垃圾产生量不易取得，可用清运量代替。计算公式为：

$$\text{生活垃圾无害化处理率}=\frac{\text{生活垃圾无害化处理量}}{\text{生活垃圾产生量}}\times 100\%$$

生活垃圾清运量 指报告期收集和运送到各生活垃圾处理场(厂)和生活垃圾最终消纳点的生活垃圾数量。生活垃圾指城市(县城)日常生活或为城市(县城)日常生活提供服务的活动中产生的固体废物以及法律行政规定的视为城市生活垃圾的固体废物。包括:居民生活垃圾、商业垃圾、集市贸易市场垃圾、街道清扫垃圾、公共场所垃圾和机关、学校、厂矿等单位的生活垃圾。

中国统计出版社有限公司最新图书简目

（仅供参考，以实际出版为准）

统计资料

中国统计年鉴　中国统计摘要　中国第三产业统计年鉴
中国第三次全国农业普查综合资料　国际统计年鉴　金砖国家联合统计手册
中国-东盟国家统计手册　中国农村统计年鉴　中国县域统计年鉴
中国农产品价格调查年鉴　中国城市统计年鉴　中国价格统计年鉴
中国贸易外经统计年鉴　中国零售和餐饮连锁企业统计年鉴　中国商品交易市场统计年鉴
大中型批发零售和住宿餐饮企业统计年鉴　中国住户调查年鉴　中国工业统计年鉴
中国环境统计年鉴　中国能源统计年鉴　中国建筑业统计年鉴
中国房地产统计年鉴　中国投资领域统计年鉴　长江经济带发展统计年鉴
中国人口和就业统计年鉴　中国劳动统计年鉴　中国社会统计年鉴
中国科技统计年鉴　中国高技术产业统计年鉴　全国企业创新调查年鉴
中国文化及相关产业统计年鉴　中国妇女儿童状况统计资料　中国青年发展状况统计年鉴
中国基本单位统计年鉴　中国教育统计年鉴　中国教育经费统计年鉴
中国民族统计年鉴　中国残疾人事业统计年鉴　中国电力统计年鉴

省级综合统计年鉴系列

北京 天津 河北 山西 内蒙古 辽宁 吉林 黑龙江 上海 江苏 浙江 安徽 福建 江西 山东 河南 湖北 湖南 广东 广西 海南 重庆 四川 贵州 云南 西藏 陕西 甘肃 青海 宁夏 新疆 新疆生产建设兵团

市(县)级综合统计年鉴系列

滨海新区 石家庄 唐山 邯郸 邢台 保定 承德 沧州 衡水 太原 大同 晋城 晋中 长治 忻州 朔州 临汾 运城 阳泉 吕梁 呼和浩特 包头 鄂尔多斯 赤峰 大连 长春 四平 延吉 延边 哈尔滨 齐齐哈尔 黑龙江垦区 浦东新区 南京 无锡 徐州 常州 苏州 南通 淮安 盐城 扬州 镇江 宿迁 江阴 丹阳 海门 张家港 通州 如东 杭州 宁波 绍兴 台州 温州 金华 嘉兴 湖州 丽水 舟山 合肥 安庆 福州 厦门 漳州 宁德 龙岩 莆田 泉州 三明 南平 思明 南昌 上饶 抚州 赣州 九江 景德镇 宁都 济南 青岛 枣庄 潍坊 聊城 郑州 洛阳 三门峡 南阳 商丘 平顶山 信阳 济源 武汉 宜昌 十堰 荆州 荆门 咸宁 黄冈 长沙 广州 东莞 惠州 深圳 汕尾 珠海 南宁 桂林 柳州 防城港 贵港 梧州 玉林 钦州 海口 三亚 儋州 成都 贵阳 毕节 黔南 昆明 文山 德宏 西安 安康 延安 汉中 渭南 商洛 榆林 银川 兰州 庆阳 乌鲁木齐

调查年鉴系列

天津 内蒙古 上海 河南 湖北 湖南 广西 重庆 四川 云南 甘肃 宁夏 南宁 桂林 贵港 昆明

统计方法应用/实用手册

Python数据分析基础（第二版）　非参数统计（第五版）　现代金融投资统计分析（第四版）
国民经济核算初级教程（第二版）　国民经济核算教程（第五版）　概率统计基础
全国统计专业技术资格考试系列考试用书：统计业务知识（第四版修订版）　统计业务知识学习指导与习题
全国统计专业技术资格考试系列考试用书：统计相关知识（第四版）　统计相关知识学习指导与习题

统计通俗读物/统计科普图书

领导干部统计知识问答（第二版）　统计公文写作及会议办理实用手册　大数据在统计工作中的应用案例汇编
中国国民经济核算知识问答（修订版）　地区生产总值核算国际比较研究　新中国统计制度方法的发展与改革

重点图书

第七次全国人口普查年鉴　第四次全国经济普查地图集　中国经济普查年鉴2018
新编英汉汉英统计大词典　中国国民经济核算体系2016　国民经济行业分类注释
挑大学选专业2020—考研择校指南　挑大学选专业2020—高考志愿填报指南　中华医学统计百科全书

发行部电话：（010）63376907　63376908　63376909　同榻行书店电话：（010）68783171　68783172
地址：北京市丰台区西三环南路甲6号　邮政编码：100073　网址：http://www.zgtjcbs.com